カウンセリング・マインド再考

スーパーヴィジョンの経験から

氏原　寛

Ψ
金剛出版

はじめに

今回、今まで書き溜めたものに書き下し一篇を加えて、金剛出版からこういう本を出していただくことになった。カウンセラーとして四〇年ほどやってきて、ここ数年間に発表したものである。いつもながらあまり代わり栄えしない内容に忸怩たるものがあるのだが、そのつど精一杯の思いを込め、結果的に少しずつは進歩の跡も認められるかと思いたい。一つだけ取り柄と思えるのは、中には少々理屈っぽいものも含まれているが、すべて私なりの実践を踏まえて書かれていることである。

第一章は、臨床心理士を目ざす大学院生のために書かれた。私には、カウンセリング・マインドという言葉に惑わされて心理臨床家でないとできない、しかし、クライエントには不可欠なサービスについて考えることが、長い間わが国で怠られてきたという痛切な思いがある。この道を志す若い人たちに、カウンセリングが誰しもにできることではない、訓練を経た専門家にしかできないことを、少しばかり長く実践に打ち込んできた者として語っておきたい気持である。

第二章は、心理治療について、心理臨床家はカウンセリング、精神科医は精神療法と呼びならわしてきたが、結局は第一章に述べた臨床心理行為であることを、心理治療の歴史を遡って考えてみた。なお予断を許さぬとはいえ、臨床心理士の国家資格認定の気運が高まっている現在、心理士の側からの相当つっこんだ見解が述べられている。

第三章は、再び大学院生のためのものである。カウンセリングの一回一回のセッションがそのつどの〝出会い〟の意味を担うことを、実際の臨床場面におけるカウンセラーのあり方として述べた。あわせて架空のケース（もちろん私自身の臨床経験を踏まえている）を通して、それが臨床的現実としてどのような相を顕すのかが示されている。

第四章は、スーパーヴィジョン論である。比較的多くのスーパーヴァイジーに会ってみて、かなりの臨床経験のある人に、見立ての能力の決定的に欠けていることに気づかされた。ただ漫然と〝カウンセリング〟をやっているといった態度で、このクライエントにカウンセラーであるこの私がどういう意味でお役に立とうとしているのか、の吟味がほとんどない。

おそらくそれは、有能なスーパーヴァイザーの数が決定的に不足しているからか、と思っている。クライエントに共感しようとして逆に〝客体化〟していることも気になった。

第五章は、実践を目ざす臨床心理学が、そもそも応用心理学の一分野にすぎないのか、という疑問から書かれた。カウンセリングは全体的な人間に働きかける試みである。最近喧しいEBM的アプローチに対して、それに劣らぬNBM的アプローチの重要性を踏まえて、カウンセラーを志す人たちは、文化人類学や宗教学、哲学、文学など、いわば臨床人間学ともいうべき分野に親しむ必要があるのではないか。比較的新しいイギリスの臨床心理学の成果をも認めながら、それとは異なる方向性を目ざすべきではないか、とする提案である。

第六章は、私自身がなぜカウンセラーになったかという経緯を述べた。心理学を習ったことのない私が、大学院で心理学を講じ、何冊かの教科書まで作った。それが偶然なのか必然なのか。私自身にもいまだに分からない。

第七章は、第二章で触れた臨床心理士の国家資格の問題から、どうしても「臨床心理行為」の独自性を明確にする必要があり、緊急の課題として力を込めて書いたものである。多くの心理士の方たちには共感と励ましの言葉を頂いたが、精神療法に従事する医師の方々との反響は必ずしも期待したほどに好意的なものではなかった。それが心理士たちに好意的な方たちであっただけに、それぞれの思惑にひそむなお埋めるべき溝の深さを思わされた。

第八章は、臨床心理士の活動範囲が地域臨床ということで著しく広がっていること、そのために領域の異なる専門家との接触の増えていること、それに伴ってよくいわれる〝密室〟の中の二者関係にとどまっておられないことなどについて、特に医療の領域、教育の領域、さらには開業心理士のありようについて具体的に述べた。

第九章は、ロジャーズの理論と技法がわが国に導入された頃、診断的理解か共感的理解かで議論が高まったことがある。今思えば、それは昨今のエビデンス・ベースドかナラティヴ・ベースドかの議論に通じているような気がする。そこで感情レベルの共感と感覚レベルの共感について述べ、「感じるためには知らねばならない」ことが論じられている。

第一〇章は、近頃のロジャーズ再評価の気運に関連して、わが国におけるロジャーズ理解がわれわれの臨床経験の深まりと広がりに応じて、かなり足が地についたものとなりつつあること。そこでロジャーズ第一世代の実践と思索を、第二世代、第三世代とのつながりを踏まえて考察している。

第一一章は、共感と解釈との相補性について。それがともすると相反的になりかねないことを、ユングの論文「現代心理療法の諸問題」に沿ってかなり綿密に考察している。あわせて、フロイトの有名な症例ドラについても一つの考え方が示されている。感覚レベルの体験が感情レベルで吟味されることなく、一遍に思考レベルの解釈に至ったことが中断に至った一番の理由ではないか、ということである。

第一二章は、転移、逆転移現象が従来言われているように、面接場面に面接場面外の人間関係が持ち込まれるのではなく、面接場面で生じた関係が実は過去の、あるいは現在の人間関係に生じていた（いる）ことを確かめるプロセスであることを論じた。私なりの少しばかりオリジナルな考え方と思っているが、実践的立場からはどちらでも大して変わらないことかもしれない。

第一三章は、比較的最近読んで感心した、エプストンの「ナラティヴ・セラピーの冒険」とアンデルセンの「リフレクティング手法をふりかえって」によって触発された考え、を整理したものである。そして彼らの外在化手法が並々ならぬ理論的背景をもち、一見技法が勝っている印象を与えながら、内在化を目ざす立場と実際的には変わらないところのあることを論じている。

以上解題をかねて比較的長いまえがきとなった。本書を手にとられた方が、内容の方も読んでみようという気になられる一助になれば幸いである。実践に明け暮れる心理臨床家が、そのつど自分なりには真摯に考えたものであり、同じく実践に苦労されている方たちに何がしか参考になれば、と願っている。

終わりに本書の出版にあたり、はじめからいろいろお手をわずらわせた山内俊介氏、校正その他で示唆に富む助言をいただいた熊谷倫子氏に厚くお礼申し上げる。

平成一八年六月三〇日

氏原　寛

目　次

目　次

第1部　カウンセリングとは
――初学者に向けて――

第１章　スクールカウンセラーを目ざす人のために

臨床心理行為とカウンセリング・マインド

一　はじめに

カウンセラーや学校の先生、ケースワーカーや医師など、人の役に立とうとする仕事についている人は、とくに相手が子どもの場合、親をも含めて、共通の目標として子どもの「十全の成長」を目ざす。しかし、そのために具体的に何をするのかをそれぞれの立場に応じて考えると、千差万別の役割のあることが分かる。

従来、この共通の目標が強調されすぎて、お互いの間にある避けがたい相違点が軽視されがちであった。しかし、協力関係とはお互いの役割分担が明確になってはじめて可能になる。究極的には「十全の成長」を目ざすにしても、役割に応じてそれぞれ自分でないとできない、しかし相手には不可欠のサービスがある。そういうサービスを提供できる人こそが専門家なのである。その場合、極端にいえば専門家の人格ないし人柄は問題にならない。専門家的業務を果たすのにそういう特性がさまざまに物をいうことは多いにしても、である。いわゆるカウンセリング・マインドはそういう人格の非特異的な、したがって非専門的な側面について言われていることを考えておく必要がある。

二　カウンセラーと教師

（一）教師の役割

学校教育の狙いは、子どもたちに何よりもおとなになって戸惑わないだけの知識と技能を授けるところにあるが、同時に、集団生活を通しておのれを生かす手立てを身につけさせることが重要である。ところが集団生活にはルールがつきものである。ルールはしばし個人の自由（わがままというべきか）を制約する。子どもはそのためしたいことを我慢したり、したくないことをしなければならない。しかしノイローゼが治るとは苦悩する能力が甦ることである、というフランクルFrankl（1950）の有名な言葉がある。昨今の子どもたち、というよりも日本人一般の問題の多くは、苦悩するこの能力が大幅に損なわれているところに発している。あるいはゲームについて考えても、室内ゲームにしろ屋外ゲームにしろ、ルールを通してこそ個人の最大限の可能性が生かされる。松井にしろイチローにしろ、三振する前にいかにヒットを打つか工夫し続けて、もって生まれた才能を生かすことができている。もちろんそこに至るまでに、あるいは現在でもチャンスに三振する屈辱を味わったはずである。ただしルールのもつ窮屈さのために、可能性を生かすどころか殺してしまう子どもが少なくない。だからこそ教師は、集団生活を通して子どもたちが一層の可能性を伸ばせるように、集団のルールの管理運営に心を砕くのである。そしてそのことについては、他の誰よりも豊かな経験と知識を蓄積してきている。だからこそ教師は専門家なのである。そうしてこそ、教師として子どもたちに関わることで、最も役に立つ存在として機能することができる。

ところでカウンセラーは心理の専門家である。だから同じ子どもに対しても、しばしば教師とは違った角度から違った働きかけをする。そこでお互いがそうした相異を認識し、お互いの意図を明確にしあうことによって、はじめて協力が可能になる。野球でいえば、二塁手と遊撃手の守備範囲の異なるのを考えてはじめてスムーズな連携プレーが可能になるように、である。もちろん、子どもの十全の成長のために、という共通の目標がある。野球でいえばゲームの勝利を目ざすように、である。お互いの異質性を認めることが、お互いがバラバラに働きあうことには決してならない。だからカウンセラーは教員のカウンセラー化を期待してはならない。もちろん、カウンセラーが教員化しなければスクールカウンセラーの責任を果たせない、などということはありえない。

それともう一つ。はじめに述べた人柄ないし人格は、あらゆる人間関係における非特異的なよき側面であって、何らかの特異的な社会的役割を通してはじめて生かされるものである。たとえば、暖かい人柄といっても、家族に対する場合と家族以外の者に対する場合では明らかに現れ方が違う。同じ家族であっても、親子の場合、夫婦の場合、兄弟の場合では、微妙に異なる。その限り誰に対しても同じ〝裸の〟人間関係はありえない。われわれは不自由な役割を通してこそ真実の人間として触れあうことができる。カウンセラーである私の、クライエントである汝との出会い方は、教師である我の、生徒であるお前との出会い方とは丸きり違う。その限り教師にカウンセリング・マインドを期待することは、教師と子どもたちとの専門的な役割関係の厳しさを曖昧にし、同時にカウンセラーのアイデンティティを損なう危険性がある。

(二) カウンセラーの役割

先生との対比でいえば、カウンセラーはクライエントとの個人的関わりを通してお役に立とうとするものである。心理臨床家が集団について興味がないわけではなく、集団的なカウンセリングの技法がないのでもない。コミュニティ全体に働きかけることが、臨床心理士の重要な機能の一つであることは、日本臨床心理士資格認定協会が早くから強調していることである。

しかし、教育がどちらかといえば現実適応的な方向性をもつとすれば、カウンセリングは自己実現的な方向性をもっている。両者は一見相反的であるが実は相補的である。だからこそ先生とカウンセラーはお互いに協力して、子どもたちの十全の成長を目ざすことができる。しかし、自己実現の意味は多様である。そこで後に詳しく説明するけれども、ここで医師と比較することによってその意味を少しでも明らかにしておきたい。

医師の仕事をあえていえば、体に働きかけて苦しみをとる、または和らげることにつきる。だからその対象は病であり、方法は物としての体に物理的化学的手段で働きかけることである。それに対してカウンセラーは、病を持ったその人に働きかける。厳密な科学的因果論に拠って病を癒してきた西洋医学が、人類に大きい幸せをもたらしてきたことは論をまたない。にもかかわらず、たとえば老いと死にみられるように、人間存在には医学で取り除くことのできぬ限界がつきまとう。前節で、ノイローゼが治るとは苦悩する能力を甦らせることだ、というフランクルの言葉を紹介した。彼はそのことを、避けることのできないおのれの限界を主体的に受けとめることだ、と言う。

今日、健康病と呼ばれる一種のノイローゼが流行している。ひたすら健康を目ざして病院めぐりを繰り返し、主体的に生きる喜びを見失ったかのような人たちである。あるいはユングが晩年に診た患者の多くは、中年以後のいわゆる功成り名遂げた人たちだった、という。地位も名誉も、財産や家族、さらには健康にも恵まれ、現実適応的には申し分のない人たちであった。それが何のために生きているのか、あるいは今まで何のために苦労してきたのか分からなくなって、ユングを訪れていたのである。ユングは精神科医であるが、その場合の彼の仕事はカウンセラーのそれとほとんど変わらない。

以上の現象は、多くおとなたちに見られることである。しかし子どもたちも意外に深くおとなたちが現実適応のために抑えこんでいる自己実現的欲求不満を、それとなく潜在的に感じとっているのである。現在問題になっている不登校やひきこもりには、単に現実に適応することだけには意味を見出せない、自己実現的な欲求不満がひそんでいる。それらはすべてその子だけの個人的問題である。カウンセラーがことさら個としての子どもに接しようとするのはそのためである。ただし現実適応の失敗が、自己実現などといってはおれない危機的状況を作り出すことが少なくない。だからもっぱら自己実現を目ざしさえすればよい、というのは安易にすぎる。だからこそカウンセラーには、原則的に現実適応をめざす先生方との相互理解とそれを踏まえた協力関係とが、不可欠なのである。

三　見立て

（一）外的な見立て

①　医療

臨床経験の相当ある人たちを含めて、スーパーヴィジョンをしていてつくづく思うのは、見立て能力の決定的な不足である。おそらく有能なスーパーヴァイザーの量的な欠如が原因と思われる。しかし見立ての能力こそ、素人とは違うカウンセラーの独自性を浮かび上らせるものである。だからひたすら傾聴するとかカウンセリング・マインドとかを云々するのは、それだけでその人の専門性を疑わざるをえない。いわゆる指導者レベルと目されているカウンセラーの中に、いまだにそういう人たちの混じっていることは、影響力が小さくないだけに気になることではある。

ところでここで外的というのは、カウンセラー以外の専門家との協力の可能性を見通す能力を指している。医療についていえば、子どもの十全の成長のために医師の介入の必要性をある程度的確に見定める仕事である。たとえばADHDの疑われる子どもと出会えば、まず医師にリファー（refer）することを考えねばならない。ある種の薬物が多かれ少なかれ子どものおちつきのなさをコントロールする。そして薬の匙加減についてはそれこそまさしく医師の専門領域である。大切なことは、それでこの子どもへの対応がすべて終ったわけではないことである。こういう障害のある子どもに、やはり学校における集団生活のもたらす効果は、いわゆる健常児の場合とほとんど変らない。時に学校教育の枠をはみ出すかに見える多動を薬の力である程度抑えることによって、教育の枠内に容れこむことが可能になる。もちろんさまざまな困難があるし、薬効をめぐって医師との緊密な連絡の必要なことは言うまでもない。

その上で、場合によってはカウンセラーが、こうした事情を背負った、〝人間〟としての子どもに関わることが可能になる。これは前節に述べた、それぞれの人間の抱える限界に目をすえた上で、その人なりの生きる方向性を見出そうとする試みである。顕在的であれ潜在的であれ、人間誰しもに自己実現傾向のあることを前節で述べた。それは理想論的な綺麗ごとですむものではない。たとえプレイルームという限られた空間での限られた時間内のことであっても、ある種レッテルづけられた子どもたちが、レッテルを超えたレベルで生き生きと活動している例が少なからずある。それを現実適応レベルとどう結びつけるかは至難のことである。しかし究極的には、自己実現は現実の枠の中でこそはじめて可能になる営みであることを見逃すことはできない。

②　福祉

子どもたちの中には、親とひき離したほうがよいかもしれない、と考えざるをえない場合がある。もちろん最終判断は親やケースワーカーが行うべきものであろう。しかしカウンセリングのプロセスを通して、カウンセラーにもそういう思いがいやおうなく生じてくることがある。こういう場合も①の場合と同じく、その方面の専門家との協力を考える必要がある。しかし①でも述べたように、それでカウンセリング関係が打ち切られるわけではない。げんに施設から学校に通い、かつプレイルームでカウンセラーと会い、それなりの効果を上げている子どもたちがいる。こういう場合、カウンセラーはむしろさまざまな専門家をつなぐコーディネーターの役割を引き受けることがある。さらにいえば、状況に応じてケースワーカー的な仕事をひき受けざるをえない場合もある。頑なに臨床心理士の仕事にこだわり、チームワークを乱すことになれば、肝心の子どもが視野から消えかなねないのである。

以上のことからカウンセラーは、自らの仕事の独自性、つまり自分にしかできぬ、しかし子どもには不可欠のサービスに目を据えながら、他領域の専門家（何よりも親を含めて）との協力の可能性にたえず目を配っていなければならない。そしてそうしたネットワークの中で自らの果たす役割をかなり見極めておかねばならない。そうしてこそ、この子どもに対してこの自分には何ができるのかを見通すことができる。それが、本稿でいう見立ての仕事なのである。そういう場合、他領域の事情についてもある程度知っておかねばならないことは言うまでもない。

③　教育

三、四〇年前のことである。当時筆者は大阪市の教育研究所に勤めていた。ロジャーズの理論と技法が伝えられ、各地の教育研究所またはセンターではロジャーズ流（とその頃われわれは考えていた）のカウンセリングとプレイセラピーが熱心に行われていた。そしてある雑誌に、プレイセラピーによってIQが上がるという記事が載った。その結果大勢の母親たちが、研究所やセンターに殺到したことがある。プレイセラピーの前後でIQが上がるという報告は確かにあった。しかしそれは、単純にいって何らかの心理的なつまずきが本来の能力の発現を阻んでいた、というのがほとんどである。難しい議論はさておいて、知能とは仮説的に生得的なものとされている。だからプレイセラピーをしたからといって向上することはないはずである。現象としてはプレイセラピーでIQの上昇することはありうる。しかし知能を向上させるのにプレイセラピーが役立つことは考えられない。

ただしどのような生得的素質でも、適切な環境が与えられないと十分に発現することはない。同時にある種の能力は、いくら厳しい訓練を施しても身につかぬことがある。イチローや松井の能力は、人一倍の練習のたまものに違いないにしても、それにプラス生まれつきの才能を考えざるをえない。当時、大阪市に限らずあちこちの教育研究所またはセンターには、多くの知恵遅れの子どもたちがやって来ていた。そういう子どもたちとプレイセラピーをやることはあった。しかし主たる目的は〝治療的〟というよりは判定のためであった。一概に断定はできないが、各種の心理検査とあわせてプレイを通しての行動観察が、知恵遅れか否かの判定に大いに役立ったからである。子どもの能力をできるだけひき出すために、治療的な働きかけよりも教育的働きかけの方がずっと有効である例を、われわれは数多く知っていた。しかしお母さんたちの中には、プレイセラピーがIQを高めるという噂に乗せられて、プレイの継続を望まれる方が多かった。

以上は一つの例である。知恵遅れの子どもたちにプレイセラピーがまったく無意味というのではない。しかし教育、訓練の方がはるかに有効な場合が少なくない。骨折に対する医学的処置が終わってもリハビリテーションが必要なように、である。そのあたりの判断 - 見立ての力を、カウンセラーはかなりの程度身につけておかねばならない。

(二) 内的な見立て

以上、外的な見立てが主に外的適応に関わっていることは明らかである。しかし自己実現とは何かとあらためて問い直すと、なかなか的確な答えは出てこない。そもそも自己とは何かを考えても、誰しもが納得できる答えはなかなか見つからない。だからカウンセラーはここで、「自己、あるいはこころとは何か」について自分なりの、あえていえば専門家としての明確な考えをもたねばならない。単なる善意、あるいは受容とか共感ないしは傾聴などということを越えて、このクライエントに対してどういう意味で自分が役立とうとしているのか、何らかの仮説＝理論をもたねばならないのである。

単純化すれば、自己実現とは内的な可能性を外的な現実を通して具体化＝実現してゆくことなのであろう。それとても、私なりの主観的な思い入れである。かりにその定義に何がしかの妥当性があるとして、たとえばお釈迦さまやイエスキリストの生涯を、人間的なあり方の一つの理想として考えることは可能としても、それを自らの課題として生きられる人はおそらくありえない。ほとんどの人は、不本意のままに挫折し、最悪の場合、精神的に破綻することも考えられる。先に、ノイローゼが治るとは苦悩する能力の甦ることである、というフランクルの言葉を紹介したが、この場合、苦悩に耐えるだけの力を当人が持っているか否かの判断が決定的に重要である。お釈迦さまを出すまでもなく、何らかの人格修行に導師の必要とされるのはそのためであろう。苦悩を転じておのれの成長に役立てるためにはそれなりの力が要る。その力を心理学では、自我の強さ＝ ego strength という。この言葉はもともと精神力動派の人たちのものである。だから「自我の強さ」をそこそこに使いこなせるためには、この派の考え方についてある程度知っておく必要がある。

あるいは晩年のユング Jung を訪れた患者たちの多くが、常識的には、つまり現実適応的には成功した人たちであったことも考えねばならない。彼らがなぜ空しさを感じなければならなかったのか。あるいは逆に、一見不遇でありながら〝幸せ〟でありえた多くの人たちもいる。たとえばアウシュヴィッツで死刑を宣告された囚人の身代りとなって死んだコルベ神父のように。もっと身近な例を挙げれば、多くの若いエリートたちがなぜ積極的にオウムという殺人者集団のメンバーたりえたのか。あるいは以前から、痩せたソクラテス Socrates と幸福な豚との対比が語られてきた。人間がどこから来てどこへ行くのかに思いをめぐらせて悩む哲学者と、快食快眠快便の健康そのものの〝俗物〟についての比喩である。

これらの議論は宗教や哲学あるいは人間論の問題であるかのように見える。しかしそこに心の問題が深くかかわっていることは明らかである。そしてカウンセラーがこころの問題の専門家である以上、こうした問題を避けることはできない。それらは究極的に、人間はなぜ生きているのか、という問題につながっている。ところで、今まで現実適応と自己実現を対比的に述べてきたけれども、この二つの方向性は実は同じことの両面にすぎない。両者はしばしば相反的な相を現すけれども、実は相補的である。内的な可能性はしばしば外的な現実によって窒息させられるけれども、実はそれを通してしか実現されない。これを図示すれば図1のようになる。

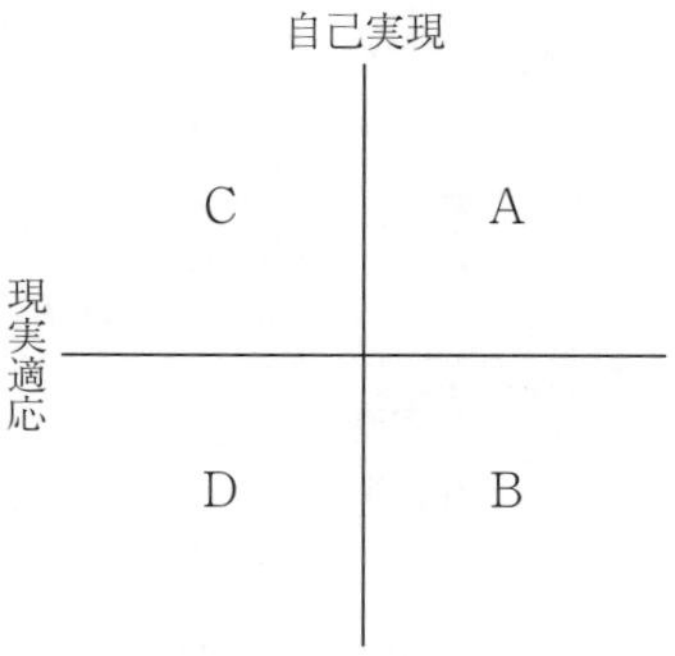

図1　こころの方向性

Aの領域にはおそらくシュバイツァー Schweitzer やゲーテ Goethe などが入る。それ以外に多分、おびただしい無名の人が入るはずである。Cの領域はゴッホ Gogh とかベートーヴェン Beethoven などが入るのではないか。それなりの内的可能性を生きたのであろうが、とても現実適応的であったとは思えない。Bの領域には幸福な豚たち。各界でスターと呼ばれている人たちの大部分である。D領域はある種の痩せたソクラテス。ニヒリズムに足をすくわれて、自分を周囲の人をも不幸にする。

もとよりこれはほんの思いつきである。こころを二次元的に捉えようとするのなら、他にも多くの交叉軸を考えることができる。図1でいえば四つの領域のそれぞれに幸 - 不幸感、苦しみ - 喜び感、などが含まれている。ただカウンセラーとすれば、そこに精神医学的な枠組、いわゆる不適応理論、たとえば成長モデルとか修復モデルとかを重ねて考えることができていなければならない。単純化していえば、それぞれのクライエントをこの図式の中に位置づけ、そこでどう働きかければこのクライエントの役に立てるのかを見通す必要がある。そのためには従来の哲学的、心理学的枠組を超えた、新しい人間学的カウンセリング学ともいうべき枠組をもたねばならない、と考えている。もはや、いわゆるカウンセリング・マインドなどよりもはるかに幅広い、かつ奥深い理論的背景を必要とする。それは、世間知に長けた横丁のご隠居的発想では及びもつかぬ専門的領域なのである。

かつて、二〇歳代の若い人たちに中年の重荷を背負った人たちの相談に応じる力があるのか、とある識者が疑義を呈したことがある。経験の浅い若い医師は、中年の医師と比べれば明らかに未熟であろうが、そうした疑問を提起されることはまずあり得ない。それだけ、専門職としてのカウンセラーに対する信頼は薄いのである。また、そのような疑義自体が、カウンセリングを一種の人生相談めいたものとしてしか認識していないことを示している。最大の理由は、カウンセラーの側から、自分たちの仕事が自分たちにしかできない、しかしクライエントには不可欠のサービスであることを、カウンセラー以外の人たちに十分理解してもらえるように説明することを怠ってきたことである。あえていえば説明することができなかった。そのために必要な、見立ての能力が身についていなかったからである。ようやくいま、そのような問題に発言しうるだけの経験をカウンセラーたちが蓄積してきたのだ、と思っている。

四　手立て

(一)　自己開示性

以上、見立ての能力がカウンセラーの専門性を裏付けるものであることを述べてきた。しかし、見立てがある以上、そこで何をどのようにするのかの手立てがなければならない。これも，ひたすら傾聴するといった，日常関係でのそれと区別のつかない漠たる方法論では，カウンセラーの専門性を示すことにはならない。ただし手立てといってもいろいろある。それぞれの学派によっても違った技法が使われている。言葉が違っていて実は同じことをしているのか，やはり丸きり違ったやり方なのか，という問題もある。しかし，前節までの自己実現－現実適応の枠組（別にそれだけにこだわる必要はない）で考えるとすれば，どの方法も図1の中のどこかに位置づけられるはずである。そこで本項では，比較的最近自己開示性についてかなりのベテランの発言として，首をかしげざるをえないことを聞いたのでそれについて述べることにする。

その人は，たとえば失恋の痛手を語るクライエントには自分自身の失恋経験を語るのだという。そういうことがあってはならない，というのではない。しかし，それが「いま・ここ」のカウンセラー・クライエント関係の必然性を受けてのものかどうかが問題である。クライエントの発言は，すべてカウンセラーへのコミュニケーションである。まるで他人事のように話すこともあれば，できるだけ印象を与えようとしているかに感じられる時もある。しかしそれらはすべて，意識されているかどうかはともかく，カウンセラーへのパーソナルな反応である。自己告白は，一見カウンセラーの赤裸々な真実をクライエントに明かしているかにみえて，クライエントにカウンセラーとの距離を保てなくさせ，二人いて一人になりそこそこに寛げる空間，を狭めてしまう。そのためしばしば侵襲的に感じられる。クライエントの失恋話は同じように侵襲的であるが，カウンセラーは，侵襲されることを通しておのれがどう動くかに思いをこらし，僅かな余地を見出してそれをクライエントに返すためにその場に身をさらしている。そこで大切なのは話の内容よりも，「いま・ここ」の二人の文脈である。

たとえば，ほとんど喋ろうとしないクライエントにカウンセラーがイライラすることがある。これはクライエントがカウンセラーの期待通りに動いてくれないからである。お互いに心を開いて自由に話しあうはずであった。しかしクライエントは頑なに心を閉ざし，そのくせ挑むようにカウンセラーを窺っている。これがこの人の対人関係パターンであり、援助を求めている当の相手を信用できず、そのため見捨てられてきた、などと考えても何の役にも立たない。クライエントに侵襲されて身動きならなくなっているのである。そのようなカウンセラーの態度が逆にクライエントをおびやかし、クライエントも身動きできない。そして重苦しい不毛の沈黙が続く。

ここでカウンセラーが、クライエントからのそうしたインパクトをもろに受けながら、少しばかりそのイライラについて内省する余地＝空間を見出すことができれば、自分自身が何とかクライエントの心に届くような言葉を見つけようとしながら、なかなか見つからないのでイライラしていることに気づくかもしれない。そこで「あんたにはここで言いたいことが一杯あるのだと思う。だからこそここへ来た。しかし私には、それはあんたの心の相当深いところとつながっているように感じられる。だから私も、私の心のそれと同じくらい深いところから言葉を見つけてこないと、何を言ってもあんたの心には届かないと思う。だから何か言いたくてウズウズしているんだけども、なかなかその言葉が見つからなくてイライラしている。ひょっとしたらあんたも、今の私と同じように、自分の思いを伝える言葉が見つからなくてイライラしているのではないか」などと言えるかもしれない。これが今の私の考える自己開示である。一方的に自分をさらけ出す先の自己告白とは似て非なるものである。

もう一つ例をあげる。あるカウンセラーはクライエントの期待に十分応えきれていない感じから、無力感と罪悪感にとらえられ、さらにそこまで過大な期待を寄せてくるクライエントに怒りに似た気持ちまで感じ始めていた。しかし当初、クライエント（というよりも自分自身）を安心させるために、過度の保証を与えていたかもしれぬことに気づくことができた。いわば万能のセラピストであるかのようなポーズがなかったとはいえない、ということである。するとクライエントの無理な期待、たとえば奇跡的治癒は、こうした自分自身の態度に対する当然の反応であることが見えてきた。万能のセラピストでない自分にはもちろんそれに応えることはできない。当然、クライエントには烈しい失望や裏切られ感が生じ、カウンセラーの無力感や怒りに対しては不信感や一層烈しい怒りで応えることになる。それがカウンセラーをさらに追いつめていたのである。

そこで，「あんたの過大な期待に応えられず，申し訳ないと思うと同時に，なぜそこまで私が責められるのかと腹も立てていた。しかしそれは私の万能的態度に対するあんたの当然の反応であることに気がついた。あんたは期待を裏切られてがっかりし，ついですごく腹を立てていたのではないか」と言い返すことができた。さらに「ひょっとしたらあんたは，日常場面でも，いま，ここでわれわれの間に起ったのと同じようなことを，一杯経験してきたのではないか。つまり過大な期待を持たされたあげく応えてもらえず，そこで烈しく怒るともっと手ひどくやり返される，ということを」とも言えた。

もう一つ。そのカウンセラーは，長年うつで入退院をくり返している患者の二人目のカウンセラーとして，若い男性をひき受けることになった。ほとんど反応のない，時々カウンセリングの無意味さと自殺念慮をぽつりぽつりと語る人だった。そのくせ毎週一回の面接には欠かさず通ってきた。ある時，カウンセラーがふと軽い冗談を言った。しかしクライエントはほとんど反応しなかった。「その時どう感じたか」というスーパーヴァイザーの質問には，「面白く感じなかったんだな」と思った，と答えた。ところがスーパーヴァイザーは，「それは客体としてのクライエントがこうなんだな，ということで共感とは程遠い」と指摘し，「あんたが冗談を言ったのは，その時のクライエントがいつもとは違ってどこか生き生きしていたのかもしれない。だからあんたはこの機会にふだんとは違う活発なやりとりをしてみたい，と思わせられていた可能性がある。それで冗談を言って，応えてもらえなかった。それはこちらの期待が裏切られたことであり，多かれ少なかれあんたは傷ついている。そのことをクライエントに伝えることが，ひょっとしたらカウンセリングのプロセスを新しい方向に展開させたかもしれない。」と述べた。こういうクライエントは他人に心を開かれることがないからである。だからカウンセラーが心を開くことが，クライエントが他者に心を開くきっかけになる。カウンセラーは意識していなかったであろうが，クライエントに何かを期待した。だからこそいつになく冗談を言った。その期待は裏切られる。そこで「今日はあんたが少し元気そうに見えたので，いつもとは違う活気のあるやりとりをしてみたくなった。それでがんばって冗談を言ってみたのだが，あんたが応えてくれないのでがっかりしている。しかしひょっとすると、私が馴れ馴れしくなりすぎて、あんたがそこより近づかれては困るという線を踏み越えてしまったのかもしれない。それであんたは黙り込むよりなかったのかという気がしてるんだけれど、それについてはあんたどう思う」などのことが言えたかもしれない。それもまた応えられない可能性があるが、こういう人の心が開かれるとすれば、そうしたカウンセラーの自己開示を通してしかないことがある。

以上、自己開示について述べた。カウンセラーの手立てはもちろんこれだけではない。しかしこのような技術を駆使してこそ、クライエントのお役に立つことができる。ただしそのためには何がしかの天性を認めなければならない。しかし、訓練によってある程度のところまで行けることも分かっている。それにしても相当に厳しいものである。前節の見立てにしてもかなりの勉強が要る。いずれも人柄だけですむものではなく、プロとしての厳しい修行を前提している。

五　臨床心理行為とカウンセリング・マインド

（一）臨床心理行為

臨床心理行為とは、大方の人にはなじみのない言葉であるが、医行為に対応するものである。医行為とは医師以外行ってはならない行為である。現在、心理臨床家の国家資格化の議論が大きな問題になっている。その際、心理治療、すなわちカウンセリングが医行為かどうかが一つの焦点になっている。もし医行為ということになれば、医師以外行ってはならぬことになる。ただし看護師のような医療補助職は、医師の指示のもとならば医行為を行ってもよい。ここで指示という言葉には特別な意味があり、かなり厳しい指導監督を含んでいる。だから看護師が独立して開業することは許されていない。独立した専門職とは認められていないのである。カウンセリングが医行為ということになれば、多分診療補助職として位置づけられる。これは医療補助職よりもさらに専門性の低い職種とみなされている。詳しい事情は類書によっていただきたい（たとえば氏原・田嶌編『臨床心理行為――心理臨床家でないとできないこと』）。

しかし、日本心理臨床学会が、カウンセラーが医師と領域は異なるが同格の専門家として認められることを、目標の一つとして設立された経緯がある。そのためにはカウンセリングが、カウンセラーでないとできない、しかしクライエントにとっては不可欠のサービスであることを、カウンセラー以外の人にも理解してもらえる言葉で説明しなければならない。従来、カウンセリングは援助的人間関係ということで、医師や教員やケースワーカーや時には親とさえ、その非特異性ばかり強調されてきて、独自の特異的な効用を明確にすることがおろそかにされていたきらいがある。それが最も端的に現れているのがカウンセリング・マインドの強調である。援助的な人間関係として、あらゆる社会的人間関係を通じて非特異的な〝人柄〟のようなものがとり上げられ、親子関係、教師生徒関係、医師患者関係などの特異性、つまり互いの相異点が無視されて、カウンセリング関係の独自性を確かめることがほとんどなされて来なかったのである。それが国家資格との絡みで好むと好まざるとにかかわらず、明確化せざるをえなくなってきている。本稿も結局のところ、そうした認識を再確認するためのものと考えてもらってよい。

(二)　カウンセリング・マインド

「はじめに」の所で、相手の役に立つ仕事についている者は、とくに子どもに対する場合、その「十全の成長」を目ざすことを述べてきた。そしてそのためにひたすら傾聴すること、せいぜい受容とか共感とか誠実さとかが云々されることが多かった。つまり出口＝目標と入口＝手立てとが非特異的な、日常的人間関係でもありふれた、したがって専門家でない素人でもできることが標榜されがちであった。カウンセリング・マインドとは要するにこうした日常的人間関係における〝よき〟側面を、たまたま心理学的な言葉におき代えたにすぎない。早い話、このカタカナは英語の文献に見出すことのできぬ和製語である。今から三、四〇年前、ロジャーズ Rogers の理論と技法がわが国に入って来た時、熱狂的に受け入れた素人集団（当時、精神科医以外で、心理的につまずいた人たちに臨床的に関わる人は、大学関係者も含めてほとんどいなかった。その限り全員が素人であった）の中から出てきたものらしい。

しかしカウンセリングの専門性は、第二節、第三節に述べたような、実際にクライエントに出会った上での見立てと手立てによって測られるべきものである。それは理論的にも技法的にも、長年にわたる専門的な訓練を不可欠とする。だからこそ、臨床心理士の資格試験は、大学院におけるシステマティックな訓練を受けた人にしか開かれていない。医療の国家試験が医学部の卒業生以外に認められていないように、である。それは、カウンセリングに従事する人たちの数が増え、そこでの経験と知識が蓄積されるにつれて、この仕事が医師や教師やケースワーカーや、ましてや親とは違う、専門家でないとできないサービスであることがようやく明らかになってきたからである。

しかし、そうした状況について理解している人たちはまだまだ少ない。当のカウンセラーたちの間でさえ、その認識は十分でないと言わざるをえない。だからこういう文章を書くことがまだまだ必要なのだと思っている。とくに年限的には臨床経験が十分と思える人たちに、こうした認識の乏しい人がまだ少なくないのではないか、と危惧している。そういう方たちが若い心理士養成のプログラムに一役買っているらしいことに、やり切れぬ思いを禁じえない。それが本稿執筆の主たる動機であるが、そのことに私自身複雑な心境である。

付記　本論文は平成一五年八月九日の日本臨床心理士会全国研究会シンポジウム「集団と個人におけるみたてとてだて」における発言要旨を大幅に加筆修正したものである。

文　献

Frankl, V.（1950）Homo Patients. Franz Deuticke.
氏原寛・田嶌誠一編（2003）臨床心理行為――心理臨床家でないとできないこと　創元社

第2章　カウンセリング

一　カウンセリング・マインド

（一）歴史的背景

本章で扱うカウンセリングとは心理臨床家の行う心理治療を指します。そこでまず、カウンセリングの独自性について述べておきたいと思います。カウンセリングが専門家の仕事であるならば、それはカウンセラーでないとできないしかもクライエントにとって不可欠の、サービスでなければなりません。そしてそのことが他領域の専門家にも十分納得できるものでなければなりません。そこで最初にカウンセリング・マインドという言葉を取り上げます。

ずいぶん以前から、この言葉を濫用することについて何度も疑義を呈してきました（氏原、1975・1980など）。最近ようやく、こうした批判がかなり認められてきた節はあります（村山、1998；長坂、1998）。しかし、まだまだ昔ながらのカウンセリング・マインド論が蒸し返されています。そこでその歴史的背景をたどりながら、安易にカウンセリング・マインドを強調する危険性について、あらためて考えておきたいと思います。

わが国のカウンセリングが、ロジャーズ Rogers の考えと技法が導入されて後に展開したとすることには、多分異論がないと思います。ひたすら聴くこと、その際、どれだけクライエントを受容し共感できているか、カウンセラーが純粋（genuine）でありえているか、その程度に応じてクライエントは良くなる、というその主張は、友田不二男氏などによって主宰されたカウンセリング・ワークショップのインパクトと相まって、熱狂的なカウシセリングの〝ファン〟を生みだしました。ワークショップに参加した人の多くが、教師、看護師、産業界における人事担当者などであったこともあり、必ずしも長期にわたる専門的訓練がなくても、人間関係の専門家、つまりカウンセラーになれるという印象を与えられた人が多かったのではないでしょうか。

今にして思えば、このワークショップは、ふだんわれわれがいかに社会的役割に縛られて本来の自分を見失っているか、に気づくことにより、日常の人間関係をどのようにスムーズなものにするか、のための訓練の機会であったと思います。現在でも、エンカウンター・グループや自己啓発プログラムは、似たような効果を狙ったものと考えられます。いわば比較的健康な人たちが――事実、ワークショップの参加者たちのほとんどは、少なくとも社会的役割を果たすことはできている人が多かった――、より充実した生き方を求めてのものでした。当然、そのような雰囲気の中から、ワークショップで得たものをあらゆる日常的人間関係の中で活かそうという動きが起こってきました。その結果、親子関係から教師‐生徒関係、職場の人間関係から夫婦、友人関係にいたるまで、すべての人間関係にカウンセリング・マインド――あえていえば、ロジャーズの方法――を活かすべきことが主張されるようになったのです。

これにはもっともな理由があります。われわれは多かれ少なかれ窮屈な役割関係にがんじがらめにされ、生活がしばしば味気ない日常性の繰り返しに陥っているからです。カウンセリング・ワークショップは原則的に、今まで会ったことのない、多分これからも会うことのない人たちが集まって、数日、時には一〇日以上を共にし、もっぱら「いま・ここ」の経験に集中する、いわば非日常の体験です。これがタテマエに明け暮れる平板な日常性を打ち破り、ホンネの自分に気づかせる。そのことが文字どおりのレクリエーションとなり、失った生気を甦《よみがえ》らせることがあります。

こうしてグループで経験されたことが、個人的な人間関係に適用されることになりました。その基本的態度が、オープンになること、技法的には、感情の明確化とかクライエントの言葉をそのままフィードバックすることでした。理論的には、先のロジャーズの言葉でいえば、純粋さ、共感、受容ということになります。そしてなかば無手勝流のにわかカウンセラーの実践が始まったのです。幸か不幸か、それでいくばくかの実効の生ずることがありました。しかしワークショップの非日常的なグループ体験を、日常的な個人的人間関係に還元するのには、かなりの無理があります。オープンになるはずが逆に不自然に、つまりホンネに逆らうことになりがちでした。なぜそうなるのかについては、次の小節で述べます。

それともう一つ、共感とか受容とか純粋さとかは、非特異的な人間関係についていわれることであって、今までの文脈と一見矛盾するようでありながら、実は日常的な良き人間関係を言い表す言葉に過ぎません。つまり現実の人間関係の中に、多かれ少なかれ含まれているものなのです。

ロジャーズの考えや方法にあれほど簡単にのめり込んでいったのには、他に多くの理由はあるにしろ、この日常的な一種のなじみ感があったからだと思われます。だからこそカウンセリング・マインドとして、あらゆる良き人間関係にあるべきもの、と気安く主張されたのです。その代わり、カウンセリング・ワークショップ体験の特異性が見逃されることになりました。つまり、作られた特異的な人間関係の中に、非特異的な、ということは普遍的な、理想的人間関係が経験され、それを日常の特異的な人間関係に持ち込もうとしたところに根本的な誤りがあった、と思われます。

(二)　日常と非日常、および特異性と非特異性

前の小節に述べたことには、少し分かりにくいところがあります。それは、日常的人間関係がそれぞれに特異的なものでありながら、そのような枠組みを通してこそ、非特異的な、いわば人間的なものが活かされる、という逆説がある

からです。以下に例を挙げます。

あるとき、学生から質問されたことがあります。「先生は某先生と仲がよいということだが、どの程度仲がよいのか」と。某先生とは同僚の年輩の男性教授です。ここで「仲がよい」という言葉は非特異的な関係を指します。温かい、一緒にいると楽しい、安らぐ、信頼できる、などのことがその性質を表すことになりましょうか。誰しもこの言葉を聞けば、たちどころにその意味を了解することが可能です。もちろん質問にあるように、それにも深さや浅さ、強さや弱さはあります。学生の尋ねたのは多分そのレベルです。

しかし、それについて私は答えませんでした。「仲がよい」といってもいろいろある、と思ったからです。例えば仲のよい友だち、仲のよい親子、仲のよい夫婦などがあります。いずれも「仲がよい」ということでは、非特異的な関係といえます。しかし、夫婦のように仲のよい親子、というのはやはりなじめません。夫婦には夫婦なればこその、親子には親子にしかない、「仲のよさ」があるからです。日常その差はほとんど気づかれていません――仲のよし悪しだけが前面に出る――が、みんなうまく使い分けているのです。われわれが文法的知識をほとんどもつことなしに、みごとに日本語を文法にしたがって使いこなしている――そうでなければ文字どおり話にならない――ように。つまり社会的役割に応じて、非特異的な「仲のよさ」は特異的なものとなります。そしてこの社会的役割が、意識するしないを問わず、日常的人間関係のほとんどを規制しているのです。

しかし同じ社会的役割が、人間関係を窒息させてもいます。今日、親役割、教師役割の陰に隠れてしまった〝人間〟としての親や教師を求めて、子どもたちが〝荒れて〟いるのは周知のことです。問題なのは、絶望した子どもたち自身が、〝子ども役割〟に閉じこもって、他者にはもちろん、自分自身にもその心が開かれていない状況が現れていることです。もちろんこれらは、親子関係、教師 - 生徒関係に限られることではなく、現代のあらゆる人間関係に見られる疎外現象の一つにすぎません。どうしてこういうことになったのかについては、すでに考察した（氏原、1993）ことなので、ここでは触れません。ただ、個の自立を強調するあまり、関係性（エロス原理）が見失われていることは指摘しておきます。

ここで、むずかしい問題の生じていることが分かります。われわれには非特異的な、粗っぽい言い方をすれば〝人間的〟とでもいえる心性――衝動といってもよい。エロス原理、関係性志向につながる――があります。この傾向をそこに満たすことがなければ、日常生活は生気を失い、意味の薄い役割関係の平板な繰り返しに堕《だ》しやすいのです。さりとてもっぱら非特異的な、それだけに普遍的人間的な衝動満足を求めれば、夫婦のように仲のよい親子や、恋人のような教師‐生徒たちが大量に出現し、社会の秩序が維持できません。なによりも、自分自身が何者であるのかのアイデンティティが失われ、方向感の喪失が時に重篤な心理的不安定をひき起こします。

したがってわれわれは、窮屈な特異的な役割を通して、非特異的普遍的な人間的衝動を満たさねばなりません。役割に傾きすぎると活気が失われ、衝動にのめり込みすぎると方向性が見失われます。一見相反的なこの二つの傾向を、個々人の中にどう統合するかが現代人、というよりもあらゆる人間、の課題なのでしょう。そこから己のかけがえのなさや、より大いなるものとのつながりが実感されます。そして人間が一人一人は違うのだけれど、実はみな同じであることが経験的に理解できるのだと思います。ただしこれらの問題は、後節に見られるように、カウンセラーの役割を考察する際にもう一度取り上げることにします。

(三)　問題点

以上、カウンセリング・ワークショップが、いわば祝祭空間的な意味をもっていたことを述べてきました。日常性の中に非日常的なものを持ち込み、ひからびた日常に潤いをもたらすのです。ただそれが、作られた不自然な、つまり非日常の関係であるために、一見特異的な状況のように見えました。またそう見えて当然の一面もあります。しかし実は、非特異的普遍的な経験を甦らせようとするものであるだけに、日常性‐常識‐非特異的の文脈からそう見えたにすぎません。だから、こうしたハレの経験を、ケの世界に持ち込もうとすること自体、かなり無理の伴うことを述べてきたわけです。しかし、カウンセリング・マインドの強調には、もう一つカウンセラーにとっては見過ごすことのできない、致命的な問題点がありました。

それは、カウンセラーでないとできない、しかしクライエントには不可欠の、カウンセリングの効用が曖昧になったことです。あらゆる人間関係が、カウンセリング・マインドがどれだけ活かされているかによって良くもなれば悪くもなる、というのでは、カウンセリング関係もまた日常の人間関係の一つとなり、その効用は〝良き〟人間関係のそれと変わらなくなります。事実、カウンセリングによってクライエントが良くなったとき、カウンセリングが効いたのか医師の薬のせいなのか、親が立ち直ってくれたお陰なのか、分からないことが多かったのです。ひどい場合、功名争いまで起こりかねませんでした。その結果、クライエントの回復に協力すべき、かつ実際にしてきた人々の間に、無用の対立意識や不信感の生まれることがないとはいえませんでした。

専門家には、その人でないとない効用があります。しかしそれには必ず限界が伴います。だから難しいケースになるほど、専門家同士の協力が不可欠なのです。その際、誰のカウンセリング・マインドが最大であったのか、などのことを言っていたのでは話になりません。多くの場合、それぞれの専門家の力は必要条件ではあっても、十分条件ではないからです。それらについては今までに再々論じてきました（氏原、1975・1980・1995）。お互いの守備範囲が明確になってはじめてチームプレーが可能になります。その際、領域の異なる専門家に対して、自分の守備範囲を的確に伝えうることが重要です。今までカウンセラーたちはその責任を怠ってきたきらいがあります。というよりも、他領域の専門家に理解してもらえるほどの言葉で、自分の仕事を説明するだけの経験にも力量にも欠けていた、といわざるをえないのではないでしょうか。カウンセリング・マインドという非特異的な一般的態度を云々していたのでは、横町のご隠居の人間味や世間知と変わらないことになります。

それでは、専門家としてのカウンセラーの仕事とは何か、が問題になりますが、それは二節以下で考えることです。本節では、とりあえず今まで述べてきた意味で、お互いに協力してゆくべき人たちとカウンセラーとがどう違うのかについて、以前述べたこと（氏原，1995）を手短に繰り返しておきたいと思います。

まず親です。親を専門家ということはできないかもしれませんが、子どもに対して他の誰にもできない大きい影響力をもつ存在としては、明確な守備範囲をもっています。またそれとの関連で、カウンセリングという働きかけは、通常誰しも必要としていないことを指摘しておきたい、と思います。つまり、日常の人間関係がそれなりに機能してさえいれば、カウンセリング関係などという人工の、不自然な人間関係などそもそも要らないのです。親の子どもに対する温かさや優しさを、いちいちカウンセリング・マインドなどと片仮名で表す必要もまったくありません。

そこで親でないとできない子どもに対する効用は、この子さえよければよその子どもなどどうなってもよい、と思うくらいの家族エゴイズムです。もちろん、それによるマイナス面は承知しています。しかし、エゴイスティックなこの特別扱いを通してはじめて、子どもはこの世界に自分が受け容れられていること、つまり、自分は存在しているだけで十分に意味のある存在であること、を実感します。母親の感じる意味が子どもに取り込まれるからです。カウンセラーには、このクライエントさえよければ他のクライエントはどうなってもよい、という気持ちはありません。提供するサービスも、例えば週一回一時間といったささやかなものです。それでもこのちっぽけなサービスが子どもにとって決定的に重要である、という認識がなければなりません。母親の献身だけでは、どうにもならぬ部分を補うのです。

次が学校の先生です。単純化していえば、先生たちは、子どもたちが大人になったときに戸惑《とまど》わぬだけの知識と技能を授けるのがその仕事です。いわば外から与える役割を引き受けます。もちろん外からのものを吸収するためには、内的状況が整っていなければなりません。また教育とはもともと「引き出す」ことだともいわれます。子どもの十全の成長を期待することでは、親ともカウンセラーとも変わりません。しかし、カウンセラーが主としてクライエントの内部世界に働きかける——どのようにしてか、については次節以降に述べます——のに対して、現実適応に主たる関心が向かうことは避けられません。これは大部分の子どもが健康だからです。親についても述べたように、普通の子どもには、まあまあの人間関係が整っておれば、それなりにそれらを利用して成長してゆく力が備わっています。

医師とはどう違うのでしょうか。医師は体に働きかけて患者の苦しみをとります。または少なくとも和らげます。カウンセラーは心に働きかけ、クライエントの苦悩する能力を甦《よみがえ》らせようとします（Frankl, 1947）。別な言い方をすると、医師は、まだ時の来ていない患者の、失われかけた明日を取り戻そうとします。カウンセラーは、明日のない「いま・ここ」の意味をクライエントとともに確かめてゆきます。ただし心に働きかけようとする一群の医師たちがいます。そういう人たちが精神療法に従事しています。

おしまいにケースワーカーとの差について述べます。先のフランクルによれば、アウシュヴィッツのような極限状態において、大部分の人はブタのような状態に陥ったにもかかわらず、なお少数の人は弱った仲間を支え、落日の美しさに感動することができました。つまり大部分の人は、環境条件が悪化すれば人間らしい心を保つことができません。だからそのための環境調整が不可欠です。ケースワークは主にその分野で仕事をします。しかしカウンセラーは、前項に述べたように、明日のない人たちと今日の意味を確かめ合ってゆくことが仕事です。事実、精神科医であったフランクルは、収容所生活に絶望した仲間に対して、後にロゴテラピィと称するカウンセリングを行っています。ここでもカウンセリングがケースワーカーの仕事とは相反的であるかに見えて、実は相補的な関係にあることが分かります。

以上、カウンセリング・マインドという言葉をめぐって述べてきました。現時点においてもこの言葉に惑わされて、カウンセラーとしての自身のアイデンティティに迷っている人がいる、と思うからです。しかし、心理臨床学会の会員数が一万六千人になんなんとし、臨床心理士の数も一万四千人に近づいている現在（二〇〇五年現在）、カウンセリングの仕事が他の誰にもまねのできぬ独自の、まさしく専門家のそれであることを肝に銘じなければなりません。そのためには繰り返し述べてきたように、われわれの仕事の意味を他領域の人たちに納得してもらう必要があります。そのためにはわれわれ自身が、明確な言葉でわれわれの仕事について語らねばなりません。以下の各節も、そのための一つの試みに他なりません。

二　カウンセラーの仕事

（一）カウンセリングの諸相

そこで、カウンセラーは何をするのか、が問題となります。しかしその仕事は多様です。いきおいいくつかの観点から見ていくことになります。本節では、まずユング Jung の立場からカウンセリングの諸側面について、次いでロジャーズの立場からカウンセラーの態度について考えることにします。必ずしもユングやロジャーズの考え方を紹介・代弁しようとするのではなく、彼らの枠組みを踏まえながら、一種の解釈的意味も含めて、自由にカウンセリングについて論ずるためにです。

①　告白または浄化（カタルシス catharsis）

ユングは一九二九年、「現代心理治療の諸問題」（Jung, 1929）という短い論文を発表しました。これについては一一章で詳しく論じます。これは心理治療を、告白、解明、教育、変容という諸段階に分けて説明したものですが、段階というよりは局面ないしは相と考えた方がよいようです。それについてはすでに紹介したことがあります（氏原、1997）。ここではそれに基づきながら、その後考えたことを付け加え、特に学生諸君にカウンセリングの実際が分かるようにするつもりです。

告白とは秘密を語ることです。そこから浄化（カタルシス）の効果が生じる、とされています。カウンセラーの側からいえば、もっぱら聴くことになります。ロジャーズの言う傾聴です。それがなぜ治療的に〝効く〟のでしょうか。秘密には二重の意味があります。一つは、秘密をもつことによって他人との間に距離を保つことです。ある人にはこれを隠し別の人にはあれを秘密にすることが、相手との関係を確かなものにします。だから秘密をもっていないというのは、自分の立場がもてないことに他なりません。逆に相手の秘密を尊重することは、その人格を尊重することと同じ意味をもちます。

しかし秘密にはもう一つの面があります。それは相手と距離を保つ、そのことが同時に相手を疎外する、ということは自らを疎外する、ことでもあるからです。つまり、秘密をもつことは、その限りその相手との仲間関係を拒むことなのです。「王様の耳はロバの耳」という寓話は、誰にも言えない秘密を負った者の苦しみと、それを打ち明けた、つまり誰かに分かちもってもらえたときの安らぎを、ユーモラスにではあるが的確に物語っています。ましてや仲間に対して秘密をもつことは、一種の不信行為、穢《けが》れ、タブーとなります。この穢れは浄められねばなりません。それは、穢れを共にする人に〝選ばれる〟ことによって成し遂げられます。つまり、あえてこの人とその穢れを共にする決意をもつ他者、を必要とします。この他者がカウンセラーなのです。

カウンセラーはしばしばクライエントの秘密にさらされますが、それはほとんどの場合、クライエントと共にタブーを犯す、つまり穢れることを意味しています。それによってクライエントは浄められ、そのクライエントによってカウンセラーも浄められます。しかしこのプロセスは、むしろ変容段階の特色です。だからその部分も併せて読んでいただきたい。ただ、告白の段階において、すでに変容のプロセスが含まれていることは考えておかねばなりません。ユングの言う四つの段階が、必ずしも継時的に生じるわけではないのです。

② 解　明

ユングによれば、告白の段階だけでかなりのクライエントが元気になります。しかし、それだけでは十分ではないクライエントがいます。それらの人たちに対しては、解明の段階が必要となります。それがフロイト流の、精神分析的な還元的な働きかけであるといいます。ここでは解釈の問題に絞って考えることにします。

ジェームズ・ランゲ説というのがあります。悲しいから泣くのではなく、泣くから悲しいのだ、というあの学説です。一見荒唐無稽《こうとうむけい》に見えますが、意外にことの本質を衝いています。ロジャーズならば、有機体的プロセスというところでしょう。つまり、われわれが外的な刺激を受け止めるとき、通常は意識するのが難しい知覚のプロセスを経て、最終的には言語レベルで認識します。しかし、おそらく言語以前の認識――知覚というべきでしょうか――があります。動物たちに言葉はないけれども、彼らの外界の知覚・認識は的確です。当然、人間にもそのレベルの認識があります。その場合、反応は身体的・生理的なものとなります。

次節でも述べますが、本稿では、感情とは対象を自らとの関係で認識した場合に生ずる意識のプロセス、としておきます。当然主体としてのなんらかの意識の存在が前提とされています。悲しい感情（Gefühl）は、主体によって、例えばなんらかの喪失体験が意識されて生じます。なんらかの生理的反応――例えば涙を出す――を伴う場合は、激情（Affekt）となり、かなり感覚レベルの意識に近くなります。それだけ「われ」を失う度合が大きいのです。日本語では、喜びも悲しみも、暑さも寒さも「感じる」とされるので、感情レベルと感覚レベルの意識を明確に感じ分けるのが難しい。ジェームズ・ランゲ説は、この感覚レベルの反応が先行する場合を取り上げているのであり、自分でも訳が分からないのに、身体的生理的レベルの反応の生じることを説明しています。

精神分析でいう解釈は、この生理的身体的レベル、あえていえば感覚レベルの意識を言語レベルの意識につなぐことを目ざしています。その場合、カウンセラー・クライエントとも、カウンセリング場面で生じている感覚レベルの意識にどれだけ敏感でありうるか、が決定的に重要です。これは漠然として感じられる体感のようなものであり、それを意識とするか無意識と呼ぶかは定義の問題にすぎません。ふつう、感覚レベルの意識は、感情を媒介として言語レベルの意識につながります。感情レベルへの配慮を怠ったこの手続きは、合理化と呼ばれます。感覚 - 感情の自然な意識の流れが断ち切られ、いっそう感覚的緊張の高まることが多いのです。

フランスで活躍している精神分析家のドルト（Dolto、1984）は、赤ん坊のバラバラの身体感覚体験を一つの凝集した身体像として意識させるための、母親の言葉かけの重要性を力説しています。この身体像が自我構造の基盤となる、と言うのです。もちろんその前提として、母子一体の感覚体験があります。精神分析家の解釈には、赤ん坊に対する母親の言葉かけ、に近い意味があると思います。それによって、クライエントが漠としてしか感じられなかった感覚レベルの意識が、言語レベルのものとして的確に意識されます。つまり「分かる」のです。その際、感情レベルの意識が媒介とされることはすでに述べました。それに欠けたのがフロイト Freud による「ドラの症例」（1905）ではないか、ということについては本書一二章で論じています。

これは、カウンセリングにおいて精神分析的技法を用いなければならない、として書いたものではありません。カウンセリングのプロセスの中で、自ずからそのような局面が現れる、ということです。

③　教　育

ここではアドラー Adler の技法が用いられる、というのがユングの説明です。還元的方法ということではフロイトと変わりませんが、フロイトの性衝動に対し、権力衝動の重要性を強調したところが違っています。もちろんここでアドラーの考えを説明するつもりはありません。カウンセリングにおける目的志向性ないし現実適応的な面を考えるのに参考になる、ということです。

さて、解明の段階で、感覚レベルの意識が言語レベル（思考レベルといってもよい）に高められるに当たって、感情レベルの意識が媒介になることを述べました。これは、今まで自他未分化なままに、しかし「いま・ここ」の行動に決定的な影響を及ぼしていた感覚レベルの意識が、次第に分化してくるプロセスを意味しています。先に触れたドラの症例についていえば、彼女の父は、友人の妻（ドラとも親しかった）とねんごろになり、その代償として友人がドラに接近することを妻と共に黙認する、といった複雑な状況にいました。もちろんすべてドラには秘密のことであり、ドラにその詳細が分かっていたのではありません。しかし、何となく雰囲気としては分かっていたと思われます。この分かり方が感覚レベルの意識なのです。もちろん思春期のドラには、性愛的なものが身体的感覚的に意識されていたはずです。そしてフロイト（彼もまた彼女の父およびその友人とは知り合いでした。もちろんドラは、それらの人間関係についてかなり知っていたと思われます）は、もっぱら性愛的な感覚を取り上げ、解釈を通してそれを一挙に言語レベルに引き上げようとしたのです。

次項に述べるように、解釈はまずカウンセラー - クライエント間に身体・感覚レベルの関係が生じ、それが感情レベルでまずカウンセラーによって意識され、クライエントに納得されることによって有効なものとなりうる、と筆者は考えています。ドラの症例にはこのプロセスが欠けていました。それが、フロイトの期待を裏切る中断となって現れたのではないでしょうか。つまり、感覚レベルの、未分化なそれだけに豊かともいえる意識のプロセスを中断し、言語レベルの、いわば悪しき合理化が行われたのです。

いずれにしろ、解明のプロセスが進むと、クライエントは多かれ少なかれ〝感情的〟になります。感覚レベルの、ある意味では非自我体験を自分との関わりで感じ直すことになるからです。非常に粗っぽい比喩ですが、一節に述べた役割意識により、ホンネすなわち自然な感情体験、の抑えつけられた状態を、ここで言う悪しき合理化による凍りついた感覚レベルの意識状態、といえるかもしれません。それに対して、ワークショップ体験によってかき立てられた「いま・ここ」の感情プロセスを、解明段階で再び開かれる意識の流れ、になぞらえることができます。ここで否応なしに情動の高まりが見られ、それを早急に現実の人間関係で満たそうとすると、容易に役割関係が無視されます。

ホンネはタテマエを通して満たされねばなりません。エロス衝動は社会的役割を通してこそ活かされます。つまり、形式はしばしば内容を窒息させるけれども、形式なしに内容が現実化されることはないのです。解明の段階は、あまりにも形式化された存在様式を、もっと内容に開かれるようにする試みです。そこで時に内容が突出し、形式を踏みにじることが生じます。そうならないために、内容をいかに形式を踏まえて具体化するか、の手だてを考えてゆくのが教育の段階なのです。だからここでは、助言とか忠告とかの、いわゆる浅いやりとりが支配的になることがあります。

しかし何度も指摘してきたように、こうした対応の変化は、カウンセリングのプロセスの段階を示すというよりは、そもそもの初めから同時併行的に、時には逆行して出現するものです。一つの段階を通過しなければ次の段階に進めない、といったものでは決してなく、またその段階を通過したからといってそのレベルの問題が解決したことにもなりません。こうした多様な相が、多かれ少なかれあらゆるカウンセリングのあらゆる局面に含まれていること、を述べたわけです。

④　変容

最後が変容の段階であり、最もユング的な特色が出ている、といわれます。しかし繰り返し述べてきたように、本稿はユングの方法を論じようとするものではなく、カウンセリングの多様な側面について説明するのがその目的です。ユングの理論はそのための枠組みにすぎません。

カウンセラーがクライエントの前に座るとき、実にさまざまな印象を受けます。クライエントの性別、老若、服装、語り口などによって、その印象はまったく違います。あらかじめクライエントについて得られた情報によって、かなり影響されてもいます。とても〝クライエント〟というステレオタイプにはめ込むことはできません。にもかかわらずカウンセラーは、この人がクライエントであるからこそ会っています。だから以上のような雑多な印象は、すべてクライエントという枠の中で受け止められています。そしてこれらの印象は、ほとんどの場合、感覚レベルの意識であり、かすかに感じられてはいますが、通常、意識の場（氏原、1993）の背景に沈んでおり、図として意識化されることはありません。

われわれは、仔イヌや仔ネコの戯れるのを見ると、われ知らずかわいく思います。実は思わされているのです。あるいは思春期になると、否応なしに異性に惹かれます。それが反発という形で現れることはあるにしろ、子ども時代の中立的な態度はもはや取りえません。これらは、生得的に埋め込まれた一種身体的なプロセスの発現です。それは感じられます。ということは、感覚レベルで意識されているのです

しかし、成長するにつれてわれわれは言語レベルの意識を発達させねばなりません。言葉とはすぐれて分類する機能です。そして分類とは、対象をある一面で割り切って、他を切り捨てる働きです。これによって、われわれの環境への適応能力は著しく高まりました。きのこを見つければ、まず食べられるかどうかを考えねばなりません。ヘビに遭えば、毒蛇かどうかの見分けが優先します。人の場合には、敵か見方かの判断が決定的に重要です。その代わり、対象の全体

としての印象は薄れてしまいます。それは逆に、われわれが全体として対象に関わることを妨げます。それがゆきすぎるとき、いわゆる自己疎外が生じ、全体としての自分、特に感性（感情・感覚レベルの意識である）、の回復が叫ばれるようになることは、一節で述べました。

人間は群れをつくる動物です。この種の動物には、仲間同士が感応し合う能力が備わっています。しかし言語レベルの意識の発達と共に、その能力が失われがちになることを述べてきました。カウンセリングには、この能力を甦らせようとする一面があります。この項のはじめに、カウンセラーが個々のクライエントによってさまざまに動かされることを述べました。それは、このクライエントならではのこの私の動きです。私一人では決して生じない、また、このクライエントと以外では起こりえないプロセスです。つまり、そこにあなたと私とででき上がる一つの場が生じ、それは私でもなければあなたでもなく、私でもあればあなたでもあります。それをカウンセラーが感じとるのです。もちろん、クライエントにも同様の動きが生じています。

いわばカウンセラー-クライエントの両方が関係の中に融け込み、われを失うことによってわれを生きます。だからクライエントの動きがカウンセラーの中に敏感に感じとられ、それがまたクライエントに感じとられます。したがって、己の動きを理解することが相手の理解につながり、逆もまた真といった状況が生じます。これがクライン派の強調する投映的同一視のメカニズムでしょう。ユング派でいえば神秘的融即（participation mystique）、ロンドン学派に近いアメリカで活躍中のシュヴァルツ-サラント Schwart-Salant（1989）の想像力の機能です。

しかし、己の動きを感じとるためには、感覚レベルのプロセスに意識を集中する必要があり、それが能動性を含みながら、多分に受動的なプロセスであることはわきまえておかねばなりません。このプロセスを理解するには、河合隼雄（1982）の言う中空構造という概念が適切と思いますので、少し説明しておきます。これはもともとは日本神話の構造を解明しようとして、河合の思いついた考えです。例えば、アマテラスとスサノオという二大神の間には、ツクヨミという無為の神がいます。しかしこの神があればこそ、二大神は共通の場で結ばれます。もしツクヨミがいなければ、アマテラスはアマテラスとして、スサノオはスサノオとして、バラバラにしか理解できなくなります。そして、その理解が精緻になればなるほど、アマテラスあってのスサノオ、スサノオのあればこそのアマテラスという、両神に本質的な性格が見失われてゆくのです。

　この意味で、先に述べたこのカウンセラーとこのクライエントのつくり出す共通の場とは、ツクヨミの働きの現前した場に他なりません。シュヴァルツ‐サラントの強調する想像力の目とは、己の意識の底にある、共人間としての生理的感覚レベルの働きに目を据えること、を意味しています。そこで、このクライエントを通してはじめて開示されてくる、未知の己の姿に気づくのです。おそらく、言葉以前の連帯感であり、言葉のレベルでは空《くう》なるものです。そこで見えているものは、アマテラスでありスサノオであってツクヨミではありません。もし、ツクヨミが露《あら》わになるとすれば、無形《むぎょう》のおそるべき混沌でしかないのでしょう。しかしそれが見失われれば、アマテラスもスサノオも、即座にまったく生気を失った病的幾何学像になり下がります。どちらの場合も、重篤な精神病理の現れです。

　いずれにしろ、クライエントとの出会いが、誰に対しても同じカウンセリング面接の平板な繰り返しではなく、まさしく一回限りの出会いと称されるのは、多かれ少なかれ、ここでいう変容のプロセスが、とくにカウンセラーの側に生じていることを指しています。それによってはじめてクライエントの全体としての人間性が甦りうるのです。

（二）カウンセラーの態度

　前の小節（一）では、ユングの枠組みによりながら、カウンセリングのプロセスに生ずるさまざまな相について述べてきました。この小節では、ロジャーズの枠組みによって、カウンセラーの態度について考えることにします。もちろんそれは、現前のクライエントに対する態度ですので、カウンセリングの実践とあまり関係のない、あるべきカウンセラー像を論ずるものではありません。

①　共感的理解

カウンセリングで共感的理解の重要性が云々されるのは、それがクライエントの主体性の回復につながるからです。一節で、感情とは対象を主体との関わりで受け止めたとき生ずる意識状態、と定義しておきました。客観的には同じダイヤモンドでも、百貨店の店頭にあるときと、友人の指を飾っているときと、自分のものとしてはめてみた場合とでは、感じ方がまるっきり違いますが、その感じが感情です。だからまったく主観的な意識状態です。しかしわれわれは、あまりにつらい経験は自分とは関わりがないと切り捨てたがります。ある少女は、幼児期、母親がレイプされる場面に居合わせたのですが、あれはお母さんに起こったこと、と長い間割り切っていました。そのとき受けた大きなショックを思い出すのは、箱庭療法を受けて凍りついた感情体験が融け始めて後のことでした。

カウンセラーは、この種のクライエントに対し、もしも私があなたと同じような状況にあれば、多分こんなふうに感じると思うけれども、あなたはその時そうは感じなかったのか、と問い返すことができます。己の感性に基づいて、一種の揺さぶりをかけるのです。ただしそのためには十分にタイミングをはかる必要があります。それについては今まで再々述べてきています（氏原、1975・1980）ので、ここで詳しくは取り上げません。ただ、「もしも私が……」という言葉が示すように、これもまた、カウンセラーのもっぱら主観的な思い入れであることは指摘しておきたいと思います。私自身も含めて、かつてのロジャリアンが考えたように、まるでクライエントその者であるかのように共感することは、ほとんどの場合できないことを思い知るべきです。カウンセラーの共感は、クライエントに、かつての経験にまつわる現在の感情を甦らせるためのものなのですが、それはその経験の、クライエントに対してもつ意味をともに確かめてゆく作業に他なりません。

ただし、前の小節（一）で述べた、変容の段階における共感はこれと異なります。それは、このレベルでの共感が感情レベルよりは深い、それだけ未分化な感覚レベルのものだからです。それは一種の融合体験に基づいています。感情レベルの共感とは、クライエントとは異なる、もう一方の主体としてのカウンセラーが、クライエントについてクライエントと共に感じ合うプロセスです。それによってクライエントは自分とはまったく違った枠組みをもつ他者に、自分を分かってもらうことになります。それが、自分の感じ方、考え方が決して自分一人のものではない、共存在として人間社会に結構通用するものであること、を実感させます。これが自分の感情体験を自分のものとして受け止めることを可能にします。感じるための主体が甦るのです。おそらくそれが、一節に述べたエロス衝動に気づかせます。多くの場合、その衝動が満たされぬことによって、どれだけ主体が傷ついてきたか、という否定的な形においてではあるのですが。日本のカウンセラーの多くは、こうしたクライエントの被害者的感情については敏感な人が多い、というのが筆者の印象です。ただし、クライエントの加害者感情については、カウンセラー自身の防衛メカニズムが働いて、意外に鈍感な人が多いのではないでしょうか。それは前の小節（一）の、変容段階のプロセスではじめて気づかれてくることかもしれません。ともあれここでは、共感に感情レベルと感覚レベルの二つの相のあることを述べておきます。

②　受容

受容とは、もちろんクライエントを受容することです。しかし、他者を受容することの程度は、どれだけ自分を受容できているかの範囲を超えることはありません。別な言い方をすれば、カウンセラーがどれだけクライエントを（共感的にも）理解できるかは、カウンセラー自身の自己理解の広さと深さにかかっています。ここでも変容の過程における、クライエントとの融合体験を通して開かれてゆく自己理解は、それとややニュアンスが異なります。

ここで大切なことは、自分の中の嫌な面をどれだけ受容できているかどうかです。普通そういう面は〝ないもの〟として意識されていません。ユング派の言葉でいえば、影の領域に追いやられています。しかし「いま・ここ」の意識にはたえず影響し続けるので、そういう面が周囲の人の中に見えやすいのです。自分のケチに気づいていない人が、他人のケチ臭さに人一倍敏感であるのは、そのためです。通常それらは、コンプレックスの働きとされます。コンプレックスとは、定義上無意識ということになっていますが、必ずしもそうはいえない場合があるので、少し説明しておきます。

例えば、自分の年齢や性別や職業など、ふだんはそれと意識していません。しかしそれらのことはどこかで感じられていて、「いま・ここ」の感じ方や行動を規制しています。にもかかわらず、そうした面が意識されていることはめったにありません。ただし必要な場合はいつでも意識化されます。その限り意識的でもあります（〝本当〟の無意識は意識しようとしてもできません）。これらを前意識と呼ぶこともあります。しかし大切なことは、「いま」意識されていないことが「いま」の意識に影響していることです。これはコンプレックスの働きと同じです。

そこで自分についての諸観念の全体を自我コンプレックスと呼ぶことがあります。こうなると意識的な自我も前意識的な自我も、もちろん無意識的な自我も、すべてひっくるめてのことになります。そこでカウンセラーが最も注意しなければならないのが、献身コンプレックスです。サールズ Searles というアメリカの精神分析家は、医師が献身的になる場合について警告を発し（1979）、「献身的医師について」という有名な論文を書いています。アルゼンチンで活躍したラッカー Racker（1951）にも、同様の記述があります。治療者としての自分に自信のないとき、医師はしばしば献身的となり、クライエントの言いなりになってしまいます。献身的サービスを通して、良き治療者のイメージを守ろうとするのです。多くの場合、これは理想的、というより誇大的、自己像にいかれているからです。そして己の限界に目をつむり、そのためクライエントの状況の厳しさが目に入らず、安易にクライエントを治そうとしすぎるのです。

その結果、クライエントはカウンセラーに不当な期待を抱き、当然期待が裏切られると、顕在的であれ潜在的であれ、攻撃的になります。それにたじろいでカウンセラーはもっぱら迎合的になります。クライエントの言いなりになることを受容であるかのように思い込み、逆らうことはすべて拒否につながりそうに感じてしまいます。一節で述べた、カウンセラーの提供するサービスの限界を見失っているのです。己の限界（＝欠点である）を見極めて、しかもその効用について自信を失わないことが先に述べた自己受容です。コンプレックスは克服できるものではありません。それと気づき、共存することができるだけです。それによってこそ、同じようなコンプレックスに悩むクライエントを理解し、受容することができるのです。

③　純粋さ (genuineness)

前項とのつながりを踏まえて、ここではまず、身体接触を求めるクライエントについて述べておきます。面接中、握手を求めてくるクライエントは割にいるものです。一度許すと、それがさらにエスカレートする場合が多い。しかしこれを拒むのは、クライエントに恥をかかせかねません。そこでカウンセラーが迷うことになります。しかし、カウンセラーのこの戸惑いが判断の鍵《かぎ》となります。つまりカウンセラーの逡巡《しゅんじゅん》は、心から握手をしたいとは思っていないしるしだからです。それを相手が望むがままにやったのでは、純粋であるとはいえません。それともう一つあります。クライエントの性愛性です。多くの場合、こういうクライエントは〝深い〟人間関係を経験していません。それが深い寂しさにつながっています。それを癒《いや》すためにしばしば束の間の優しさを求めます。その代償に容易に肉体を投げ出します。だから多彩な異性関係をもちながら、それらはいわば性器レベルのものにとどまり、この私とこのあなたという深い関係に至っていません。お互いがワン・オブ・ゼムであり、代替可能なのです。身体接触を求めてくるクライエントにはこのタイプが多くあります。本人もそれと気づかぬ一種の誘惑なのです。

カウンセラーが握手に応じるとすれば、私のこの手の温もりであなたを温めてあげたい、あるいはこの掌を通してあなたの温かさに包まれたいとする思いを必要とします。そのためにはある程度時間をかけた熟した関係がいります。それによって全人格的な関わりが可能になります。そしてクライエントに必要なのは、まさにこうしたかけ替えのない深い関係なのです。カウンセラーがクライエントを受容しようとして、その要求のままに屈することは、クライエントの今までの関係様式を繰り返すにすぎません。クライエントには束の間の浅い、ひょっとしたら激しい満足と深いけれど静かな失望が生じます。それが性愛的な、要するに部分的道具的関係の域を出ないからです。

しかしここに難しい問題が生じます。カウンセラーに自然な気持の流れがあれば、クライエントの接触要求に応じてもよいのか、または応じるべきか、ということです。面接の回数が重なるにつれて、当然カウンセリング関係は〝深く〟なります。これはしかし、ほとんどが感覚レベルのものです。同じ人間種に属する生き物同士として、いわば本能的に感応し合うのです。そのレベルにどれだけ敏感であるかが、カウンセラーとしての共感性の尺度ともなりえます。しかし、だからといって、そういった動きのままに行動化してよいということにはなりません。それは現実の社会的な役割を通してのみ具体化されねばなりません。それによってはじめて、不特定多数に対するエロス衝動が特定のあなたに対するものに変容します。近親姦《かん》願望が、もしフロイトやユングの言うように自然なものであるならば、近親としての役割を踏まえて禁欲することが近親愛、ということになります。そこに性愛的なものを含みながら、行動的には役割関係に踏みとどまるのです。それを通して、しばしば対象の理想化が生じます。それは内なる理想イメージの具体化ですが、この相手と出会ってはじめて見えてくる、生きられる自らの可能性でもあります。これが前の小節（一）で述べた変容のプロセスに他なりません。接触要求に安易に応えることは、この理想化のプロセスを妨げます。心理的にはほとんど合体するほどに近づきながら、現実にはカウンセラー - クライエント関係の枠を守ることを要するのです。純粋さを考える場合、一方で本能的といってよいエロス衝動に身を任せながら、他方カウンセリング関係の枠に踏みとどまる必要があります。その微妙なバランスが少しでも崩れると、もはや純粋とはいえなくなります。自分に忠実であるとは、その場限りの激しいレベルの感情のままに行動することではないのです。

三　おわりに

以上、カウンセリングについて、できるだけ実践的に考えてきたつもりです。学部や大学院レベルの学生にはやや難解なところがあったかもしれません。しかし心理臨床家としての成長を考える場合、この程度のことを、そこそこに実践的に分かっておくことは不可欠であると思います。読者諸君の精進を願ってやみません。

■文　献

ドルト Dolto, Francoise.（1984）L'image inconsciente du corps.　榎本譲訳（1994）無意識的身体像　言叢社
フランクル Frankl, V.（1947）Ein Psychologe erlebt das Konzentrationslager.　霜山徳爾訳（1985）夜と霧　みすず書房
フロイト Freud, S.（1905）Bruchstck einer Hysterei-Analyse.　細木照敏・飯田真訳（1969）あるヒステリー分析の断片　フロイト著作集5

二七六～三六六　人文書院
Jung, C.G.（1929）Die Probleme der modernen Psychotherapie. GW16, 57-81, Walter.
河合隼雄（1982）中空構造日本の深層　中央公論社
村山正治（1998）あとがき　氏原寛・村山正治編　今なぜスタールカウンセリングなのか　二三六～二四〇　ミネルヴァ書房
長坂正文（1998）教師カウンセラーの立場から1　氏原寛・村山正治編　今なぜスクールカウンセリングなのか　六七～八八　ミネルヴァ書房
ラッカー Racker, H.（1968）Transference and countertransference.　坂口信貴訳（1984）転移と逆転移　岩崎学術出版社
Rogers, C.R.（1951）Client-centeredtherapy. Houghton Mifflin.
シュヴァルツ - サラント Schwartz-Salant.（1989）The Borderline Personality.　織田尚生監訳（1997）境界例と創造力　金剛出版
サールズ Searles, H.F.（1979）Countertransference and related subjects.　松本雅彦他訳（1991）逆転移1　みすず書房
氏原寛（1975）カウンセリングの実際　創元社
氏原寛（1980）カウンセリングの実践　誠信書房
氏原寛（1993）意識の場理論と心理臨床　誠信書房
氏原寛（1995）カウンセリングはなぜ効くのか　創元社

第3章　カウンセリング断章

一　カウンセラーの交代または終結について

われわれのセンターのような大学の心理相談機関では、ある程度恒常的に、カウンセラーの交代する場合がある。大学院修士課程二年生の場合ならば卒業とか就職のためである。その際、そのカウンセラーが担当したクライエントは、もし本人が望まれるなら、当センターでは誰か別のカウンセラーが引き継ぐことになる。だからセンターとしては継続ケースになる。それがわりに気楽に引き継がれ、クライエントもカウンセラーもとくに何とも思っていないことがある。

カウンセリングにはいろんな立場があり、カウンセラーが誰であっても、できるだけ多数回のカウンセリングを受けるのがよい、という人もいる。たしかに話を聞いてもらうだけならば、ある程度誠意のある相手であれば誰であっても変わらない、と言うことができる。たとえばいのちの電話では毎回受け手が変わるわけだし、それで結構クライエントのお役に立てている。だから、センターとしてひき続きクライエントと会い続ける体制ができておれば、一応の責任は果たしていると考えることができる。

しかしわれわれのセンターでは、カウンセラーとクライエントとの出会いを大切にしている。出会いとは特定のこの人と特定のこの人が会うことであって、たまたま会ったもの同士がその時限りの関わりをもつこととは違う。初回はもちろん偶然が左右する。カウンセラーは原則としてクライエントを選り好みすることはできない。しかし一回会えばクライエントとカウンセラーは、二人して作った共通空間の共体験者ということになる。それを、二人して一つの物語を紡ぎ出した、もっとオーバーに一つの歴史を創ったのだ、とも言える。すると二回目ですでに、こうした二人だけの物語ないし歴史の紡ぎ手ないし創り手として、二人でないといえない言葉を語り合うことになる。カウンセラーとしてどのクライエントにもいえる、日常的な会話であってはならないのである。かりにそういう言葉を使う、たとえば時候の挨拶めいたものであっても、一回でもカウンセラー - クライエントとして会ってきた者は、この私でなければ、と同時にこのあなたに対してでなければ、いえない言葉をいわなければならない。

ここでは「ねばならない」として、カウンセラーの心がけるべきありようのように述べているけれども、実は、カウンセラーが意図するしないにかかわらず、カウンセリング場面での双方のコミュニケーションとは、本来そういう性格を担っている。だからカウンセラーにできることは、そうしたある種の必然性に気づいて、できるだけそのようなカウンセリングの流れに沿っていくことである。もちろんほとんどの場合、クライエントはお互いのコミュニケーションの性質に気づいていないから、これはもっぱらカウンセラーの仕事になる。

たとえば三回目になると、今までの二回のセッションを踏まえた三回目ということになる。当然、初回・二回目との共通点を担いつつ、つまり歴史を背負いながら、そのいずれとも違う三回目ならではのコミュニケーションになる。というわけで回を重ねるごとに、紡いできた物語ないし歴史の重みが加わっていく。カウンセリングはよく言われるように、まさしく「いま・ここ」の出会いでありながら、つねに「いま」が「いつ」か、「ここ」が「どこ」かを確かめてゆくプロセスでもあるのである。ところが、「いま」が「いつ」かということは歴史性にとどまらない。むしろ歴史性にすでに含まれている未来性が取り込まれている。カウンセリングではそもそもの始めから終結が見通されているからである。さらに、それがこの私とこのあなたとの出会いである以上、二人の関係の終わる時、機関としては継続することはあっても二人にとっては終結なのである。引き継ぎを見据えながら、この私とこのあなたとの関係は終わる。だから二人の終結をくみこんだ「いま・ここ」を創っていかねばならない。

たとえばあと一カ月、四回で終わるというセッションは、四回会えば二人は別れる、そしておそらく再び会うことはない、ということをふくみこんでこそ、そのセッションならではの「いま・ここ」の一回性ないし独自性が浮かび上がる。引き続く四回も、平板な同じような面接がくり返されるのではなく、一回一回が近づいてくる別れのゆえに、まさしくかけがえのない様相を帯びてくる。

そして終結が来る。この時、カウンセラー‐クライエント双方に、日常場面的な感慨が多かれ少なかれ催される。しかし今までの一回一回は、この別れが前提であったからこそ、その都度がお互いにとってかけがえのない意味深い体験であり得たのである。だからこの別れに日常性の入り込むことは、それだけで今まで積み重ねてきた意味がぶち壊される可能性がある。たとえば、せめてもう一回会いたい、といった気持ちが双方にあっても、もしそれをやれば、あと三回限り、あるいは二回限りという気持ちで会ってきたそれまでの専門的な関係が、一挙に日常的な関係に堕しかねないのである。

二　許容と受容

許容と受容とは違う。ある時あるカウンセラーが、クライエントに名前を呼び捨てにされた、と話したことがある。聞き捨てならぬと感じたので委細を聞いた。カウンセラー自身もまずいとは思っていたらしい。しかし一瞬どう答えてよいか分からなかったのでそのままやり過ごし、以来ずっと呼び捨てのままなのだという。とりあえずは、クライエントがそうしたのにはそれなりの必然性があると思いそれを受け入れようとした、というのである。しかしそれを「受容」といえるかどうか。

言葉使いには、お互いの関係の深さ浅さがもろに現れる。ある種の表現は、ある程度関係が熟すことによってはじめてその場にふさわしいものになる。この、深い、浅い、熟すといった言葉は、前節の言い方に従えば、お互いの歴史性を表している。その際、暗黙のうちででも、双方の納得がなければならない。好意や親しみのような半ば自動的な反応でさえも、その場にふさわしい形で表されねばならない。そこからの逸脱は場にそぐわない。お互いに対する一種の侵害行為だからである。

カウンセリング関係は社会的な、したがって創られた役割関係である。そこでとくにカウンセラーは、役割を通して本当の自分を出さねばならない。よく言われる「いま・ここ」だけに限定された「裸」の人間関係など、そもそもあり得ない。お互いの創った歴史性があり、二人して紡いできた物語性もある。そうした限定を踏まえてこそ、このあなたでないと開かれることのないこの私の可能性が現れる。「いま・ここ」の一回きりの出会いというのは、もしそういうものがあるとして、「普遍的な」「本当の」自分が、限られた一回きりの状況にどう顕現するかをいっているのであって、いつでもどこでも変わらぬ自分をそのままにさらけ出すことではない。「本当の」自分とは、いわば潜在的な可能態であり、顕在化するためには個別的な状況がいるのである。

それとの関連でもう一ついっておかねばならないことは、カウンセリング場面が非日常的空間でもあることである。だからそこでは、日常場面では許されないようなことでも許容される。たとえばプレイルームには、子どもたちが通常許されない衝動性を発揮できるような遊具がおかれている。以前私の働いていたプレイルームのガラス窓には針金が入っていた。だから小さい子どもが思い切りバットでたたいても割れることがなかった。近頃は刀もバットもビニール製になって、万事がおっとりと優しくなっている。良いことなのか悪いことなのか、よく分からない。個人的印象でいえば、いかにも作り物という感じがないでもない。血の通った感じが薄いのである。

しかし、「作り物」と書いてふと、カウンセリング場面（遊戯治療の場合も含めて）自体作り物ではないか、という思いが過ぎった。その通りなのである。たださらに考えると、その「作り物」に血を通わせるのがカウンセリングなのである。それがどのようにして可能になるのか。先走っていえば、日常性の中に非日常性を組み込むことによってである。日常性とは、平板な毎日の現実適応的な営みである。そのため、多かれ少なかれわれわれの可能性が押さえ込まれている。一方、非日常性を、押さえ込まれたその可能性を生かそうとする自己実現的な試み、ということができる。両者は一見相反的であるが実は相補的である。日常性に守られなければ、われわれはよるべき現実的な枠組みを見失って、時に著しい方向喪失感に捉えられる。非日常性を生きることがなければ、われわれの生活は一挙に生気を失い索漠たる決まりきったくり返しに堕する。生きるとはこの間の葛藤に耐え、あれかこれかではなく、あれもこれもの両方を生きることに他ならない。大雑把に言えば、クライエントとは日常の現実適応的なあり方に押しつぶされ、非日常的な可能性を生かし損ねている人たち、といえるかもしれない。カウンセリングはそういう人たちに、非日常レベルの時間と空間を提供し、押さえ込まれている可能性を生かすように促す試み、といってもよい。

そこで大切なのが、こうした非日常体験をいかに日常性に入れ込むか、ということである。カウンセリングに様々な制限の課せられているのは、そのためである。決まった時間に決まった場所で会う。箱庭療法の場合などプレイ室という限られた空間があり、その上箱庭の枠がある。さらに治療者が立ち会うのである。それがただ見ているのではなく、時に合作といいたくなるほどコミットしてそこにいるからこそ、その場は「自由にして守られた空間」となる。さらに時間的な限定がある。それも三〇分とか一時間ということにとどまらず、何曜日の何時からといった制限もある。それらを前提とした上で、クライエントによる制限破りがしばしば生じる。時間を少し延長してくれとか、変更してくれとか、もっと寛げる、たとえば喫茶店で会ってくれとか要求されることもある。遊戯治療ではプレイ室から飛び出すようなことが起こる。そのつどカウンセラーは、許容してくれるのかどうかを試されているのである。だからその場の日常性と非日常性とを自分がどう受け止めているか、厳しく吟味しなければならない。そのつど、どちらがよいとか悪いとかをいうことはできない。すでに述べた、このクライエントとこの私との二人だけの歴史性を踏まえて応えねばならないからである。

そこではじめのカウンセラーのケースに戻る。クライエントに呼び捨てにされた時、カウンセラーはこうも答えられたはずである。「私はあんたと、同じ人間として会っているつもりである。だから今まであんたのことをさんづけで呼んできたし、これからもそうするつもりでいる。しかしあんたが私を呼び捨てにしたのは、私を同じ人間としてみていない印のように私は感じる。そのことを私は、同じ人間同士として受け入れるわけにはゆかない」、と。

つまりこの場合、クライエントの意向に逆らう、すなわち許容しないことが受容なのである。ここでクライエントのこのような行動化を許容することは、そのまま卑しめられた自分を受け入れることとなり、本来の自分としての尊厳性を放棄することになる。そうなればそれは、表面的なその場限りの迎合的なあしらいに堕してしまう。クライエントにしてみれば、とても受け入れられたと感じることはできない。せいぜいわがままを通しただけで、受容された実感に欠ける。現実場面で通用しないことが分かっているだけに、そうした非日常レベルの経験が日常経験につながることはない。何よりも、なぜクライエントがこのカウンセラーにこの時点でそうした行動化を行わざるをえなかったのかが問われていない。上にあげた応答が模範的というのではない。しかし読者が、日々の実践でおそらく似たような状況に多く遭遇していると思うので、あえて取り上げた。

三　なぜクライエントの無意識が分かるのか

無意識とは定義上意識されていない。そしてわれわれは意識していることしか意識できないのだから、意識の側から見る限り、無意識はないも同然である。しかし、たとえばコンプレックスは一応無意識とされているけれども、常に現

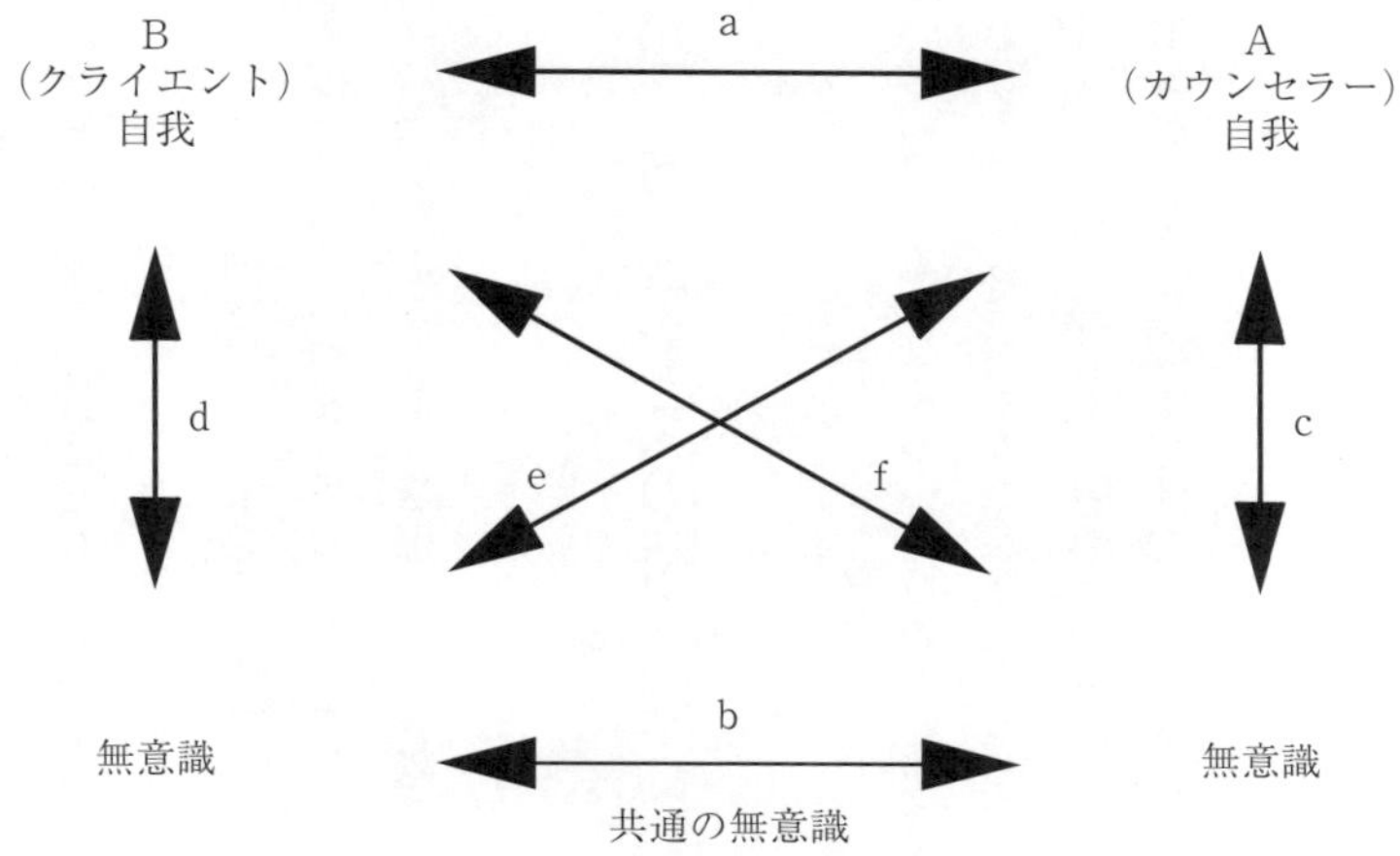

図２　カウンセラー・クライエントの相互作用
（M・ヤコービ『分析的人間系』創元社 pp44 を僅かに変えてある）

在の意識に影響を与えつづけている。だからあるコンプレックスを持つ人と持たない人とでは、かりに今意識していることが同じだとしても、コンプレックスに影響されているところが微妙に異なる。その差を意識状態の差と考えれば、コンプレックスは無意識であるにもかかわらず意識されていることになる。だから意識と無意識を截然と分けることには無理がある。そもそも無意識とは、意識とは何かを考えるために仮定された前提であり、それ自体を実体と考えると、訳が分からなくなることがある。

　ということを前提として、カウンセリングの問題に戻る。カウンセリングとは、カウンセラーとクライエントの二人して創る共通空間である。そこではいやおうなしのコミュニケーションが生じている。その際二人の間には意図（識）的な内容と同時に無意図（識）的なものが、表情や身振りなどを通して漏れ出ている。そしてそれらがすべて双方によって意識的無意識的に感じられている。図式化すれば図２のようになる。これは、ユングが「転移の心理学」に載せた図にユング派の分析家ヤコービが手をくわえたものである。

　図２のAはカウンセラー、Bはクライエント、双方向の矢印はコミュニケーションの方向を示す。自我とあるのは意識と読

み換えてもよい。ａは意識的なやりとりである。しかしＡＢとも同時に自分の無意識と関わっている。かつお互いに自分の意識と相手の無意識とも交流し、さらに互いに無意識同士が作用しあっている。カウンセリングの場が、こうした単純な図式ですべて捉えられているとは言えないが、一応の目安にはなる。

だから、カウンセラーの自我はこうしたａからｆに至る六通りの相互作用の影響を受けていることになる。だからそこでの自分の動きに十分敏感であり得るならば、おのれの動かされ方を通してクライエントの無意識を意識することができるのである。つまり当のクライエントのまだ十分に気づいていないその無意識を、カウンセラーの方がいち早く気づくことが可能になる。次節では、実際のカウンセリング場面で、本節で述べたプロセスがどのように展開するかについて説明する。ただしこのケースは私がスーパーバイズしたいくつかのケースから合成したフィクションである。

四　あるケースの断片

クライエントは文科系の大学生である。パニック障害、うつということで来談した。人の評価ばかり気にして自分がない。頼まれるとノーがいえない。いつも人に必要と思われたい。見捨てられないかと絶えず不安。自分より劣った相手を好きになる。時々死ぬかと思うほど殴られる暴力的な彼もいるが、そういう形でしか愛せない人と思うと逆に離れられない。そのくせその日会ったばかりの人ともセックスしてしまう、などが主訴である。カウンセラーは臨床経験一〇年ほどの女性。一〇回目くらいのセッションで、話し合いがスムーズなわりにプロセスが停滞気味で、カウンセラーがどうしてよいのか分からなくなっている頃、キャンセルの電話が入った。レポートの提出期限が迫っていてほとんど徹夜で仕上げた後寝過ごした、と言う。その時カウンセラーはどんな感じがしたのか、を尋ねると、今までからキャンセルや時間変更が多く、あまり気にとめなかったと言い、わざわざ「そんなに腹は立たなかった」とつけ加えた。そこで、「張り切ってクライエントを待っていたんでしょう」と言うと、「そうだ」と答える。「すると時間がきても姿を現さないクライエントに、ずいぶんいらいらさせられていたのではないですか」「そうですねえ」といったやりとりがあった。これは、クライエントを理解する場合、いまクライエントが何を思い何を感じているかを考えるよりも、カウンセラーである自分がクライエントによって何を感じさせられているかを考える方が大切なことが多いからである。すでに述べたように、カウンセリング場面は二人して創る共通空間である。そこにはカウンセラー・クライエント双方の意識・無意識が充満している（と仮定されている）。そして双方がそれにさらされることによって、意識的無意識的に影響されざるをえない。だからカウンセラーの無意識には当然クライエントの無意識がいくらかは入り込んでいる。そこでカウンセラーが自分の無意識に多少とも気づくことができれば、そこにとけ込んでいるクライエントの無意識に気づくことができる。するとカウンセラーは、どうして自分の無意識に気づくことができるのか、が問題となる。図２の六本の線を思い出してほしい。その複雑なやりとりは最終的には自我（意識）の部分に収斂する。だから、その部分の意識的な部分をたぐってゆけば、自分およびクライエントの無意識にある程度つながることができる。

この例でいえば、クライエントが来ない、そしてかなりたってからキャンセルの電話が入ったその時の感じである。おそらくはいらいらしていた、あるいは多少ともほっとした感じがあったはずである。それが手がかりになる。これを二人して作った共通空間の無意識部分の海に浮かんだ意識のうき、にたとえることができる。海の底で何が起こっているのかは分からない。しかしうきが微かに動く。その動きを通して魚（特定の無意識内容としておく）が餌をつついているのか飲み込んでいるのかに思いを凝らす。面接場面では瞬時に、である。この場合は電話だから、切れた後にゆっくり考える余裕がある。うまくいくと手応えがあり、何かが浮き上がってくる。

もし電話を聞いてほっとしたのであれば、それまで何らかの緊張、たとえばいらいら、があったのである。それが何に由来するのか。一つには、かなり気合いを入れてクライエントを待ち受けていたとすれば、当の相手の来ないことにがっかりしていたのかもしれない。それは、自分が力を入れているほどにはクライエントが熱心でない、という気づきによるためかもしれない。あるいは、クライエントはもう来ないのかもしれない、という不安のあった可能性がある。

それはクライエントによるカウンセリングおよびカウンセラーに対する不信の表明であり、カウンセラーは否応なしにおのれの無能、無力さを思い知らされる。来ないとは思わなかった自分の見通し、つまり見立ての甘さによるところが大きい。もっともこのクライエントは、いままでからキャンセルや遅刻が多かったそうだから、それらのことはうすうす感じられていたかもしれない。もしそうならば、にもかかわらず張り切ってクライエントを待っていたのはなぜか、を考えなければならない。

クライエントから電話のあるまでのいらいらには、以上のような背景のあった可能性がある。電話が来てほっとしたのは、そのようないわば見捨てられ不安が解消したせいであろう。しかし無力感やそれに伴う申し訳なさの背後には、自分がこんなに一生懸命やっているのに、いっこうに応えようとしないクライエントに対する腹立ちがあったはずである。ところがこのカウンセラーはスーパーヴァイザーに、わざわざ「腹は立たなかった」といっている。フロイト流にいえば、その程度には腹立ちに気づいていたことになる。しかし、カウンセラーはクライエントを受容しなければならない。だから腹を立てることはカウンセラーにあるまじきこと、と考えられやすい。そこでその気持ちは抑圧される。そして、寝過ごすほどに疲れたクライエントに同情する（反動形成）。と同時に、おのれの傷つきを自分に覆い隠す。

そこで電話では、クライエントの弁明を快く了解するばかりか、ねぎらいの言葉までかけたのではないか。内心感じていることと口で言っていること（面接の場でならば表情や身振り、イントネーションなども含めて）とにずれがあると、双方にそれと気づかれることなく微妙な形でクライエントに伝わり、いわゆるダブルバインド状況が生じる。カウンセラーが受容的なのか拒否的なのか分からなくなるのである。しかも図2に示したように、それらのプロセスはほとんど無意識のうちに進行するので、なぜ自分がこんなことをするのか（このケースならば遅刻やドタキャン）、クライエントには分からないことが多い。面接場面で報告された日常生活での不都合、とくに男性関係は、おそらくそのあたりに原因がある。

ここで再び図2に戻れば、こうしたカウンセラーの反応は、すべてクライエントの動きに対応している。カウンセラーが無力感に捉えられるのは、クライエントの失望を感じとってのものかもしれない。その際、彼または彼女の期待に十分応えられていない、という意識的無意識的な認識がある。申し訳ないと思うのは、クライエントの、見かけはともかく必死の思いを感じ取っているからであろう。後にも述べるように、このクライエントはお互いがお互いを必要とする深い関係を求めている。

もう一つ、カウンセラーの怒りがある。これは、無力感や罪悪感をかき立てられているものの、精一杯やっている自分の善意なり誠意を、クライエントがこちらの期待するほどには認めてくれないからである。しかし度重なる遅刻やキャンセルの背景には、丁寧な謝罪や弁解に覆われている、あからさまではないにしろ、怒りまたは攻撃性がひそんでいる。カウンセラーの怒りは、それに対する多かれ少なかれ避けることのできない自然な反応とも考えられる。

厄介なのは、こうした相互作用が、多くの場合無意識のままに進行することである。図２の六本の相互作用のうち、意識的にはっきりしているのはａの一本だけである。無意識的には多くの失望や不信感、怒りなどがやりとりされていながら、意識的には友好的な交流の続くことがある。しかし遅かれ早かれ無意識的プロセスは双方によって気づかれる。カウンセリングが行き詰っている、という感じである。カウンセラーの側からは、どうしてよいか分からない、クライエントに会うのが億劫になる、とか。クライエントからは、カウンセリングないしカウンセラーへの不満が表明される。カウンセラーを呼び捨てにするなどもそうである。そこにかなりの甘えの含まれていることはさておいて、こうなるとさすがにカウンセラーも、好意的に受け止めかねることについてはすでに述べた。

しかし考えてみると、このようなクライエントの動きは、すべてカウンセラーに対する反応、さらにいえばカウンセラーへのコミュニケーションでさえある。それはカウンセラーの反応がすべてクライエントによって触発されているのと同じように、カウンセラーによって触発されたものなのである。すると、カウンセラーのどんな振る舞いないし態度がこうした反応を引き出したのか、を考えねばならない。

一般にクライエントは、カウンセリングには多少とも期待を持っている。相当の料金を払いかなりの時間や労力を費やすのだから、当然のことである。一方、カウンセラーの側も、何とかお役に立ちたいという気持ちが強い。また、カウンセラーとして仕事をしている以上、お役に立てるだけの技能を持っている（はずである）。事実、それなりの成功ケースをもっているのが普通である。また初心の場合には、われわれのセンターと同じく、しかるべき指導が行われているから、本人の能力を超えたサービスが提供されていると考えてよい。

しかし、カウンセラーが万能でないことも確かである。それはクライエントがよくなるための必要条件の一つであって、それだけで十分条件でないことは、読者も先刻承知のことであろう。だからそのことを踏まえてはいるにしても、本稿でとくに取り上げることはしない。ことさらカウンセリング関係に絞って述べている。

いずれにしろカウンセラーには、先に述べたクライエントの期待に応えたい気持ちがある。これはしかし当然のことである。ただそのために、ともすれば万能のセラピストのポーズをとりやすい。もちろん、何とか早く楽になりたいクライエントはそれに飛びつく。ふくらんだ期待がさらにふくらみ、即座の治癒を求める。事実、幸か不幸か一時的によくなることがある。転移性治癒として知られている現象である。しかし万能のセラピストなど現実には存在しない。だから当たり前とはいうものの、クライエントの期待は無惨に裏切られる。それが失望につながるし、ひいてはカウンセラーへの不信感となる。それが怒りに変わるのは時間の問題である。しかしこうした怒りをカウンセラーにぶつけると、手ひどいしっぺ返し、つまり見捨てられる可能性が大きい。日常場面では、このパターンが繰り返されていたと考えられる。そこでカウンセラーに対する否定的な気持ちを表出することが難しくなる。それが表面友好的な、実際には感じたままを言えないダブルバインド的状況を作り出す。事実、当初良好であったカウンセリング関係が、おしまいには怒鳴りあいの形で終わってしまうことが少なからずある。クライエントは、今まで日常場面でさんざん経験してきた見捨てられ体験を、信頼できるはずのカウンセラーとの間でもくり返し、一層絶望することになる。

ここで、今まで述べてきたカウンセラーの体験とクライエントの体験とが、不思議なほどに重なっていることに気づかれるのではないか。簡単に整理すると、（一）過剰に期待させられる。（二）期待が裏切られ失望する。（三）しかしそれを表明するとカウンセラーに見放される不安、それに伴う無力感。(四) 怒りとその表明。(五) 実際に見捨てられる。カウンセラーの場合は、(一) 万能感幻想。(二) その破綻と失望。(三) クライエントに見放されるのではないかという不安ないし無力感。(四) 怒りとその表明。(五) 見捨て、実は見捨てられ。

カウンセリングに転機が生ずるとすれば、このプロセスにカウンセラーがどれだけ早く気づけるかどうかであろう。カウンセラーとクライエントが同じプロセスに絡め取られているのである。それは、カウンセリング場面が二人して創った共通空間なのだから避けられない。しかしカウンセラーはそれに気づくことで、「いま・ここ」でクライエントの感じていることを、程度の差こそあれ、そっくりそのまま自分が味わっていることに気づくのである。そして理不尽だと思っていたクライエントの反応が、一つひとつ、すべて自分の反応に対する自然な反応であることに気づく。かつ、カウンセラーとしてあるまじき自分の反応も、クライエントに対する自然な反応であることが見えてくる。もしカウンセラーがそれに気づけば、そのプロセスをクライエントに伝えることができるかもしれない。そこで例えば第一章四(一) 自己開示のところで述べたように、である。

このように言うことは、一つには、カウンセラーもクライエントも面接の場では同じように感じていたんだね、という確かめである。それにもとづいて、クライエントが今この場で感じていることを私はこのように理解する、という自己表明である。だから、それについてあなたはどう思うか、という問いかけを含んでいる。

二つ目は、カウンセラーがクライエントを責めていない、したがって見捨てることはしないということである。クライエントの反応は、どれもがカウンセラーによって触発された自然なものであり、決して常軌を逸したものではない、という保証である。日常場面では、クライエントは常に悪者であり、だからこそ切り捨てられ見捨てられてきた。そしてそれが一つの悪循環を作っていた。カウンセラーの以上のような自己表明は、この不安と傷つきとをクライエントに免れさせる。

三つ目に、本章では十分に取り上げていないが、私はこのクライエントを性格障害レベルのものと判断していた。そのことが、実際の対応に大きな意味をもつ。性格障害レベルとは、問題がプレエディパルレベル期に由来する、ということである。だから基本的な二者関係に問題がある。したがってウィニコット流にいえば、ビーング（being）のレベルでの安心感に欠ける。だからこの人は、自分を必要としてくれる人との関係をひたむきに求めねばならなかった。「母なるもの」の内在化の不十分さのために、物理的に誰かと肌を触れあっていなければ安心できなかった。それが形の上での多彩な男性関係として現れていた可能性が大きい。その際この人の感じる不安は、存在感を揺るがす底知れぬものである。言葉以前の不安であるから、言葉にすることがほとんどできない。いわゆる共感と受容ではとても受けきれないレベルである。

ここでもカウンセラーは、第一章（二二ページ）に示した自己開示の例のように言えたかもしれない。それによってカウンセラーがクライエントを見捨てないことが確かめられると、今までの対人関係における悪循環が断ち切られることになる。期待が裏切られ、失望し無力感に捉えられることは、生きている限り避けることはできない。しかし自分が悪いからではなく、生の必然としてそれを受け止めることができれば、われわれはそこそこに耐えられるのではないか。そのための仕事がカウンセリングではないか、と考えている。

以上、当初はカウンセリングに関するいくつかのテーマを覚え書き風に書くことで、読者の参考になればと書き始めた。しかし書いているうちに、いわゆる逆転移の様々な相について書くことになった。実践的にも理論的にも難しいテーマにはまりこみ、十分理解してもらえるように書けたかどうか心許ない。しかし実践を通しての記述であるから、なにがしかのヒントになるとは思っている。

第４章　見立てから体感へ

スーパーヴィジョンの事例研究

はじめに

現在、一〇人あまりのスーパーヴィジョンを行っている。年齢は三〇歳前後、平均して臨床経験約五年、週一回と二週一回が半々くらいである。一つの事例を継続的にみる場合、そのつど違った事例をみる場合、時には一回で複数のケースについて聞くこともある。それらを通して感じたこと、そして実際に私がヴァイジーたちに行っていることについて、概要を述べたい。

一　一生懸命聴こうとすること

このこと自体は悪いことではない。しかしあまりにもクライエントの枠組にそって聴こうとするので、カウンセラーの能動性が薄れている。いわば悪い意味でのロジャーズ Rogers 主義で、質問してはいけない、意見を言ってはならないといった教条主義に縛られて、カウンセラーとしての自由な動きができにくくなっている。そのため、後でもとり上げるが、その時カウンセラーが感じている、または感じさせられていることに、気づかないままになりやすい。これは先のカウンセラーの能動性に対して受動性ともいえる側面であるが、クライエントの性別、年齢、人品骨柄などによるもの、あるいはカウンセリングのプロセスと共に生ずる気怯れ、いらいら、見捨てられ感など（五節（二）でとり上げる）である。もっともこれらの受動的な感じはある程度の能動性がないと感じられない（たとえば自律訓練法における受動的注意集中のように）ので、完全な受動性とは言えない。フロイトの「平等に漂う注意」とは多分、そういう微妙な態度を言ったものと思われる。スーパーヴィジョンとは、こうした一見逆説的な態度をどうやってヴァイジーの身につけさせるか、を目ざすところに難しさがある。

もっぱら聴こうとする態度にカウンセラーが終始すると、ウィスコンシンで統合失調症者と対してロジャーズが困惑したように、全然話そうとしないクライエントには手の打ちようがない。カウンセリングは、そこでクライエントが意味を感じるより前に、カウンセラーが意味を感じとっていなければならない。その意味が後に述べるカウンセラー、クライエントの作る共通空間を通してクライエントに伝わるからである。しかしこれとても、カウンセラーの独りよがりに終わる危険性があるので、後に述べるようないろんな形のチェックを必要とする。

二　「見立て」のなさ

「見立て」とは一言で言うと、自分がどういう意味でこのクライエントの役に立とうとしているのか、を見通すことである。さらにいえば、このクライエントにカウンセリングは〝効く〟のか。効くとすればどのように関わるべきなのか。その場合どんな経過が予想され、どういう結果につながるのか、を見るのである。これはもちろん、面接のはじめから終結にいたるまでたえず微調整がくり返される。そのためには何をどのように聞くかが重要であり、カウンセラーが納得してゆくにつれて、クライエントが今まで気づかなかった自分の一面に気づくことが多い。つまり、クライエントは何もかも分かっていてその一部を小出しにカウンセラーに伝えているのではなくて、いろいろ言いたいことは一杯あるのに、それを言葉で伝えることができぬほどに混乱している、つまり分かっていない、のである。カウンセラーが一緒に考えるというのは、文字通り、こんぐらかったそのもつれをクライエントと共同でほぐしていくことなのである。

以上のプロセスは、したがって明らかにカウンセラーの能動的な作業である。一で述べたような受動的態度から出てくることはない。そして私のヴァイザー経験からいえば、かなりの経験をつんだカウンセラーにも、この「見立て」に対する構えのほとんどできていないことが多い。それと、いざ見立てとなると、四節で述べる、客体としてのクライエントを分かろうとしすぎるので、「いま・ここ」の関係的側面が落ちやすい。主観と客観の微妙なアヤが納得しにくいのである。

三　効用と限界――必要条件と十分条件

ヴァイジーたちに当初みられることは、カウンセリングがクライエントにとって決定的な意味をもっているかに思い込むことである。たしかにカウンセリングがクライエントの立ち直りに決定的に役立つことがある。しかしそれは、必要条件の一つとして役立ったのであって、それ自体が十分条件を満たしたわけではない。カウンセリング以外のところに多くの必要条件がある。それが満たされていない時、カウンセリングだけで十分条件は満たされない。だからその効果が顕在化することはない。前節に述べた見立てが必要なのはそのためでもある。多くのヴァイジーたちの、オール・オア・ナッシング的な思いこみをとり除くことも、ヴァイザーの仕事の一つである。

四　クライエントを客体として分かろうとしすぎること

これは、一節にも通じることであるが、「いま・ここ」のクライエントの内的状況を分かろうとしすぎて、クライエントの目前にいる自分自身のことが見失われてしまうのである。これが一昔前にはやったロジャーズ流のおうむ返しにつながり、現在でもこういうやり方が結構通用しているきらいがある。多分指導者の影響と見うけられる。典型的なのが「……というようなお気持でしょうか」とやり、「いいえ、違います」とやられ、「それじゃ……というお気持でしょうか」と答え、「いいえ、違います」とまたやられ、「それじゃ……」と言う気力も自信も萎えて行く、おなじみのパターンである。

それもこれも、客体としてのクライエントが関心の的になっており、その客体の主体はクライエントなのだから、その状況についてはクライエントに確かめざるをえず、ひたすら「イエス」を期待して、結局面接の場の主導権をクライエントにひき渡し、カウンセラーはそれにふり回されているだけ、ということなのである。クライエントに迎合的になりすぎて、クライエントの喜ぶことがカウンセリングの狙いになりかねない。いい換えれば、クライエントによいカウンセラーと思われることが、いつの間にかカウンセラーの態度を規定してしまっている。

このことは、カウンセラーは自分の価値観をクライエントに押しつけてはならない、という思い込みにもつながっている。カウンセリングとは、何らかの意味でクライエントによくなってもらおうとする試みである。「よく」なるとは「悪い」状態からの脱出のことであり、そこに善悪の基準の含まれていることは明らかである。価値観を押しつけるべきではない、ということがすでに一つの価値観であることを思わねばならない。信仰の場合には拠るべき価値観が明確であるが、カウンセリングの場合、それが〝暗黙のうち〟に前提されている。ヴァイザーたち（というより初心のカウンセラーといった方がよいかもしれない）の中に、意外とそれに気づいていない人が多い。いずれにせよ、面接の場をとり仕切るのはつねにカウンセラーであり、一見成りゆき任せといった態度をとるのも、このクライエントとのカウンセリングのこの局面ではそれが望ましいとする、カウンセラーの選択による。

五　共感について

（一）その意味

私自身は、カウンセリングにおけるカウンセラーの共感の意味を極めて重要視する立場に立っている。そしてスーパーヴィジョンにおいて、いかにしてヴァイジーにそれを体得させるかが、最大の関心事なのである。そこで、はじめに少し理屈っぽいことを述べておく。それは、共感がなぜカウンセリングに効くのか、ということである。私は、感情は対象を自分（自我といってもよい）との関係で捉えた（経験する）時（そこに能動性がある）おのずから生じる（そこに受動性がある）意識状態として考えている。それに対して、思考は能動的ではあるが対象と自我を切り離す。感覚は自我が関わっていない分、もっぱら受動的である。ただし日本語では喜びも悲しみも、暑さ寒さもひとしく「感じる」と表現するので、ヨーロッパ語と比べてその使い分け、ないし感じ分けが曖昧である。大雑把にいうと、もろもろの対象はまず感覚的に意識される。しかし身体プロセスの多くが意識されないように、すべてが意識されるわけではない。しかし順調にゆけばそれらはついで感情レベルで意識される。ただしその能動的側面と受動的側面のゆえに、これを意識というか無意識と呼ぶかは多く定義の問題である。意識のプロセスは、原則的にはおそらく感覚→感情→思考のレベルに展開するものと思われる。そして感情のレベルで自分－自我－主体性の問題が出てくる。ここで多分抑圧のメカニズムが働きやすい。感覚→思考の短絡化が生じるのである（感覚レベルの意識の問題が身体化、したがって病的プロセスに関わると考えられると思うが、ここでは触れない）。その典型例としてはフロイトの「ドラの症例」（第二章でとりあげた）をあげうると考えている。要するに感情プロセスの再開が主体化につながるのである。だから単純化していいえば、カウンセリングの狙いは、この断絶している感情プロセスの活性化ということになる。共感の重要性はそこにある。しかしその意味について論じたものは意外に少ないので、あえて述べておく。

(二) 感情的共感――芝居の主人公への共感

カウンセラーは自分自身について分かっている以上にクライエントを（共感的に）理解することができない。私たちは一人ひとり独自の存在であるが、その背景に普遍的な人間性を背負っている。だから自らの独自性を極めていくことで、多かれ少なかれ自らの中の普遍的な人間性のレベルに達する。人間とは何か、の問題に私たちが自分なりに発言できるのは、そのためである。ところでクライエントも独自の存在である。しかしそれは、クライエントのおかれた独自の状況を通して普遍的な人間性の顕在化したもの、と考えることができる。その普遍性は、カウンセラーが自らの独自性を通して把握している人間性に通じるし、またカウンセラーは、それ以上にクライエントの人間性を理解することができない。

映画や芝居の主人公に私たちが共感できるのは、そのレベルにおいてである。ハムレットやアンクル・トムのおかれた真の状況は、私たちの想像を絶している。それでも私たちは彼らを理解し共感することができる。それは、私たちの理解する限りの人間性を彼らの個別的な状況においてみる、いい換えれば、もしも私が彼と同じ状況にあれば多分こんな風に感じるのではないか、と追体験することによる。名作と呼ばれる芸術作品が、接する度にそのつど新しい感慨を呼びおこすのは、接する側の人間観――自己洞察に他ならない――の深まりが、今まで見えなかった作品の奥行きを見せるからである。

この種の共感は、しばしば心を揺るがすほどの感動をもたらすが、その特徴の一つは、主体がつねにこちら側にいることである。つまり主人公の身につまされることはあるにしても、主人公と直接対決することがない。主人公の喜びや悲しみ、怒りや絶望は、作品内の他者に向けられているのであって、観客ないし読み手である私たちに直接向けられてはいない。文字通り観客としての安全地帯にいて、私たちの責任の問われることがないのである。

私のヴァイジーたちに限らず、日本のカウンセラーたちの多くがこの種の共感性には長けている、というのが私の印象である。私はこれを、クライエントの被害感情に対する共感性、と呼んでいる。クライエントは、自分の両親に対する、あるいは先生、先輩や上司に対する恨みつらみを述べたてる。大抵はその前に、彼らによってどれほど傷つけられてきたか、の気づきがある。この時カウンセラーたちは、心からクライエントに共感することができる。そして、「それにしてもあんた、よく我慢して頑張ってきたよね」ぐらいのことが言える。それがクライエントの洞察につながり、〝治療的〟に有効なのは言うまでもない。

あるいは、「あんたの話は私にはずっしりと重くこたえるのだが、そんな話を、あんたはどうしてこうも軽やかに話せるのだろうか」などと問い返すこともできる。「ずっしり重く」というのは、もし私がそんな目に遭えば多分感じるであろう重みである。これは一種の体感であり、感情というよりは感覚に近い。感情とは対象を自分との関わりでうけとめた時生ずる意識状態、とする本稿での定義を思い出していただきたい。ただの読み手にすぎない私たちが、小説の主人公に感動できるのは、主人公の状況を、こうしていわば自分の体の中を通して味わうからである。同種のことはカウンセリングの場でもしばしば起こるのであるが、私のヴァイジーたちには、このプロセスが一つの壁として感じられることが多い。

それは、先の受動的注意集中として触れたことに近いのだが、ある程度自分をむなしくしておのずから起ってくる心の動き、感情と感覚の中間くらいのプロセス、に身を任せることである。必ずしも急ぐことはないのだが、それをクライエントに言葉で伝えなければならない。しかも感覚的感情的プロセスからそれてはならない。さらに、クライエントの状況を把握するための知的（思考的）プロセスが先立っている。最も大切なことは、これがほとんどカウンセラー内の主観的プロセスであって、客体としてのクライエントがいま、ここで何を感じているか、とは直接関係のないことである。もちろん、いま、ここでのクライエントの動きは逐一感じとられており、それがこうしたカウンセラーのプロセスにいやおうなく影響しているが、それについては次項で述べる。

ここでヴァイザーたちの妨げになるのが、一節の「一生懸命聴こうとすること」と、それに関わる四節「クライエントを客体として分かろうとしすぎること」とである。共感がかなり主観的なプロセスであることが、分かっていないのである。だからクライエントに関心が行きすぎて、カウンセラーとしての自分の内的プロセスへの注意がゆきわたらない。ある程度この段階を越えると、クライエントに、「私はこう思う」「私にはこう感じられる」ということが悪びれずに言えるようになる。そうすると、クライエントのイエス、ノーに一喜一憂してふり回されることが少なくなってくる。拠り所がクライエントの内的プロセス（それをクライエント以上に正確に捉えることはできない）ではなく、カウンセラーの内的プロセス（クライエントの内的プロセスと微妙に関わっているが、それに左右されない）だからである。そうしてこそクライエントは、誰でもが言える教科書的なものでない、「いま」この私に対してこのカウンセラーでないと言えない言葉を聞くことができる。

(三)　感覚的共感

ところがカウンセリングの場には、もう一つ別種の、おそらくはより重要な共感がある。それが私の言う、クライエントの加害感情に対する共感であり、「いま・ここ」でクライエントがカウンセラーに直接向けてくる感情に対するものである。精神分析学的訓練になじんだ人を除いて、日本のカウンセラーの最もなじんでいない、したがって不得意なもので、ヴァイザーとしてヴァイジーにどう身につけさせるか、最も苦心するところである。

ここでもはじめに少し理屈っぽいことを書く。カウンセリング場面はカウンセラー、クライエントの二人して作る共通空間である。そこには双方の意識的無意識的な心的プロセスが流れこみ、独自の雰囲気を作っており、それが逆にカウンセラー、クライエントの心的プロセスに影響を与えている。だからそれは、あなたでもあれば私でもあり、あなたでもなく私でもない世界である。したがってカウンセラーがおのれの心的プロセスに思いをひそめれば、そこに入り込んでいるクライエントの心的プロセスに気づくことができる。大切なことは、クライエントが気づいていないプロセスが、カウンセラーに分かることである。そのためには、前項でも述べた、カウンセラーがいかに自分の内的プロセスに敏感でありうるかが決定的に重要である。しかもそのプロセスはまさしく「いま・ここ」のものであり、お互いがお互いに対して向けあっているコミュニケーションの流れでもある。そしてその手がかりになるのが、カウンセラーの体感、感覚レベルの意識なのである。単純化すれば多くの場合、それはカウンセラーの被害感であり、クライエントの攻撃性に対するカウンセラーのむしろ自然な反応である。

ここで一節に述べた、カウンセラーの受動的に（ということはおのずからということである）感じていることが極めて重要である。たとえばカウンセラーは、面接の場でしばしば一種の気怯れを感じる。これは、クライエントがカウンセラーより年長でかつ社会的地位の高い時おこりやすい。ほとんどの場合、カウンセラーのコンプレックスに発している。それはそれで重要なテーマであるが、本稿ではとり上げない。ここで考えたいのは、もう一つ違う気怯れである。

あるヴァイジーが、とげとげしたクライエントの目つきに気怯れした、と言ったことがある。これは、カウンセラーの自信のなさを見透かされることへの脅えであった。ヴァイジーには、クライエントの過大な期待に応える自信がなかったのである。クライエントはカウンセラーに、魔術的な一瞬にして治るような治療法を期待していた。しかし考えてみると、これは、カウンセラーがまるで万能の治療家であるかのごとくよそおったためかもしれない。してみるとクライエントの過大な期待は、それに対する自然な反応ということになる。それについての話しあいが、クライエントに、カウンセラーに対する失望と怒りに気づかせることになった。多くの場合、こうした怒りはクライエントには意識されていない。先に述べた共通空間の雰囲気にカウンセラーがいち早く気づき、自らの感覚を通してクライエントのその場における内的プロセスに気づくのである。

さらに大切なことは、こうしたお互いの「いま・ここ」のプロセスを踏まえて、第一章（二三ページ）で述べたように、「ひょっとしたらあんたは、現実場面で今と同じような状況にさらされ、つまり、過大な期待をもつように誘惑され、結局その期待を裏切られ、物凄い怒りをそれと気づくことなく相手に向け、相手からもっと大きい怒りをもって反応され、一層傷つくことを繰り返していたのではないか」などと言うことができる。いわゆる転移現象は、カウンセリング場面外の人間関係がその場に持ち込まれるかのように説明されることがあるが、実はカウンセリング場面に生じた「いま・ここ」の関係に基づいて、かつての関係の想起される場合がほとんどである。

どうも腹立たしくなって困る、と言うヴァイジーもいた。クライエントが心を開いて語ってくれないからである。この場合も、おそらくカウンセラーの腹立ちはもっと以前からあった。それが洩れていてクライエントはそれに反応していたのである。カウンセラーがそれに気づきそれについて話し合うことで、クライエントは自分の腹立ちが決して理不尽なものでなかったことを知り、それによってある種の現実吟味能力を回復した。カウンセラーの腹立ちがクライエントのそれと共振れしていたのである。

さらにあるヴァイジーは、クライエントが遅刻した時、もう来てくれないのではないかと不安に駆られた。一〇分ほどして現われた時にはホッとして、電車に乗り遅れたという弁解に納得した。しかしそのために、まさしく「いま・ここ」でのクライエントとのやりとりを見逃したのである。カウンセラーの不安は、スムーズにいっていたはずのカウンセリング・プロセスへの、カウンセラーが十分に気づいていなかった不全感による。それに対する不満をクライエントが遅刻の形でコミュニケートした可能性がある。それを感じてカウンセラーは不安になった。せっかく遅刻までしてコミュニケートしているのに、カウンセラーが気づいてくれない。大切なことは、これらのプロセスがすべて〝無意識〟であることとである。だからそれはすべてカウンセラーの思いこみなのかもしれない。しかしだからこそ、私にはそう思えるがあんたにはどうだろうか、という問いかけが意外な展開につながることがある。

あるヴァイザーは、自傷の绷帯のあまりの鮮やかさに動かされ、そういう形でないとコミュニケートできないクライエントの思いに気づいたという。自由に話せる寛いだ雰囲気をカウンセラーが作りかねていたのだ、と。それで結構分かっているつもりでいた。これらの閃きは、すべてカウンセラーの感じる僅かな違和感に発している。それを「ああ、またやったんだ」と片づけてしまうと、「いま・ここ」でしかないコミュニケーションが、その場と無関係のクライエントの行動パターンとして見逃されやすいのである。

おわりに

以上、スーパーヴィジョンについてできるだけ具体的にと思いながら書いてきた。しかしまだまだ抽象的にしか述べることができていない。従来、スーパーヴィジョンについてはいくつかの雑誌や学会で、シンポジウムの形でとり上げられてきた。しかしそれらは、事の性質上仕方のないことではあるが、理念的なレベルにとどまり、実際にどういう時にどんな風な指導がなされているのか、は曖昧なままにとどまっていた。それを何とか、と思ったのであるが、力及ばずこの程度のものに終わってしまった。それでも、今までのものよりは少し具体的に述べられたか、という思いはある。

しかし実際に多くのヴァイジーたちに会っていると、まず、彼らがヴァイザーである私の臭みを身につけてしまうことに気づく。そして、そうならないとスーパーヴィジョンの効果は上がらないのではないか、という気がしている。今までから、ヴァイザーは複数であることが望ましい、といわれてきた。経験的にその通りだと思う。しかし、立場の違うヴァイザーの指導を受けた場合、混乱の方が大きいかもしれぬ怖れもある。

私自身はロジャリアンとして出発し、たまたまカウンセリングをうけた人たちがユング派の分析家だったので、ユング的アプローチになじむようになった。偶然日本精神分析学会に入会し、分析的な考え方にも接している。だから折衷派ということになろうか。そのせいか、来談者中心派的訓練を受けたらしいヴァイジーの指導はやりやすいと思う。精神分析的方向性のある人とも話せている。しかし結局ヴァイジーのケースがうまく行き、そこそこの成果があったかと思える頃には、私なりの考え――偏り（？）がヴァイジーたちにとりこまれている印象がある。

それと、以上のようなことから、ヴァイジーに会ってケースの報告を聞くのは、いつの頃からか私にはひそやかな楽しみになっている。そのことが、ヴァイジーたちの励みにもなっている、と思っている。いきおい、スーパーヴィジョンといいながら、かなりカウンセリング的ニュアンスが強くなる。それは、ヴァイジーたちがどれだけ自分にオープンになれているかが、そのままクライエントへのオープンさにつながる（と私は思っている）のだから、多かれ少なかれ避けられないことである。そのため、私自身がカウンセラーを兼ねてやってみようか、という誘惑に駆られることもある。通常、ヴァイジーと教育分析家は別人がよい、とされているのだが。しかし、効果的なスーパーヴィジョンがカウンセラー育成には必須の課題である、という思いは経験的にも一層強まった。今後、このような、そしてさらに具体的な論考が重ねられることを心から期待している。

第５章　カウンセリングの基礎に関する実践論的問題提起

私は心理学科を出なかった。西洋史学専攻である。学校を出て高校で世界史を教えていた。偶然のことから教育研究所に入り、そこで教育相談を担当することになった。それが臨床心理学との出会いである。以来、さらに偶然が重なって、現在では何とか一人前のカウンセラーになれたか、という思いはある。

その間しかし、ずっとコンプレックスに悩まされていた。正式の心理学教育を受けていないことに、である。私の中には、臨床心理学は実践の学であり、いわば応用心理学の一部門だという、今でも一部の人たちが固執している考えが深く根づいていた。事実、ロールシャッハテストの構造分析をより精緻なものにするために、知覚心理学についての基礎知識があればどんなによかろうとか、アイゼンク Eysenck 一派の書物に接した時も、やっぱり学習理論なしにカウンセリングも考えにくいのか、と思ったりした。ＤＳＭが世界的に受け入れられつつあるかに見える昨今、人格障害について、なぜ専門の性格心理学者が黙りこんで、いわば素人の医師たちの言葉に耳を傾けているのか、に疑問を感じたりもした。

しかし三、四〇年前、私たちがカウンセリングを始めた頃、心理学の偉い先生方はたくさんおられたが、実践にゆきづまったわれわれに実際的な助言ないし指導をしてくれる先生は皆無だった。そもそもあんなものは学問の対象にならない、ということが本音であったのか。とにかく基礎心理学と臨床心理学の橋渡しをしようとする先生は稀だったと思う。すると実践はどこで行われていたのか。当時私は高校教員籍の教育研究所所員だった。詳しくは触れられないが、文部省がガイダンスの一環としてカウンセリングを現場に導入しようとしていた。各地の教育研究所（またはセンター）には、大体において教育相談部門が設けられ、心理学専攻者でない教員たちが相談に当っていた。頼りにしたのはロジャーズ Rogers の本だけだった。それに友田不二男の主宰するカウンセリング・ワークショップと、伊東博の精力的に翻訳するロジャーズ関連の文献がつけ加えられる。他には、産業界でかなり熱心な実践が行われていたと思う。やがて大学関係者も積極的に動き始めたが、どちらかといえば旧いやり方になじんだリサーチに関心が傾きがちであった。

主に素人集団からなる多数の実践家と、心理学専攻の大学関係の研究者集団という対比が強かった。実践家としては、研究者集団の方が実践者集団よりも専門家的とはいえなかった印象がある。実践家たちにとって、自らの実践を踏まえて納得できるコメントに接するようになったのは、外国で訓練を受けた人たちが帰国しはじめてからである。そんな事情があったので、素人出身の私もいつの間にか専門家集団の中にうけ容れてもらえていた。しかしその専門家集団が、心理学全体の流れの中では異質なものと位置づけられていたように思う。第五回の日本臨床心理学会の総会で会長の戸川行男が、従来の大学での心理学講座が心理学の研究者養成にのみ心を奪われて、高度の専門技能をもった技術者養成（たとえば医学部や工学部のような）を怠っていた、と話されていたのが記憶に残っている。

心理学はヴント Wundt 以来、物理学をモデルにした純粋な客観的科学の一部門として発展してきた、というのが定説らしい。しかしそれについては、物理学的モデルで分る範囲だけをとり上げてきた、といいかえることができるかもしれない。心の問題は心理学成立以前からあり、われわれにできることは、それをどう考えるかということだけである。フロイト Freud やユング Jung の心理学は、力動精神医学との関わりの中で、いわゆる心病む人たちに対するアプローチを探し求め、ある程度の理論とそれに基づく技法を開発してきた。彼らは医師であって心理学の専門的訓練はうけていない。逆に心理学者たちは、その分野にほとんど関心を払うことなく、心理学以外の分野の仕事と見なしてきた観がある。

しかし心的現実が問題である限り、何らかの関心を払わざるをえないし、それなりの対応が試みられるのは必然のなりゆきである。催眠という、有無をいわさぬ効用とたえずつきまといかがわしさを併せもつ技法が、昔からアカデミズムとつかず離れずの関わりを保ち続けてきていることがそのしるしといえる（その経緯については臨床心理学第一巻第五号（2001）「臨床家のためのこの一冊」で紹介したエレンベルガー Ellenberger（1980）の『無意識の発見』に詳しい）。そして現代、あらためて臨床心理学が脚光を浴びつつある。そこで既成の心理学の大家たちの唱導するのが、臨床心理学の基礎としての一般心理学の必要性である。私のコンプレックスをひどく揺さぶる論点である。

しかしこれに似た現象が、最近あったのを思い出される読者がおありかもしれない。それは臨床心理学の大学院コースのカリキュラム作製の過程で、医師の側から大量の精神医学の講義の必要性が強調されたことである。仄聞するところによれば、現在のわが国の大学精神医学の主流は生物学的立場とのことである。そもそも心理治療に関心のある医師の数が少ない。ましてや臨床心理学など完全に視野に入ってなかったのではないか、と思われる。それが多少とも日が当りそうだとなると、目の色変えて参入し、臨床心理学の何たるかも、独自のその理論にも技法にもお構いなく、何とか主導権を獲得しようとする思惑である。

これから述べることは、私の経験的な思いつきにすぎない。とても研究課題などといえたものでないことを断っておく。また、立場の違う人からは異議がでるかもしれぬことは承知の上、でのことである。

私は、カウンセラーはクライエントの役に立たねば話にならない、と思っている。どういう意味で役に立つのか、ということも重要であるが、それは後で触れる。ここでは経験的に、いわば体得しなければ仕方のない一面がカウンセリングの実践にはあると思うので、それについて、とくに共感について書いておきたい。

共感には二種類ある。感情的共感と感覚的共感である。感情的共感とは、「もしも私があなたと同じような状況だったら、多分こんなふうに感じると思うが、今のあなたが口惜しいというのはそういうことか」という問いかけで示される、極めて主観的なプロセスである。逆説的であるが、われわれはおのれの独自性を究めることによって人間全体に普遍的な層に達することができる。芸術作品が個性的であればあるほど万人に訴える質を獲得するように、である。だからクライエントの状況に身をおいて、そこで自分の内に起ってくるプロセスに注目することで、まるでクライエントのように、時にはクライエント以上に、「いま・ここ」のクライエントの思いを分かることができる。それにもかかわらずこの種の共感は間接的である。すなわちクライエントの感情が直接カウンセラーに向けられていない。だから映画や芝居の主人公に共感するように、カウンセラーは安全地帯にいる。ハムレットや弁慶の心情をおしはかって、時に涙の出るほどに感動することはあっても、所詮第三者的なのである。それでも、あるいはロジャーズ流にいえばだからこそ、つまりセパレートな存在であるカウンセラーにそこまで理解された、ということで相当な〝治療的〟効果のあることは間違いない。日本のカウンセラーは、そういう安全地帯での共感については、比較的長けているように思える。

もう一つが感覚的共感である。これは「いま・ここ」でカウンセラー - クライエントの間に生じているプロセスを通しての共感である。カウンセラーが、時にクライエントの気づいていない無意識のプロセスに気づくのは、ほとんどの場合これによっている。カウンセリングの場は双方のコミュニケーションの場である。両者の意識的無意識的な流れがごっちゃになって一つの共通の場を形作っている。しかもその場に曝される双方は、刻々にその場の影響を受けざるをえない。それがもちろんお互いの内的プロセスに影響している。だからカウンセラーがおのれのこのプロセスに敏感であればあるほど、その中に含まれるクライエントからの動きを感じとることができる。それをとり上げることによって、クライエントの気づいていない、お互いの無意識をも含んだやりとりを意識できるのである。この場合、あなたでもなければ私でもない、私でもあればあなたでもある、といった一種の融合体験が生じる。

感情的共感の場合でも、ある程度把握したクライエントの状況に身を任せる受動的な態度が必要であるが、感覚的共感の場合にはより直接的であるだけに、まさにその場に任せきるくらいの受動性が要る。同時にそのことの意味を見極める能動的態度が必要で、そこのカネアイが難しい。

カウンセラー訓練にはいろいろあるけれども、この段階ののみ込みが一番難しくかつ大切なのではないか。もちろん理論的な研究も不可欠であるが、理屈だけでは分らない部分があると思う。この訓練を基礎的訓練の中にぜひ組み込むことが必要なのではないか。精神分析的アプローチをとる人たち以外、わが国のカウンセラー訓練に一番欠けている部分だ、と思っている。そしてそのための方法として、よき指導者に恵まれてたっぷり時間をかけた頻回の事例検討会、それと個人的なスーパーヴィジョンが重要だと思っている。

それとの関連で、とりあえずわが国のカウンセラーたちの、基礎的訓練に欠けていると思える点について、二、三述べておきたい。比較的最近、老境に入った著名な作家が、人生経験も浅く人間的にも熟していない若いカウンセラーに中年以上の人たちのカウンセリングができるのか、という疑問を呈したという話を聞いた。それで同じ疑問を、何人かのスーパーヴァイジーにぶつけてみた。しかしそれに対する的確な答えは返ってこなかった。一生懸命やるとかひたすら傾聴するなどと言うばかりで、このクライエントに対して何をしようとするのかが、一向に曖昧なのである。これを一言で言うと、見立ての訓練ができていない。このクライエントにカウンセリングは効くのか、効くとすればどの角度からどのように切りこめばよいのか、その際どんな経過が見通され、予後はどうなのか、といったことについてほとんど何も言えないのである。

若い医師はベテランの医師に比べれば、人間的にも能力的にも劣るかもしれない。しかし自分が患者に対して、専門家でないとできないサービスを提供できる自信はあるはずである。患者の方も最低限の信頼感は寄せている。だから若いというだけで、前記〝識者〟のような批判はたえて聞かない。それだけアイデンティティがしっかりしているのである。それとの比較で、比較的若いカウンセラーたちに、独立した専門家としてのアイデンティティは薄いのではないか、という印象がある。いつまでも補助職的な立場に甘んじている限り、念願の、領域は異なるが医師と同格の専門家、としての待遇を期待するのは無理なような気がする。

見立ての能力は客観的なしっかりした枠組みを必要とする。しかしカウンセラーたちは、一時わが国のロジャリアンが強調した、「いま・ここ」に集中するということに惑わされて、「いま」が「いつ」か、「ここ」が「どこ」かという、「いま・ここ」の意味を確かめる努力を怠ってきたように思う。すでに述べたように、カウンセリングの山場は、私かあなたか分からぬような一種の融合体験的な状況を含む。しかしその時に、しっかりした外的枠組みが背景にあることが決定的に重要である。つまり、一見まったく主観的なおのれの内的枠組み、ないしはカウンセラー・クライエントの二人して作る共通空間といったわけの分らないプロセスに入り込む仕事であるだけに、そこにとりこまれてしまわないだけの「魔法の輪」が要るのである。そのカネアイが十分に分っていない。というより具体的な訓練を受けていないので、ついあれかこれか的な速断に陥りやすく、あれもこれもの葛藤状況に耐えられなくなっているように思われる。

そこに前半に述べた、「素人性」が影を落しているような気がしている。それはカウンセリング・マインドの強調に現れているように、あらゆる人間関係をカウンセリング・マインドの有無によって評価しようとする乱暴な考え方である。だから一人のクライエントが元気になったとして、親か先生か医師かカウンセラーか、極端な場合薬物も含めて、誰のカウンセリング・マインドが一番役立ったのか、などというナンセンスな議論になりかねない。それぞれの果すべき役割が曖昧になり、協力関係どころか、逆に功名争いさえひき起こしかねないのである。

これはカウンセリングが必要条件の一つであって、それだけでは十分条件でないことに気づかないからである。必要条件はいくつか重なってはじめて十分条件たりうる。だからカウンセリングがなければクライエントは元気になれなかったにしても、カウンセリングだけで元気になることもないのである。いわばその効用と限界に気づかない。というよりも効用について確たる自信をもてないために、限界について注意がゆき渡っていないカウンセラーが少なくない。しかしこれらについても、やはり前述したような、徹底した事例研究が要るのであろう。

もちろん、素人には及びもつかない心の動きについての専門知識が要る。たとえば精神分析理論はそのための重要な基盤である。フロイトもユングも精神科医であるが、彼らの理論は紛れもない心理学的体系である。そしてそれに基づく技法がある。自由連想法にしろ夢分析にしろ、あるいは箱庭や催眠にしろ、それぞれの理論に基づいてこの患者へのとくに有望な方法として身につけておく必要がある。いろんな立場はあるにしろ、最後には人と人との関わりとでも言わなければ仕方のない局面がカウンセリングには生じる、と私は考えている。だからこそ客観的な枠組みが一層重要なのである。

以上、予想した通り、思いつきの羅列に終った。しかしこれは、一人の実践家の、とくにスーパーヴィジョン体験を通して切実に感じさせられている諸問題である。ひょっとしたらことさら避けられて来た話題かもしれない。しかし、今こそ心理臨床家が専門家としてのアイデンティティを固めるべき時期に当って、こうした問題に直面し、それを克服するためにはどういう課題にとりくむべきか、とくに指導的立場にある人たちの真剣に考えるべき問題と思っている。

第２部　心理臨床の歩みと現状

第6章　偶然だから必然なのか

一　カウンセリングとの出会い

カウンセラーとしてはズブの素人として出発した。昭和二八年（一九五三年）に西洋史学科を卒業し、高校で世界史を教えていた。三八年に大阪市の教育研究所（現在の教育センター）に移った。市の教育委員会の研究機関で、現場の先生たちが三年くらい学校を離れてもっぱら教科研究をするところである。ほとんど偶然のことから、そこの教育相談係に配属された。今でも各地の教育センターは同じような機能を果たしており、教育相談担当にはこの間まで現場の先生であった人、何年かの経験を積んでいてもいずれは現場に戻る人、が配置されている。こういう人たちをどう活用するかは、特にスクールカウンセリング制度を考える場合、非常に重要なのだが、今のところ文部科学省も日本臨床心理士会もあまり考えていないようである。

この制度がどんなかたちで落ちつくかは、今の時点（平成一八年七月）でまだ定まってはいない。ただ学校におけるカウンセリングが、スクールカウンセラーだけで手に負えないのは明らかである。そういう場合、教師カウンセラー、特に教育センターで何年か実践と研究を重ねた先生たちが協力するかしないかは、決定的に重要である。この中には臨床心理士の資格をもつ人たちも少なくない。ただしこの人たちの大部分は、現場教師としてやってゆくヴィジョンをもち、プロのカウンセラーになる気持ちは薄い。事実プロになることはほとんど不可能に近い。しかしせっかく身につけたカウンセリングの知識や技術を、〝ただ〟の教師として眠らせてしまうのはいかにも惜しい。学校の実情に疎いスクールカウンセラーと、カウンセリングに疎い現場の先生たちをつなぐのに、この人たちは最適の立場にいる。かつて教育研究所で同じ仕事をしていただけに、何とかその力を活かせないかという気持ちが強い。

いずれにしろ、当時はわが国にロジャーズのカウンセリングが導入された直後であり、大阪市教育研究所の教育相談係でも、熱心にその研究と実践にとり組んでいた。しかしなにぶん学校の先生たちで心理学の専門家ではないし、その仕事を専門家レベルのものといえるかどうかには疑問があった。しかし実は、カウンセリングの導入はガイダンスの一貫として文部省（現・文部科学省）が音頭をとってのものであり、具体的な実践はまず教育界で始まったことを記憶しておく必要がある。そのガイダンスにしてからが、当時のわが国の教育界にはなじみのない言葉であり、これもアメリカからなかば強制的に導入されたものである。

これは今の言葉でいえば生徒指導ないし教育相談ということになろうか。その頃、教育相談めいた実践をしている〝専門家〟はおられた。おもに心理テストを駆使して必要な情報を、特に親に提供する仕事である。しかしアメリカでもそうであったらしいのだが、せっかく適切な指導ないし助言を与えてもクライエントがそのとおり動かない。そこから、単に知的なレベルで納得するだけでは不十分で、感情レベルの納得が必要だとする認識が生まれた。そこでガイダンスのスムーズな運用のためにカウンセリングの必要性が主張されたのである。そうした傾向を受けて、たまたまロジャーズ Rogers のカウンセリングが、当時、上からの方針として教育界に課せられていた。

その頃日本のカウンセリング界をリードしていたのは、カウンセリング・ワークショップを通して実践的な指導を行なっていた友田不二男（以下、文中敬称略）と、ロジャーズ派関連の諸論文を精力的に翻訳紹介していた伊東博である。研究所に移ったばかりの私が、高野山のそのワークショップに出張扱いで参加できたのには、そういう背景があった。したがって参加者の半数以上が全国の教育委員会から派遣された教員たちであった。これらの先生たちが、研修の終わった後、それぞれの学校でカウンセリングルームを開設し、第一次学校カウンセリングブームをまき起こしたのである。しかしこのワークショップがどれほどの効果をもたらしたかは疑問である。というのは、驚いたことに最初に参加した翌年、教育委員会所属の機関に勤めていたからであろうが、私にその世話人（今日のエンカウンターグループでいうファシリテーター）の役が回ってきたからである。そういう怪しげな世話人がたくさんいた。大学の偉い先生方に混じって、である。しかしそういう大学の先生方も、カウンセラーとしての専門性を問われればわれわれとほとんど変わらなかった。臨床経験がほとんどなかったからである。

二　ロジャーズのこと

つまり、わが国にロジャーズのカウンセリングが導入された時期、わが国に専門家は一人もいなかった。私が素人出身でありながらも何とかプロのお仲間に加えていただけたことについては、そんな理由がある。というよりも、カウンセリング発足当初、わが国では全員が素人として出発した。頼りになるのは前述の友田のワークショップと伊東の翻訳とロジャーズの本だけだった。大学には臨床心理の講義めいたものはあったが、われわれが実践に行きづまって教えを乞うても、「もっと受容してあげたまえ」とか、「共感が足りない」とか、本に書いてある以外の答えの返ってくることはほとんどなかった。受容するにもできない、共感するにもついていけない、そういう疑問に対して具体的に答えられる先生がおられなかったのである。その後わが国のカウンセリング界のリーダーになる人たちは、留学中か留学前の状態であった。長々と黎明期の紹介をしてきたのは、単なる懐しさからではない。その〝伝統〟がいまだにわが国のカウンセラーたちの間に生きているのではないか、という危惧があるからである。一言でいえば、「カウンセリング・マインド」という言葉が象徴する覆いがたい〝素人性〟である。その後、大学の心理学の先生たちは、どちらかといえばリサーチに赴くことで自らのアイデンティティを確かめようとされていたようである。だから実践は先述の教育界、それと産業界が中心で行なわれていたと思う。

後でも述べることになるが、わが国のカウンセリング界には、いまだにロジャーズの亡霊がさまよっているような気がする。ロジャーズ自身が類まれな実践家であることは言うまでもない。しかしこの頃にわが国のカウンセラーに定着した〝素人的〟ロジャーズ理解が、いまだにあとをひいている印象が強い。それは臨床経験一〇年ほどの比較的若い臨床心理士たちのスーパーヴィジョンを、ここ二、三年意図的にこなしてきた経験に基づいている。そして考えさせられるのは、指導者不足ということである。大学（院）で指導する先生たちの中に、こうした素人くさい、おそらくは臨床経験の薄い方が相当混じっておられるのではないか。そういうところで育てられた学生は、一応の知識をもち試験に合格する力は身につけても、現実のクライエントに出会った時、それなりの見立てを立てること、どういう角度からどのように働きかければよいのか、その際どんな経過が予想され、予後はどうなるのかなどについて、ほとんど訓練を受けていないかに見える。

三　大阪市教育研究所

そういう状況の中で、昭和四八年一二月までの一〇年間、大阪市教育研究所の教育相談係として一日数件、週にして二〇ケースくらいやっていた。同業のよしみで京都市の研究所の研究会に週一度参加させてもらい、まだ若い笠原嘉、河合隼雄、鑪幹八郎、村山正治、西村洲衛男といった方々と、新しいロジャーズの文献などの輪読をしたりしていた。当時のことだけにロジャーズ一辺倒であり、それ以外でももっぱら各自がテープを出し合って議論するかたちの研究会が多かった。すれ違いということがしきりに言われ、クライエントの気持ちに共感できていないことが指摘された。惜しむらくは、なぜすれ違ったのか、そのことをこれからのセッションにどう生かすのか、といった建設的な意見がほとんどなく、もっぱら本でつめこんだ抽象論で、実践のレベルが低いだけに批判は多分当たっており、テープを出した人はほとんどコテンパンに打ちのめされた。ただし、前回批判した人の出す番になると、今度は批判された人に散々やられてバランスはとれていた。言いにくいことを言うのが純粋さ《ジェニュインネス》の表れと思われていたので、傷つけられる人が多く、いつのまにかそういうやり方は下火になっていった。また、当時は研究所のしめつけが厳しくなかったので、週一回半日の京都行きのほかに、週二回、午後、精神科クリニックで患者と面接していた。毎年研究紀要として五〇枚くらいの論文を書くことが義務づけられており、教育機関であるわずらわしさ（教員の研修会など）はあったにしろ、面接のない時間は自由に本も読めたので、わりに充実した時期であったかと思う。おそるおそる日本心理学会や教育心理学会、日本臨床心理学会に入会し、原則的に毎年大会ではケースを報告していた。しかし教育研究所所属ということで、ほとんど注目されることはなかった。

その頃の私にとっては、共感的理解か診断的理解かが大きな問題であった。具体的にはカウンセリングとロールシャッハ・テストの二律背反である。当時のロジャリアンたちは、特に東京の人たちにこのテストに興味を示す人が多く、われわれも尻馬に乗って打ち込んだ。しかし当時はロジャーズのいわゆる診断無用（むしろ有害）論の影響が強く、ロールシャッハの枠組みでクライエントについて知ろうとすることが、クライエントを客体化して、共に感じるプロセスを妨げるのではないか、と考えていた。それについてはずいぶん長い間私なりには相当考えて、「感ずるためには知らねばならない」という命題を思いついて一応解決した。その頃から本を書くのが好きで、それなりの実践と思索（？）を纏めて『カウンセリングの実際』や『臨床心理学入門』として創元社から出版してもらったのも懐かしい思い出である。

ロジャーズ自身は偉大な実践家の常で、理論的には雑なところがあると思っている。それを補う意味でか、彼にはかなりの実証的な研究がある。たとえばプロセススケールなど。これを真似て日本版を作る動きもあった。その頃は何でもロジャーズだったから、そういうものも一生懸命読んだ。しかし、今思えばそうした研究の方向は、今日世界的に行なわれているＤＳＭの診断基準と軌を一にするもので、ロジャーズの本来の方向性とは合っていなかったのではないか。ロールシャッハ・テストでいえば、エクスナー法の出現に象徴されている。私自身は共感的理解に診断的理解は不可欠と考えているが、それは主観を究めて客観に至ろうとする方法論であり、客観的に〝立証〟されることだけが真実ではない、とする立場である。芸術家が、おのれの個性を深めれば深めるほど普遍性を獲得してゆく、それに似たプロセスが「臨床の知」には不可欠なのである。その頃、そこまで考えていたわけではないが、大筋としては間違っていなかった、と思う。

四　大阪外国語大学

そのうち、研究所の雰囲気がだんだん窮屈になってきたのと、かなり大きい偶然が重なって昭和四八年（一九七三年）に大阪外国語大学に移ることになった。留学生別科というところで、留学生寮つきの官舎に住んで、寮生たちの面倒をみたり相談相手になる仕事であった。大部分が日本語のほとんど分からぬ学生たちなので、英会話を習う必要が生じた。しかし四〇歳を過ぎていたので、多くの費用と時間と手間をかけたわりに上達しなかった。ほかに学生たちに日本語の授業をしたり、日本人学生に臨床心理学の講義を行なったりしていた。これはケースに基づく話であったのでわりに評判はよかったようである。忙しいようでいて、さすがに大学であり、時間的にはかなりの余裕ができた。この頃から、自宅でクライエントと会うようになった。

その頃は、河合先生や鑪先生も帰国されており、かつてのロジャーズ一辺倒の風潮は、逆に百家争鳴の観を呈してきていた。国内では、ロジャリアンの多くがユンギアン、というよりカワイアンに転向した。河合の説得力のある語り、ケースに対する的確で具体的なコメントは、オーバーにいえばわれわれが初めて耳にする〝専門的〟な発言であり、当然の成り行きではあったろう。しかし、多くのカウンセラーたちのあまりの豹変ぶりに唖然としたのも事実である。その前後、思いがけないことから河合と個人的に接触するようになり、それがひき続き現在に至るまで、内外のユング Jung 派分析家の分析を受けるきっかけになった。今風にいえば、中年の危機ということになろうか。そのため、ロジャリアンであった私が、ユング派の考え方に比較的なじむようになった。ユング関係の翻訳を始めたのもこの時期であったと思う。しかし心からのめり込んだ思いはない。特に夢に対して懐疑的であった。周知のように、夢分析はユング派の分析では中核的意味をもつ。しかしピンとくる夢がめったにない。河合は自分の分析家のマイヤー Meier について、初回から強烈な肯定的印象を受けたようであるが、私にはたえてその思いがない。遠いチューリッヒまで出かけ、それだけの収穫があったのかどうか、いまだに十分には納得できていない。ヒルマン Hillman の、それだけの手間と金と時間をかけた営みが無意味であるはずがない、という皮肉っぽい言い方に共感したりしていた。

だからいまだに自分がユング派なのかどうかよく分からない。分析家の資格をもっていないから、もちろん正式のユング派ではない。しかしユング派的カウンセラーともいえないような気がする。ただ、私の考えと当然実践にも、ユングの影響が非常に大きいのは確かである。だから、しいていえばユング派、しかし私なりに理解した限りのロジャーズの影響が意外に大きい。そしてその限りではロジャーズにはユングに通じるところがある、と思っている。彼の共感的理解についての考えの底には、あなたでもなければ私でもない、私でもあればあなたでもあるといった、ユング派のいう神秘的関与（パルテイシパシオーン・ミステイーク）に近いものがある。カウンセリングのプロセスを通してクライエントだけでなくカウンセラーも変わるということは、そのままユングのいう変容のプロセスに通じると思う。ただし、こうしたロジャーズ理解は私だけのものであるし、理論的というより感覚的に読みとったものだから、どこまで一般化できるかに自信はない。

五　大阪市立大学

外大には一一年いた。しかし留学生相手の仕事は語学上の問題もあり、そもそも外国人に日本語を教えるという仕事が性に合わず、昭和五九年（一九八四年）大阪市立大学の生活科学部に変わった。もっとも着任時のドクターコースの学生は、ホコリだけうず高く、臨床心理学の博士課程があり、ここではじめて学生を育てる楽しみを味わった。現在はそれぞれしかるべき場所におさまっているが、その後相当な苦労を研究も十分やっているように見えなかった。大学にはあまり出なくてよかったので、かなり実践に打ち込むことができた。この頃はかつなめたろうと思っている。てのロジャーズ派的教条主義は脱していたが、さりとてユング派の技法を使う自信もなく、中途半端なままに、ひたすらクライエントの問題をなくすことに一生懸命だった。

博士課程の教授で何人かの学位を認定していながら、その私に学位のないのはおかしいということで、頑張って学位論文を書いた。その頃までに「意識の場」という考え方を思いついていてそれを纏めた。ユングの四機能説をロジャーズの知覚の場理論とつないだものであるが、研究所時代にケースがうまくいかないのが口惜しくてバカみたいに読みこんだロジャーズの影響が色濃くしみついているのに、あらためて驚かされた。現在でも、自分がユング派でないのは確かだしロジャーズ派ともいえないので、結局、折衷派になるのかと思っているが、私にはもう一本の柱があるので、それについては後に述べる。

意識の場理論とは、箱庭や遊戯療法でさしたる洞察もないのにクライエントが明らかによくなっていく事実に触発されて、心理的健康を、無意識を意識化することではなく、場における図としての明確なしばしば言語レベルの意識と、背景にある究極的には身体プロセスにつながる曖昧な意識との相互作用がスムーズになることによって保たれる、とする考え方である。ユングの意識の四機能説をロジャーズ、クームズ Combs とシュニッグ Snygg たちのアメリカにおけるいわゆる現象学派につないだものである。現在でも私の重要な枠組みであるが、臨床の現実を説明するのには便利なものと思っている。意識を静的なものとして捉えるのではなく、プロセスとして考えるということでは、フォーカシングの創始者ジェンドリン Gendlin の体験過程の概念に負うところも大きい。

市大時代にはほぼ毎年夏だけであるが、チューリッヒで分析を受けた。それがあまり手応えなく、これだけの犠牲を払ってそれに見合うものが得られているのか、と心細かった。ただ外国で暮らすことが、日本では当たり前のものがないだけに、ひょっとして私自身をより深く見つめるチャンスになったのではないか、という思いはある。分析そのものは、語学上の問題もあり、どうも靴の上から掻いている感じがあった。期間が短いので、ユング派には珍しい週四回のセッションを持ったりしたが、どうであったか。確かに懐が少しは深くなったかと感じて口にしてみたが、家族は「全然」と言うし、学生たちは、「年をとったというだけではないですか」などと言い、ガッカリさせられた。

もう一つは、第九回心理臨床学会の会場をひき受けたことである。当時の教員、学生たちの多大の尽力の賜であった。三〜四千名の参加者でたいへんだったのだが、昨今では六千名を超えているのを思えば、まだまだ気楽なものだったのである。ワークショップ会場に爆弾を仕かけたという電話が当日早朝にあり、結局何もなかったのだが、一時相当緊張した。

六　椙山女学園大学

大阪市立大には八年いて定年になった。そこで新しく臨床心理学科を作るということで、四天王寺国際仏教大学に移った。三年いたが手違いがあったらしく、学科はできなかった。不本意なことであったが、それで名古屋の椙山女学園大学に移った。大阪から通うので、授業は二日間に集中してもらい、ずいぶんのわがままを許してもらった。有名な成田善弘先生が同僚としておられ、一緒の仕事をたくさんさせてもらった。しかし一番の収穫は、その影響で私が精神分析学会に入会し、分析家たちの臨床報告をつぶさに聴く機会を得たことである。ユング派的にいうと思考タイプらしい私には歯切れのいい（時にはよすぎる）彼らの論が快かった。彼らの考えをユング派的枠組みにおき代えるとどうなるか、が当分の間私の関心の的であった。それを『カウンセラーは何をするのか』（2002　創元社）に纏めることができたのは、それが私の最終結論ではないにしても、とりあえずの成果と思っている。これはその前の『カウンセリングはなぜ効くのか』（1995　創元社）と同じく、若いカウンセラーに対する老いのくり言的な危機意識を表明したものである。

それと、ここでも平成一〇年に第一二回箱庭療法学会大会の会場をひき受けた。五〇〇人規模のものであったが、狭い大学なので教職員学生諸君には多大の迷惑をかけた。それでも大阪市大の場合と同様、終わってみるとやはりある程度は同学の士のお役に立てたか、という満足感があった。

そして平成一一年、その椙山女学園も定年になりフリーになった（ただし平成一四年から帝塚山学院大学で臨床心理学の大学院の創設に関わり、一八年現在引き続き在職している）。そのぶんカウンセリングの件数を増やし、特に思うところあって個人スーパーヴィジョンのケースをずいぶん増やした。先の本には、その経緯を踏まえて書かれている部分がある。

スーパーヴィジョンについてはすでに書いた。後でも触れるつもりである。しかしやってみて、現在のわが国のカウンセリング界で、スーパーヴィジョン制度を確立することが緊急の課題、と思った。若い心理士たちは、ほとんど一人っきりで臨床の場に投げ出されている。当然かなり未熟である。しかし実践を通して一つひとつ課題をこなしていかねばならない。個人的経験の域を出ないのだが、たいていのヴァイジーは目に見えて進歩していく。そのせいもあってスーパーヴィジョンは私にとってひそかな楽しみとなった。適切なスーパーヴィジョンさえあれば、若い人たちは着実に力をつけてゆく。資格の問題は現在なお予断を許さないけれども、カウンセラーにとって実力を向上させることがすべての出発点である。ただし私の見るところ、ヴァイザー数が決定的に不足している。何らかのかたちで、まず有能なスーパーヴァイザーを育てることが先決かもしれないと思っている。

七　カウンセラーのアイデンティティ

以上、いろいろ個人史を書きつらねてきたのは、お分かりのように、私のカウンセリング歴が、そのままわが国のカウンセリングの展開と重なるところが多いと思うからである。そしてその基調となっているのが、〝素人性〟なのである。しかし、ぼつぼつそれを脱却すべき時が近づいているのではないか、と思う。外国では、保険屋がカウンセリング料を支払う事情から、短期の、しかも効き目のはっきりするカウンセリングが求められるようになっている。そして、長い時間と物凄い費用のかかる、しかもその効果を実証できない深層心理学的アプローチが当面の槍玉に上がっている。そういう傾向が望ましいかどうかには疑問がある。しかし行動療法とか家族療法とか、わが国でも今まではややマイナー扱い気味であった技法が脚光を浴びつつあるのは事実である。だからカウンセラーたちは、自分たちの専門家としてのアイデンティティをもっと明確なものにしなければならない。仲間内だけで通用するのではなく、他領域の専門家にも、何よりも一般の人たちにも納得できるかたちで、自分たちにできること、できないこと、つまりわれわれに独自な仕事の内容を、伝達可能な言葉で説明できるようにならねばならない、と痛感している。私のそんな感じ方が、草創期からカウンセリングに従事してきたからの、先に述べたわが国のカウンセリングの展開をなにがしか反映しているものであるのなら、これは個人的な印象を超えた、これからのカウンセラーたちが真剣にとり組まねばならぬ問題点と重なっていると思う。

現在、臨床心理士の国家資格の問題が、必ずしも心理士側の意向を尊重するかたちで推移していないことはかなり周知されてきた。最大の論点は心理士の仕事が医療補助職かどうかに尽きる。われわれはもちろん心理士の仕事が独立した、他の誰にもできぬ、しかしクライエントには不可欠のサービスと考えている。しかし先日、某大新聞の身上相談欄で、心理的な問題の相談に対して回答者である精神科医は、まず何よりも精神科医にじっくり話を聴いてもらうこと、それが難しい場合、看護師やカウンセラーや学校の先生に聴いてもらうこともできる、と答えていた。カウンセラーの「聴き方」

がカウンセラーならではのものとしてはもちろん、専門職のそれとも考えられていないのである。

そして現状は、そのような回答を世間的な常識としてうけとめざるをえないところがある。だからこそ民間のいわゆるカウンセリングスクールが、専門的カウンセラーの養成をうたって、一般の人を多く集めている。そうした団体が医師養成の〝スクール〟を作ることはありえない。ここにもカウンセラーの仕事は素人でもできる、という通念が反映されている。そして残念なことは、そういう状況をそのまま甘んじて受けようとするカウンセラーの少なくないことである。その最大の理由が自信の欠如、実践的にも理論的にも専門家としての訓練に欠ける臨床心理士が少なくないから、と考えざるをえない。

そもそも日本心理臨床学会、日本臨床心理士資格認定協会、日本臨床心理士会の発足の目的は、心理臨床に携わる者のあまりにも低い社会的評価を少しでも高め、少なくとも専門家としての自尊感情を傷つけないような状況を作りたい、ということであった。その際、資格か実力かの問題で大論争の行なわれたことを若い読者はご存じであろうか。とにかく資格の優先（それだけではないにしても）ということで、上記三団体は発足した。その限り、まだまだ残された問題は多いにしても、一応資格については最悪の状態は脱している。そこで当然、資格にふさわしい実力の求められる段階に、今われわれはいると思う。それが資格制度の上にあぐらをかいて、資格さえとれば現状のままで十分通用する実力がある、とする誤解が生じているのではないか。現在、スクールカウンセラーの待遇を例外的によきものとする感覚が、現時点におけるカウンセラーたちの自信の欠如からきているとは思いたくないのだが。

ともあれ、最後に、現在のわが国の大多数のカウンセラーにとって緊急の問題と思われる課題について、いくつか私見を述べて纏めとしたい。

八　これからの課題

以下は、近頃意図的にとり組んでいるスーパーヴィジョン体験に基づく印象である。ヴァイジーたちは臨床経験が平均して一〇年くらいのかなり若い人たちである。したがって若干の偏りがあるかもしれないがご容赦願いたい。

まず、カウンセラーの能動的な動きについての理解に乏しい。カウンセラーはクライエントのお役に立とうとしているのだから、意図的に何かをしようとしている。それをただカウンセリングをする、という漠然とした観念にとりつかれて、一つには、〝受容〟しなければという観念にも惑わされて、自分を十分に出せていない。その出し方についての十分な訓練に欠けている。

それとの関連で、見立てについて考えることをほとんどしていない印象を受ける。見立てとは、この人に心理治療的なアプローチが可能かどうか、可能とすればどの角度からどのように切り込めばよいのか。その際どういう経過が予想され、最終的に予後はどうなのかについて一応の見通しをもつことである。もちろんそれは刻々に微調整されてゆくので、はじめの見立てが最終的なそれと大幅にくい違うことはありうる。「いま・ここ」に集中しすぎて、いまが「いつ」か、「ここ」が「どこ」かの意味を問うことが忘れられがちなのである。

これをロジャーズの「いま・ここ」の問題に置き換えると、物理的には同じ「いま・ここ」を共有していても、各自にとってのその意味は大幅に異なる。だからカウンセラーは、クライエントにとって「いま」が「いつ」で「ここ」がどこなのか、たえず吟味しなければならない。そういうクライエントの「いま・ここ」とカウンセラー自身の「いま・ここ」が、物理的なこの時この場で出会って何が生じているのか、を見極める必要がある。ロジャーズの、先入見を避けるためには生育歴を知ることは無用というよりも有害である、という説を素朴に信じて「いま・ここ」をお互いの過去、未来の中に位置づけることを避けてきたのが、いまだに尾をひいている感じがする。その問題こそ、共感的理解か診断的理解で、草創期のカウンセラーを悩ませてきた大問題ではあったのだが。

それとオール・オア・ナッシング的な思い込みが強く、カウンセリングが必要条件の一つにすぎないことが見逃されている。必要条件とは不可欠の条件には違いないが、それらがいくつか重ならないと十分条件にはならない。カウンセリングがなければクライエントは元気になれなかったかもしれないが、カウンセリングだけではとても元気になれないのである。その効用と限界の見立てが曖昧な人が多い。最大の理由は、その効用についての見通しや自信に乏しいことである。そこから、カウンセラーでないとできない、しかしクライエントにとっては不可欠のサービスが明確にイメージしにくいという曖昧な観念にとびついた咎めである。他領域の専門家あるいは親の提供するサービスとどう違うのかが明確に言えない。カウンセリング・マインドという曖昧な観念にとびついた咎めである。クライエントがよくなったとして、親か先生か医師かカウンセラーかの、誰のカウンセリング・マインドが一番大きかったのか、などのことを論ずるのはナンセンスである。

同じような理由で、カウンセラーのユニークな仕事についての理解が弱い。ある〝識者〟が、人生経験も浅い人間的にも未熟な若いカウンセラーに、たとえば中年の人の相談に応ずることができるのか、と疑問を呈したと聞いた。同じ問いをスーパーヴァイジーに対して問いかけたところ、まともに答えてくれた人はいなかった。若い医師たちは、ベテランの医師に比べると遜色はあっても、少なくとも素人にはできない医学的サービスを提供できる。カウンセラーにはそれがない。世間的評価がいまだに低いのには、やむをえないところがある。

九　おわりに

最後にやや辛口の激励になった。年寄りの危機意識の現れとしてお許しいただきたい。ただし本音には違いないので、じっくり考えていただくとうれしく思う。「先生はどうしてカウンセラーになったのか」と、授業中よく尋ねられて、モグモグと曖昧なことしか言えなかった。私には偶然としか思えないからである。私の分析家の一人は「偶然だから必然だ」

というわけの分からないことを言ったけれども。

実はこのテーマについては今まで二、三度書いたことがある。だからできるだけ重複は避けようと思ったけれど、同じ自分のことだから似たようなことになってしまった。少しでも若い人たちの参考になるところがあれば書いただけのことはあったと思える。そうなってくれればと願って筆をおく。

第7章　臨床心理行為とは何か

一　医行為をめぐって

一九八二年、日本心理臨床学会が発足した。心理臨床に携わる者が、その学歴、訓練、実績に比べてあまりに低い社会的経済的評価に耐えている状況を何とか自尊心の傷つかぬ程度にまで高めたい、というのがその狙いの一つであった。その後、日本臨床心理士資格認定協会、日本臨床心理士会があいついで結成された（それぞれ一九八八年、一九八九年）のも、同じ趣旨を受けついだものである。それが曲がりなりにも今日の隆盛（?）につながっているのは読者もご存知であろう。しかし、ここ（二〇〇二年）に来て、われわれは重大な問題に直面することになった。それは当初からの悲願であった臨床心理士資格の国家認定の問題が緊急のこととなり、そこで「臨床心理行為とは何か」を心理臨床家以外の人たちにも十分理解していただく必要性が生じてきたからである。

「臨床心理行為」とは心理臨床家でないとできない、しかし、クライエント（または患者）には不可欠のサービスのことである。従来いろんな事情から曖昧なままにされてきた。しかし、今、好むと好まざるとにかかわらず、それを明確にすべき時が来ている。それも心理臨床家仲間で通じるだけでなく、クライエントおよびその親をも含めて他領域の専門家（医師、教師、ケースワーカーなど）にも十分理解してもらえる形で、である。それは厚生労働省の主宰のもとで開かれてきた厚生科学研究「臨床心理技術者の資格のあり方に関する研究」班で、心理治療ないし心理検査が医行為であるかどうか、が論議されてきているからである。医行為とは、医者でないと行なってはならない患者に対するサービスをいう。もし心理治療ないし心理査定（本書にいう臨床心理行為の主要な部分である）が医行為ということになると、医師以外その業務に携わることは許されない。ただし医療補助職の人は、医師の指示（厳重な指導監督を意味する特別の用語である）の下でならば行なうことができる。看護師の仕事がその例である。しかし、看護師が独立してその業務を行なうことはできない。その限り独立した仕事とは言えなくなる。もちろん単独で開業することなど不可能である。

したがって臨床心理行為が医行為ということになると、心理臨床家は医師の指示がなければその独自の業務を行なえなくなる。その場合、そもそもその独自性が認められていない。本来ならば医師の行なうべき仕事なのであるが、医師は多忙であり、周辺的な医行為は訓練度も劣り実力にも乏しい心理臨床家に任せ、しかし心もとないので十分な指導監督を怠らない、という発想である。資格認定協会が、その資格試験の受験資格を修士課程修了以上としているのは、高卒後の専門的な訓練を六年とするためであった。それはわが国の場合、その年限が就職後の給与、処遇の出発点となるからである。現在医学部は六年課程である。そのため四年制大学の卒業生とは就職時から待遇にかなりの差がある。その差は、とくに医療分野では年を追うごとに広がってゆく。だからこそ、心理士側と医療側（厚生労働省が背後に控えている）の資格をめぐっての議論では、心理士の資格として高卒後三年、長くても四年とする医療側と、修士以上とする心理士側の対立がいまだに続いているのである。ちなみに現在問題となっている「医療心理士」（前述の委員会が医療側の意を汲んで国家資格化しようとしているもの）は、四年制大学卒でよしとされ、六年の修業年限をもつ医師との格差を維持しようとする意図が明白である。

医師側がこうした既得権を保持しようとするのはある程度頷ける。とくに精神科と、最近は小児科の領域でも、心理士が開業すれば現在自分たちの所に来ている患者が大量にそちらに流れるのではないか、という危惧があるらしい。それは、ある程度、心理臨床家の〝実力〟を認めてのことである。しかし、心理臨床家と〝協力〟してやってきている医師たちは、その協力ないし分業が自分たちの営業妨害どころか、促進的であることを承知している。にもかかわらず、その際、心理臨床家に支払われる報酬は、医師に対するものに比べれば何分の一かのわずかなものであり、理解があるとされている医師たちにおいてさえ、心理臨床家への評価が必ずしも高いとはいえない。

しかし、これには無理からぬ理由がある。現在、スクールカウンセラー制度の定着化とともに、教育臨床への関心が高まっている。しかし、心理臨床家の多くが活躍しているのは病院ないしクリニック、つまり医療領域である。そして現在でも、平均的な精神科医と平均的な臨床心理士とでは、訓練度、実力、責任感（もちろん待遇も）などにかなりの差がある。以前はもっとひどかった。だから臨床家として医師が指導監督せざるをえない面があった。もちろん心理臨床家の側から、臨床心理行為の独自性をうち出すだけの用意もなかった。だから一部の例外を除いて、かつ「医療」という土俵にいる限りは、心理臨床家が素人扱いないしは医療補助職と見なされても仕方のない面があった。

しかし、今や状況は変わりつつある。しかもことが国家資格の問題に絡む以上、少なくとも数十年の先を見越して考えねばならない。はっきりいえることは、臨床心理行為が医行為と同格の、しかし、領域の異なる専門領域であることを明確化すべきことである。本章の狙いもそこにある。そうなってこそ、医行為と臨床心理行為の相補的な協力が可能になり、何よりもクライエントないし患者の福祉にいっそう役立ちうるのだ、と考える。

二　力動論

（一）精神分析学と分析心理学

伝統的な心理治療となれば、まず力動的立場、とくに精神分析学派および分析心理学派が問題となる。フロイトFruedもユングJungも精神科医であった。だから心理治療も医師の仕事という通念がある。同じく精神科医であるエレンベルガー Ellembergerの名著『無意識の発見』（1970）は「力動精神医学の発達史」という副題をもっている。しかし、フロイト精神医学、ユング精神医学という言葉はたえて聞かない。いずれもフロイト心理学、ユング心理学である。というよりも二人の考えは、いわば人間学的であり、医学とか心理学の枠を超えている。もともと精神医学には三つの立場があるという。生物学的、社会学的、心理学的なそれである。しかし、あとの二つの領域を医学の領域といえるのかどうか。

フロイトの自我論にしろユングの元型論にしろ、とうてい医学的概念とは思いがたい。そもそも実証不可能である。だからこそ両者とも当時の医学界に受け入れられなかった。エレンベルガーによれば、心理治療の仕事はシャーマンや呪術医に遡る。今日、中世の悪魔祓いをヒステリーに対する暗示療法ということはできるかもしれないが、それを医学的治療といえるのかどうかは疑問であろう。いわゆる奇跡的治癒と同じく、宗教的哲学的文化的現象なのではないか。ということは深い〝人間知〟に支えられしばしば因果関連をはるかに超えた、恩寵としかいえない現象とつながっていたのではなかったか。それは、今日でも時に提起される心理治療で有効なのは「解釈か関係か」の議論の示すように、この私とこのあなたとの「一回きりの出会い」による不可思議な人間関係に由来している。（紙数の都合もあり本稿では解釈のほうはさておいて、関係性に絞って考える。）

だからこそ、フロイト派にしろユング派にしろ医学的訓練を終えたからといって、そのまま分析家にはなれない。逆に、非医師の分析家が十分に有能な分析家たりうる。ということは、力動的心理治療家の仕事は医師に限定される仕事、すなわち医行為とはいえないのである。もちろん除外診断のためには医学的知識は不可欠である。精神疾患が因果的な身体疾患と共通の面をもつことは言うまでもない。しかし、それだけですべてがカバーされていないことも周知である。あるいはインドのある地域でそうであるように、社会状況が精神病や神経症の発症をくいとめている場合がある（セラノ Serrano、1985）。精神症状を一種の文化現象と見なさざるをえない場合もある（中井、1983）。

医学の範囲内での心理治療的関わりは、せいぜいムンテラとして知られている現象くらいのもので、医師としての専門的仕事というよりも、あらゆる人間〝関係〟に含まれるポジティヴな面が偶然表に出た現象にすぎない。同じくらいの程度で、医師による外傷的経験にさらされた患者（いわゆる医原性疾患）の数も少なくない。医師としてのアイデンティティは、厳密な因果関係を踏まえて患者の体に働きかけ、苦痛をとる、少なくとも和らげることに尽きるのではないか。もちろん人間知豊かな医師のその人柄を、治療をいっそう有効にするために利用することは望ましい。しかし、人間関係の機微について理論的にも実践的にも通じていないから医師の資格がない、とはいえない。

転移・逆転移にしろ神秘的融即にしろ、すぐれて人間関係的な理論である。無意識とは何かを実証的に確かめることはできないけれども、その仮説が心理治療のプロセスに生じる多くの現象を説明するのは確かだし、実際上の効果も少なくない。少なくとも、身体医学的アプローチで効果のない多くの患者に救いをもたらしてきた。それは力動論的アプローチがほかならぬ臨床心理行為だから、というのが筆者の立場である。たまたまそうした方法を切り拓いてきたのが医師であったことから、それもまた医行為の一つと考えられているにすぎない。心的現象に生物学的、社会学的、心理学的基盤のあることはすでに述べた。だから、それぞれの領域の専門家の協力は不可欠である。そこで臨床心理行為の専門家がたまたま医師であることは、かなり有利な状況を形作る。しかし、だからといってこうした臨床心理行為が、医師の指導監督なしに行なえないことにはなるまい。長年の議論はあったにしろ、非医師の分析家、非分析家の医師の存在がその間の事情を物語っていることはすでに述べた。

以上、臨床心理行為が医行為とは異なるものであることを述べてきた。しかし、とくに医療の現場で働く心理臨床家にとって、会うのは医師の接する同じ患者であるからどうしても医師に追随することになりやすい。それに自分の仕事の独自性を強調しても、現時点では覆いがたい医師と心理士との上下関係があり、ことはそれほど簡単ではない。しかし、いちばん肝心なのは、やはり医師も認めざるをえない心理臨床家の実績である。現在、若い心理士たちの中にそういう人がボツボツ現れつつあるのはうれしい限りである。しかし、大多数の臨床心理士はまだまだ恵まれない状況で、存分に力を発揮する場さえ与えられていない。次の小節ではそのことについて考えたい。

(二) 転移・逆転移のこと

この小節では前の小節を受けて、関係性について考える。臨床心理行為とは「解釈」も含めて関係性を生かすところに独自性がある、と思うからである。

若い臨床心理士に、どういう立場でやっているのか尋ねると、大半が、来談者中心派でそれにフロイトとユングの考えを少し、という答えの返ってくることが多い。そしてひたすら傾聴を心がけているという。治療のプロセスについては、かくかくのことが起こったという外的な経過報告はあるが、そして一応成功例と見なされる場合も少なくないのだが、そこで治療者とクライエントの間に何が起こっていたのか、となるとほとんど把握していない。たとえば箱庭作品を順番に並べ、それについて若干の解釈的なコメントはできても、それがこの治療者と一緒にいたからこそのものであることについて言及されることはめったにない。その限りでは、精神分析的訓練を受けた人のほうが、転移・逆転移という枠を通して、まさしく「いま・ここ」のプロセスについてより綿密に考察している印象が筆者にはある。

ただし、一般に言われている「転移・逆転移」論については、私の臨床経験と合わぬところがあるので、まずそれについて述べておきたい。私には、カウンセラー - クライエントの関係がいつわりの関係とはとても思えない。現在の関係が過去の人間関係の影響を避けられないのは当然である。だからといってそれが、過去の関係の再現とはいえない。まさしく「いま・ここ」のこの人とこの私との関係である。しかし、それが必ずしも「真の」関係といえないところが微妙である。つまり、かつてのたとえば母子関係がまさしくこの母とこの私との関係であったとしても、それが「真の」関係であったとは必ずしもいえない。ウィニコット winnicott の言うお互いに「いつわりの自己」同士の関わりであった可能性が大きい（ウィニコット、1965）。母親のほうも文化的役割に規定された「いつわりの」姿で接していたかもしれないからである。つまり、あらゆる人間関係は、まさしくこの私とこのあなたとの一回きりの出会いである。しかし、そこにさまざまのいつわりの入りこむ余地がある。それが多かれ少なかれ、いわゆる外傷体験につながる。本人がどれだけ気づいているかどうかにお構いなく、である。それがいつしかその人の対人関係のパターンを作っていることがある。

したがって、面接場面にそのパターンが多かれ少なかれ影を落とす。そのとき、「いま・ここ」のこのカウンセラーとこのクライエントとの関わりの中に、「いつわり」（それはカウンセラー自身のそれを含む。それにカウンセラーの気づくことが、クライエントの「いつわり」をクライエントでなくまずカウンセラーに気づかせる）を感じとるのがカウンセラーの役目である（氏原，2002）。そして第四章で述べたように、クライエントに「いま・ここ」でわれわれの間で起こったのと同じことが、現在の、あるいは過去の、重要な他者との間で起こっていたのかもしれないね、と問いかけることができる。たとえばカウンセラーが万能感に駆られ、できもしない魔術的期待をクライエントに抱かせることがある。幸いにカウンセラーがそれに気づいたとき、クライエントの過大な期待（たとえば魔術的な治癒）が、カウンセラーである自分のいつわりの態度に対する自然な反応であることが分かる。そのとき、あなたは今まで周りから過大な期待をもつように唆かされ、当然裏切られて大きい失望と怒りを感じ、それに対して再び否定的に応じられてきた、「いま・ここ」で私たちの間で起こっていたことと同じように、と言うことができる。

転移解釈とは、だから「いま・ここ」のカウンセラー‐クライエント関係を踏まえて、過去の、あるいはカウンセリング場面以外の、関係を再体験することであり、カウンセリング関係の中に、カウンセリング関係以外の関係が持ち込まれていることに気づくことではない。つまり、カウンセリング関係にまでも忍びこんでいた「いつわり」を明からさまにし、それだけ「真の」関係に近づくことによって、クライエントの今までのもろもろの関係にひそんでいた「いつわり」の要素に気づくことである。心理治療に関係性が不可欠であるのはそのためにほかならない。

非常に単純化することになるが、以上は、臨床心理行為のもっとも重要な機能の一つが、「真の」関係を甦らせることであることを述べている。しかし、そこには個々のカウンセラーのすぐれて主観的な体験のプロセスが含まれており、必ずしもすべてのカウンセラーに可能であるとは一般化されえない。にもかかわらず、訓練によってある程度のところまでいけることが、これまた体験的に分かっている。そのいわくいいがたいところに甘えて、あえて門外漢に説明することを怠ってきたことが、現在の臨床心理行為についての一般の無理解につながっている。しかし、筆者がひそかに恐れていることは、そうした事情に隠れて当の心理臨床家が、おのれの体験をそのような、他人に伝達可能な形で言語化できるほどに深めていないこと、である。訓練の過程においても、そのレベルに至るほどの訓練のできる指導者の数が決定的に不足している。次の小節では、そういう問題についていくつか指摘しておきたい。

(三) 心理臨床家のアイデンティティ

筆者の立場では、〝科学的〟な心理治療、いい換えれば心理治療学はフロイト、ユングをもって始まったことになる。そしてその実践が深まるとともに、それはいわゆる自然科学、したがって医学、の枠組みを超えた領域に入りこむことになった。関係性が云々されるようになったのも、そのためである。そうなるとハイゼンベルグ（Heisenberg）の不確定性原理にまつまでもなく、客観的な因果論だけではすまぬ認識の地平が開かれてくる（マイヤー Meier、1984）。そして、従来精神医学の領域に属すると見なされていた〝疾患群〟がこの立場から見直され、それに伴う技法ないし方法論が探られるようになった。そこから少なからぬ非医師がこの領域に入りこみ、医師に劣らぬ成果をあげはじめたのである。つまり、臨床心理行為は一見医行為から派生し、今やその独自性をかなり明確化しうる状況に立ち至った、と考えてよいのではないか。そして、本稿ではとりあえず関係性に焦点を当て、そこに臨床心理行為の独自性の一つを見出そうとしている。

その際、技法的に決定的に重大なのがカウンセラーの共感能力である。これはおそらく心理治療の各派に共通する重大な問題であり、とても簡単に論じきれるものではない。しかし、あえて二つの面に絞って述べておく。

一つは、「もしあなた（クライエント）と同じ状態であったなら、おそらく私（カウンセラー）はこんなふうに感じると思うけれども、そのとき（あるいは今）あなたの感じていた（または、いる）のはそういう感じなのか（あるいは、そうは感じなかった）、または、感じていないのか」という問いかけである。この場合大切なことは、カウンセラーは自分について分かっている以上のことを、クライエントについて（あるいは、とともに）感ずることができないことである。つまり、クライエントからのインパクトがいったんカウンセラーの内側に受けとめられる。そこだけみると、もっぱらカウンセラーの内的な、それだけ主観的なプロセスなのである。これは要するに、カウンセラーの感性を通してクライエントの凍りついた感情プロセスを甦らせようとする試みだから、カウンセラーが十分に感じることがなければ、クライエントを動かすほどに響き返すことにならない。それと、このレベルの共感はいわば芝居や映画ないし小説の主人公に共感する場合と本質は変わらない、ということがある。だから涙が出るほど感動することはあっても、当の主人公の感情が直接観客に向けられることがない。そこに「いま・ここ」の直接性ないし即座性、が欠ける。そこで共感について考える場合、実際には分かちがたい体験であるのだが、もう一つ別種のプロセスを視野に入れておかねばならない。

カウンセラーは意識すると否とを問わず、また好むと好まざるとにかかわらず、そのつどクライエントに動かされる。いわゆるカウンセラーとして、どのクライエントにも同じように対している（そういう一面も確かに重要である）のではなく、クライエントの性別、年齢、社会的背景、立居振る舞いなどに、いやおうなく動かされている。オーバーにいえば、「いま・ここ」のこのクライエントに会うことによってしか開かれてこない、おのれの可能性に開かれている。そのことにどれだけ敏感でありうるかが、カウンセリングのプロセスを左右する。これは、若い比較的経験の浅いカウンセラーが、人生経験豊かな年配のクライエントに会う場合にもいえることである。ある若い女性カウンセラーが中年の妄想のある紳士と会う際、スーパーヴァイザーから「賢い娘」役をとれと言われていっぺんに肩の力が抜け、クライエントに〝かわいがられ〟て、カウンセリングのプロセスがスムーズに進んだことがある。ユング派的にいえばコンステレーションとしかいえないようなことがある。それにカウンセラーがどれだけ気づいているか。

力動派は、多かれ少なかれ無意識という実証不可能の概念を使って理論を組み立てている。無意識とは定義上意識されていないのだから、それを意識化することは理論的には不可能である（ジェドリン Gendlin、1958）。しかし、臨床的には可能と思える場合がある。たとえば前の小節でとり上げたように、カウンセラーの万能感がクライエントに魔術的な治癒を期待させ、その期待を裏切られた失望と怒りがカウンセラーに感じられる場合である。それらはほとんどの場合、無意識のプロセスである。クライエントの何気ない仕草に違和感を感じたカウンセラーが、クライエントの落胆や敵意を感じとり、そこから自分自身も気づかなかったおのれの誇大な思わせぶりに気づいてゆく。そしてクライエントのそうした反応、というより二人していつの間にか作っていた「いつわり」の関係、に気づいてゆくプロセスである。

以上述べてきたことは、かなりきわどい話である。しかし、そのきわどいありようをカウンセラーは身につけてゆかなければならない。医師とも先生とも親とも異なる、心理臨床家しかできぬ「臨床心理行為」がそこにある。現在その面での訓練が必ずしも十分でないのはそれのできるスーパーヴァイザーの不足による、と考えている。もう一つつけ加えれば、こうした〝技法〟を身につけるのに、いわゆる力動論的な人間理解の不可欠なことである。理論的背景がしばしば「いま・ここ」のプロセスを阻害することがあると同時に、決定的な影響を及ぼすことを思わねばならない。ほかに、若い心理臨床家における見立て能力の不足も気になるところである。しかし、「臨床心理行為」について包括的に論ずることは本稿では手に余る。問題を関係性に絞りさらに共感性に限定して述べたことを了承していただきたい。

三　動作療法、イメージ療法など

ここでとり上げる療法は、筆者が実際に行なったことのないものである。だから門外漢的な誤解があるかもしれない。

しかし、それが臨床心理行為であること、少なくとも医行為でないことは明らかである。

最初に動作療法を取り上げる。以前から、この療法が体に働きかけるものでありながら、強迫症や自己臭の患者たちに著効をあげていることは知っていた。成瀬の本（2000）は、それについての筆者の疑問をかなり解いてくれた。なかでも脳性麻痺の人たちの動作がままならないのは、動かないからではなく動きすぎるからだ、というのは卓見と思った。つまりある動作を行なうためには、もちろん必要な筋肉を動かさなければならないのだが、同時に不必要な筋肉を動かさないようにしなければならない。多くの場合、動かす筋肉については意識されているが、動かさない筋肉については無意識である。そこで動かさない筋肉の動きをいったん意識することによってコントロール可能にし、改めて無意識化する。それによって目的の動作がスムーズになってゆくのである。

ほとんどの場合、われわれが身体プロセスを意識することはない。意識するのはどこかに異常の生じた場合である。そのとき、心と身体が解離する。思春期にしばしばみられるように、体がその他者性を露わにし、若者たちは多かれ少なかれ「わが肉体と出会う」（笠原、1977）。おそらく動作療法のクライエントたちは、この解離の程度が著しく大きい。しかし、「動き・動かす」訓練を通じて、動かそうとする心に対して動くことによって体が応えてくれる。動かそうとする能動的な働きが、動くという受動的な状態に収斂する。このとき、身体のもつ他者性が解消し、自体感、存在感ともいうべきものが甦る。いわゆる神経症的症状を何らかの全体感覚の喪失と考えれば（臨床心理行為を支える理論的背景、それによって臨床心理行為に基づく不適応状態の分類の可能性が見通せる）、動作療法は単なる身体機能回復訓練に似て、実は明らかな心理的効果を生ぜしめうるのである。

イメージ療法にもいろいろある。わが国では壷イメージ療法（田嶌、1987）とか三角イメージ法（藤原、2001）などがあるが、催眠療法や自律訓練法、あるいはフォーカシング、医療の領域でいえばサイモントン療法などもここに入る。いずれもイメージの自ずからのプロセスを尊重しつつ（そこに先の動作法における身体プロセスとの類似がある）、ある種の意識的操作を加える技法である。自律訓練のいう受動的注意集中という言葉がその逆説的状況をいいえて妙である。注意集中という能動的な動きが受動的でなければならないのである。悩みを箱に入れてしばらくどこかに置いておくだけでいわゆる症状が消えるのは、部分感覚のとらわれが全体感覚の中に位置づけられた、その限り動作療法でみた全体性の回復といえるかもしれない。箱庭やコラージュについていえば、そのような視覚的イメージが、それによってしか表現できない部分感覚を、その程度には全体イメージの中に位置づけるのであろう。

アメリカやヨーロッパでは、保険会社が心理治療の費用を払うことが普通になってきて、保険会社を納得させる形でその効果を示さなければならないようである。費用にも期間にも保険会社の〝査定〟が要る。そのために長期間を要して目立った効果をあげない精神分析治療が、しばしば批判の対象になっている。いわゆるブリーフセラピーは、そういう状況に対応して出現してきたきらいがある。さらにいえば、近頃強調されるエビデンス・ベースド・アプローチも、そうした傾向の反映とみなしうる余地が大きい。しかし、家族療法やナラティヴ・セラピーなど、十分な理論的背景をもち、保険会社を納得させるだけの実績をもつ療法が続々工夫されている。それはわが国においても変わらない。医師との協力のもとに、あるいは医療現場で行なわれている場合さえあるが、それを医行為とするには無理があるのではないか。少なくとも、こうしたセラピストを指導監督することが普通の医師にできるとは思えない。

行動療法についていえば、わが国においてさえ、すでに伝統的な権威を帯びつつある。周知のようにこの療法は、さまざまなヴァリエーションはあるにしろ、学習理論に基づくれっきとした臨床心理行為である。医師が関心を示しそれなりの訓練を受けて実践にふみ切り、相当な成果をあげているケースはある。それは、精神分析なり内観療法を実践する医師の場合と主旨においてはほとんど変わらない。そこから、心理療法＝臨床心理行為をすべて医行為と決めつけようとする厚生科学研究「臨床心理技術者の資格のあり方に関する研究」班およびその背後にある現在の厚生労働省および医師会の考え方に、大きい偏りのあることを指摘せざるをえない。

四　臨床心理学といわゆる基礎心理学

はじめに私事について述べることをお許しいただきたい。筆者は史学科の出身である。高校の社会科教師を一〇年やった。心理学を学んだことはない。偶然教育研究所に移り、これも偶然教育相談係に配置された。カウンセリングとの出会いである。ロジャーズの考えと技法が導入されたばかりの頃であり、学校の先生や産業界の人たちが熱心に勉強していた。大学には臨床心理学の授業はあったが専門家はいなかった。そんなことから、大学関係者でカウンセリングをやる人はどこか変人くさく（というより変人そのもの）、まともな心理学者とは考えられていなかった節がある。しかし、外国に留学していた人たちが次々と帰国したこともあって、ようやくかっこうがつきはじめた。私自身は一〇年の研究所時代を終え、再び偶然のことから大学に移った。二番目の大学に臨床心理学の大学院があり、そこでは何よりも実践と研究のできる学生を育てようとした。しかし、いわゆる基礎心理学の素養のないことがいつもコンプレックスとして燻《くすぶ》っていた。

現在、一応一人前の心理臨床家、あえていえば臨床心理学者にもなれたか、と思っている。そこでそのための基礎、逆にいえば、私が若い人たちを育てるに当たってその基礎的訓練として何を考えているのか、について考えてみたい。劣等感があっただけにそこそこ勉強はした。しかし、何といっても独学である。心理学を習ったこともない人間が大学で教え、しかもそのためのテキストまで何冊か作った。内心忸怩《じくじ》たるものがある。しかし、作ったテキストがやっつけ仕事とは思っていない。若い人たちに書くチャンスを与えるという意味がなくもなかったが、平均的な一般心理学のテキストとしては、むしろユニークなもち味のあるほうだと思っている。そしてそれとは別に、心理臨床家としての基礎訓練として、従来言われてきた基礎心理学、すなわち知覚、学習、発達心理学において必須とされている実験心理学的手法がどれだけ必要なのか、について若干の疑問を感じはじめていることを否定しきれない。それは要するに、臨床心理学を応用心理学の一部門として限定しきれるのか、という疑問である。

心理学がさまざまな分野に応用できることは疑いない。しかし、一九八〇年の臨床心理学会第五回大会に会長の戸川行男が告白したように、それまでの心理学がいわゆるアカデミックな専門家の養成にもっぱら力を尽くし、高度の心理学的知識ないし技能を生かす技術者の養成（たとえば医学部とか工学部におけるような）を怠ってきたことは間違いない。そのこともあって、いわば応用心理学者たちはほとんど育ってこなかったのではないか。心理学専攻学生の大部分は、たとえば学校教師になるか、少なくとも大学で学んだ心理学的知識ないし技術を生かすことのないインテリサラリーマンになるよりなかったのではないか。それだけにそういう人たちは、専門の心理学者からは、一種の脱落者、問題にもならぬ人たちと思われていた可能性が大きい。カウンセリングを志した心理学専攻学生も例外ではなかったと思われる。

そこに思いもかけぬ臨床心理学ブームが起こった。そこで今までの〝オーソドックス〟な心理学者たちがいっせいに色めきたち、その分野への参入を目ざしているのが現状ではないか。教育心理学や社会心理学の専門家が、臨床教育心理学とか臨床社会心理学として看板を塗り変え、臨床心理学についての専門的知識をほとんどもたず、まして臨床の実践経験のまったくないままに、臨床心理学の大学院の教員たらんとしているかにみえる。さらにいえば、〝基礎心理学〟の教養さえあれば臨床心理士にはほどんど無条件でなれる、という思いあがった誤解がなかったとはいえない。今日、日本臨床心理士資格認定協会の認める臨床心理士の資格に準じる形で多くの「心理士」資格が認定されているが、高度の心理学の技術者という意味を離れて、そこに臨床心理士的な意味合いをもたせようとすることには疑問を呈さざるをえない。だから巷間伝えられる医療心理士の基礎資格として認定心理士を擬する考えは、臨床心理行為の何たるかについてほとんど知識も経験もない人たちの、いわゆる為にするための議論としか思えない。

いずれにしろ一人前の心理臨床家になるためには、前節に述べたような力動論的な理論的背景と、その際論じた共感性を高めるための実践的な訓練が不可欠である。そしてそのための基礎としては、いわゆる基礎心理学以外のさまざまな基礎的教養が必要なのではないか。たとえば哲学、宗教学、文化人類学、文学などが、心理学と同等もしくはそれ以上の比重をもって考えられるべきなのではないか、と思われる。とまれ臨床心理行為についてはまだまだ考えるべきことが多い。おそらく精神医学とも心理学とも異なる新しい心理治療学ともいうべき領域を考えねばならないのではないか、と考えている。本書全体がそうした試みのほんの第一歩だと思いたい。

おわりに

以上、臨床心理行為が何を意味するのかについて述べてきた。それが一筋縄ではゆかぬ難しい歴史的、現在的問題を抱えていることを承知の上で、である。それは、現在までにおける心理臨床家の専門家としての独自性にかかわる問題、もっといえば、臨床心理士資格の国家認定にかかわる重大問題と考えるからである。残念ながら、この問題が真剣に考えられることは今までなかった。逆にいえば、今ようやくそういうことを真正面からとり上げることのできる機運が生じてきたのだ、ともいえる。それがはじめての新しい動きであるだけに、抵抗勢力の反撃は強烈である。しかし長い目でみれば、それに国際的な状況を考えても、いずれこの問題がわれわれ心理臨床家に納得できる形で結着することは、相当の確率で予想することができる。

だから、現在の苦境もおそらくあとしばらくの一過的なものなのであろう。しかし、だからといって手を拱《こまね》いて見ているわけにはゆかない。現に、それなりの訓練も受け、費用も時間もかけてそこその力を身につけた人たちが、不当に低い処遇に甘んじていてよいはずがない。そもそも日本心理臨床学会の発足が、あまりにも低い心理臨床家の待遇を少しでもよくしたい、という発想から生じている（もちろんそれだけではなかったが）ことはすでに述べた。その際熱心に論じられたのが、実力が先か資格が先かという問題であった。そして議論の末、まず資格の問題を解決すべきであるということになり、それがその後の日本臨床心理士資格認定協会および日本臨床心理士会の発足につながった。以来、学会員は一万数千人をかぞえ、心理士会の会員も一万人を超えた。数の上では隆盛の一途をたどっている。しかし現状は、読者もご存知のようにまだまだ十分なものではない。有力週刊誌に、「あれほど低い経済的待遇であるにもかかわらず、なぜ若い人たちの間にそれほどの人気があるのか」と不思議がられている始末なのである。

そしてここに来て、実力の問題が改めて問われるようになってきている。そのためには「臨床心理行為」の意味を、門外漢の人たちにも十分理解してもらえるよう伝える必要がある。そしてそのためには、一人ひとりの心理臨床家が自らの実践を深めることによって、経験的レベルでその意味を具体的に発言しなければならない。

文　献

エレンベルガー Ellenberger, H.F.（1970）The discovery of the unconscious. 中井久夫・木村敏監訳（1980）無意識の発見—力動精神医学発達史（上・下）弘文堂

藤原勝紀（2001）イメージ体験法—イメージを大切にする心理療法　誠信書房

ジェンドリン Gendlin, E.T.（1958）The function of experiencing in symbolization. 村瀬孝雄訳（1966）体験過程と心理療法　牧書店

笠原嘉（1977）青年期—精神病理学から　中央公論社

マイヤー Meier, C.A.（1975）Lehrbuch Der Komplexen Psychologie C.G.Jungs. 氏原寛訳（1996）意識—ユング心理学における意識形成　創元社

中井久夫（1983）概説—文化精神医学と治療文化　中井久夫他編　精神の科学８　一～一二四　岩波書店

成瀬悟策（2000）動作療法　誠信書房

セラノ Serrano, M.（1966）C.G.Jung and Hermann Hesse. 小川捷之・永野藤夫訳（1985）ヘルメティック・サークル—晩年のユングとヘッセ　みすず書房

田嶌誠一編（1987）壺イメージ療法　創元社

氏原寛（2002）カウンセラーは何をするのか　創元社

ウィニコット Winnicott, D.W.（1965）The maturational processes and the facilitating environment. 牛島定信訳（1977）情緒発達の精神分析理論　岩崎学術出版社

第8章　臨床心理学的地域援助

一　カウンセリングの独自性

(一) 再びカウンセリング・マインドについて

心理臨床の実践家が、カウンセリング・ルームという密室を離れてもっと地域のために役立つ仕事をすべきだ、という意見に反対する理由はありません。わが国でも、今までになされてきたし現になされつつあります。しかし、理論的にも実践的にも、それが体系的にまとまっているという実感はありません。もともと地域援助とは、アメリカのコミュニティ心理学などで強調されているもので、当初は精神衛生的な予防活動という性格が濃いものでした。まだ若い学問ですが、いち早くわが国にも紹介されています。

本章では、そのための前提ともなるべき基本的な考え方を述べることになります。密室を離れて他領域の専門家と協力することを目ざすのですから、まずカウンセラーの独自性が明確にされねばなりません。協力とは、お互いの守備範囲がはっきりしていてこそ可能なことですから。従来、この点が曖昧にされ続けてきたような気がします。それがカウンセリング・マインドの過度の強調からきているることは、今までにも何回か論じてきました（氏原、1995）。

カウンセリング・マインドについての論議をごく単純化すれば、あらゆる人間関係はカウンセリング・マインドがどれだけ生かされているかによって、良き関係か悪しき関係かが決まる、というものです。しかし、そのために、日常関係とカウンセリング関係の相違点が曖昧になってしまいました。親子関係とか夫婦関係にもカウンセリング・マインドが生きているのならば、わざわざカウンセリング関係などもつ必要がないからです。もっとも、ちゃんとした日常関係さえ維持されておれば、カウンセリング関係などもつ必要はありません。しかしそれならば、日常関係をことさらカウンセリング・マインドなどといった専門用語で説明する必要はないわけです。いちばんまずかったのは、そのことにより、主婦も会社を退職した人事担当者も、誰も彼もがカウンセラーになれる、と思い込んでしまったことです。ということは、カウンセリングとは素人の仕事であって、多少の人生経験とカウンセリング・マインドさえあれば、誰にも務まる楽な仕事だということです。以前、ある新聞の、これからの有望な内職という欄にカウンセリングという文字を見出したときの、なんともいえない気持ちが思い出されます。

(二) 臨床心理士資格認定協会の発足

心理臨床の仕事は、専門家でないとできない仕事です。そのことがようやく分かりはじめてきたのが現在の状況でしょう。これから書くことは私個人の記憶に頼っていますので、客観的事実から少しそれるところがあるかもしれませんが、大筋は間違っていないと思っています。

一九七九年に日本心理臨床学会発足の準備会のような形で、心理臨床家たちの集いがありました。いろいろな経緯があったのですが、現場（本章でいう地域臨床の現場、例えば病院、各種の相談所、学校など）で働く心理臨床家の状態があまりにひどい、それなりの訓練を受けた専門家が、ある程度自尊心を傷つけないですむような状況をつくれないだろうか、というのが設立の趣旨の一つであったような気がします（現在、学会員一万数千人、日本最大の心理学関係学会になりました。こうした趣旨に賛同する人たちの、今なお少なくないことのしるしだと思います）。その後、一九八八年に日本臨床心理士資格認定協会が設立されました。これは特に病院関係の心理臨床家の要望が強かったからです。それによって多くの臨床心理士が誕生し、活躍していることは、皆さんもご承知のとおりです。

現在この資格は、財団法人である認定協会が認定していますから、私的なものです。その点、お茶やお華の事情と変わりありません。そこでいずれは国家資格にというのが、協会自身の希望でもあります。これは病院で働いている人が、医師も看護師も薬剤師も、すべて国家資格の持ち主だからです。それによって身分が保証され、世間も専門家として認めるわけです。しかし国家資格となると二つの条件が要ります。一つは名称独占、もう一つは業務独占です。つまり、例えば医師の名称は医師免許の持ち主以外が称してはならないのです。そして医師の業務は法律によって定められ、医師以外の者が行ってはならない。だから心理士が国家資格になれば、当然同じことが起こります。ただし、いろいろな問題があって、若干の保留が付け加わるかもしれません。

ともかく、業務独占ということになると、好むと好まざるとにかかわらず、カウンセラーの仕事とは何か、ということが明らかにされねばなりません。カウンセリング・マインドでもって誠心誠意、などのことはいっておれないのです。カウンセラーでないとできない、しかもクライエントには不可欠の業務内容を、内外ともに明文化しなければならないからです。それがどういうものかは、まだでき上がっていないのだから何とも言えません。しかし現在、心理臨床に携わっているわれわれが、これだというはっきりした原案を示せなければならないと思います。この仕事についていちばんよく知っているのが、われわれなのですから。それがはっきりしてこそ、医師とも看護師とも薬剤師とも、あるいはその他の領域の専門家とも協力してゆける、心理士の独自の性格が決まるのです。

(三) 協力関係について

しかしここで微妙な、しかしきわめて重要な問題が生じます。それが、どういう形で協力し合うのか、ということです。医師と看護師との協力がなければ、多分まともな医療は難しいでしょう。しかし看護師は、医師の指導監督のもとでのみ医療行為が認められています。だから単独で看護師業として開業することはできません。協力関係が対等のものではないのです。心理臨床家が、多くの他領域の専門家と協力する場合、それはどんな形になるのでしょうか。現時点では、少なくとも医師との協力関係が対等のものとは思えません。医師からすれば、先の医師・看護師関係と同じような、その気になればできるのだけれども、医師でないとできないことをするのに忙しいので、雑用としての半端仕事は心理士に分担させる、というニュアンスが強いのです。

これにはある程度やむをえない事情があります。平均的な心理臨床家の実力が、平均的な精神科医の実力に及ばないからです。これには伝統の差もあります。心理臨床家の養成コースは医学教育ほどに整っていません。しかし、マスターコース、時にはドクターコースを卒《お》えた臨床家ですら、社会に出て医師と同格の専門家として受け入れられる状況がわが国ではまだでき上がっていません。外国の、それも心理系のカウンセラーたちも、アメリカやヨーロッパでも似たような状態だ、といっています。協力とは対等でなければ成立しないものではありません。しかし原則的には対等の関係がいちばん望ましいことでしょう。

(四) 資格の問題

本節の項（二）で心理臨床学会および臨床心理士資格認定協会の発足の事情に少し触れました。当時、心理臨床家たちが望んでいたのは、ゆくゆくは医師と同格の専門家として名実共に認められることでした。その際、実力が先か資格が先かという、相当白熱した議論がありましたので紹介しておきます。つまり、実力さえあれば資格などなくても、心理臨床家の独自性ないし専門性はおのずから認められる、という立場と、やはりしかるべき資格がないとせっかくの可能性を生かすチャンスが与えられない、という考え方とです。資格さえあれば万事スムーズにことが運ぶというのではありません。現に資格制度発足後数年たって、まだまだ心理臨床家の社会的評価はそれほど高くありません。それらについては、二節で具体的に取り上げてゆきたいと思っています。

しかし資格がなければ、もっとひどいのです。すでに述べたように、病院で働いている人たちは、ほとんどが国家認定の資格の持ち主です。それによって、例えばベッド数いくらに対して医師、看護師、薬剤師などの最少限の人数が決められています。それがある程度の就職の機会を保証しています。ＰＳＷ（精神科ケースワーカー）の国家資格の件が、当事者たちにとって大問題であったのには、そういう事情がありました。心理臨床家の場合、資格がありませんから病院側に採用の義務はありません。だからある病院勤務の心理臨床家の言うように、「われわれはアクセサリーです。不況になればいちばん先に整理されるのがわれわれです」という状況に常時さらされているわけです。

しかも経済的処遇はきわめて悪い。微妙な問題ですので、私的な範囲の情報にしか過ぎませんが、関西の私立の病院では、大学修士を出て臨床心理士の資格をもつ四〇歳代の常勤の男性〝課長〟で、手取り月三〇万円に達していません。女性の場合、同じく修士出の臨床心理士で、三〇代で二〇万円前後です（一九九八年時点）。国公立の場合は公務員としてこれよりはましだし、身分も保証されてはいます。私立の中には例外的に恵まれている人がいますが、男性の場合にはまず家族を養うことが難しい。少なくとも子どもを大学に出してやるとすれば大変です。たいていは共稼ぎで、奥さんの収入の方が多いことがよくあります。女性の場合は、良い悪いは別にして、結婚して夫が主たる収入源である場合には、以上のような給料でも教養娯楽費的な意味で納得されている方がおられます。それと外見が割合きれいな仕事ですから、我慢できている可能性があります。

病院内の立場もきわめて弱いものです。以前ある会で医師と臨床心理士の協力関係をテーマにしたシンポジウムがありました。ある医師が自分の病院でのスムーズな協力関係を披露し、別に国家資格がなくても協力してやっていけるのではないか、と述べられたのに対して、当時すでに数十年の臨床経験があり、わが国では指導的な立場に立っている心理士が、自分の経験として「主治医と協力して非常にうまくいっていたケースがある。しかし主治医が替わり、心理治療は無用ということになった。今までの経過を説明し、自分としては医療と並行して心理治療を続けることが有効だと思う、と言ったところ、自分よりはるかに年若い医師に、先生はどういう資格でそんなことをおっしゃるんですか、と反問され、引き下がらざるをえなかった」ということを話されていました。

医師に理解があれば協力はスムーズにいくのです。心理士に堅苦しい資格などいりません。しかしそれは医師個人の思惑次第、オーバーにいえば気まぐれによっています。だから心理士など不要という医師に出会えば、心理士の意向にかかわりなく、医療チームから排除されてしまうのです。こういう状況での協力関係をはたして協力といえるかどうか。だからこそ資格制度をはっきりさせ、臨床心理士でないとできない、しかし患者ないしはクライエントには不可欠のサービスを明確にし、そこではじめて真の協力関係ができ上がるのではないでしょうか。

しかし繰り返し述べてきたように、先の臨床心理士のように、医師と対等以上にものの言える心理士（現実にはそのような心理士さえ、正式な発言権を与えられてはいません）の数は、残念ながら少数と言わざるをえません。だから有能な心理士を大量にかつ急速に養成する必要があります。現在、各大学における養成システムは着々と整備されつつあります。しかしそのためには、まだ時がかかります。私個人としては、そこで精神科医の方たちに、心理士たちがそれなりの力を身につけるように協力して頂きたい、という気持ちで一杯です。現にそういう方たちの指導で、ずいぶん力を伸ばした心理士は少なくありません。ただしそれは、医師の二番煎じ《エピゴーネン》をつくるためのものではありません。あくまで心理士が独自の専門家としての力量を身につけるためのものです。しかし好むと好まざるとにかかわらず、心理士がいわゆる精神疾患に罹患した人たちと接触せざるをえない以上、精神医学的知識は不可欠です。また、医師たちの間には〝精神療法〟の長い蓄積された伝統もあります。それと心理臨床家がどのような形でタイアップしてゆくことができるのか、精神科医の方たちの温かいまなざしを期待するゆえんです。

二　現場の状況

（一）はじめに

臨床心理学的地域援助とは、地域の諸機関と協力して、臨床心理士に何ができるかを問いかけるものです。心理士たちは、否応なしに他領域の専門家と手をつないでゆかねばなりません。しかしその場合、どのような協力が可能なのか、例えばチームをつくるとして誰がリーダーになるのか、といったことがきわめて大切です。そこで資格のことと、かつそれが協力相手にどのように評価されているのか、ということが問題になります。一節でも触れたように、コミュニティ心理学はアメリカでもまだ若い学問です。いくつかの目覚ましい成果が挙がっていますが、どちらかといえば理念が先行しています。わが国の場合にも、似たような傾向があるのではないでしょうか。

つまり、あるべき協力関係と、現にある協力関係のギャップが大きいのです。すると現状をどのように理想的な形にもってゆくかという、きわめて実践的で地味な努力を重ねなければなりません。そしてその場合、心理士の側に、こういうときにこんなふうに皆さんの役に立っている、という用意が要ります。そしてそれを他領域の専門家に分かってもらう必要があります。

それは心理士が、自らの現実を踏まえた（あるいはそれに縛られた？）上での実践を示しつつ、なおかつあるべき協力体制を少しでも具体化することによってもっと活動する範囲を広げてゆくという、流動的な見通しをも含みます。まさしくお互いの公的私的な力関係、その背景の、あるいは基盤にある信頼関係、何よりも地域のニーズ、そのために支出しうる予算額など、種々雑多な、しかも重大で困難な問題が目白押しに並んでいます。本章ではとりあえず、現状把握が第一の出発点と考え、いかに協力するのか、ということを常に念頭におきながら、いくつかの現場の状況を伝えていきたいと思います。

（二）病院臨床

①　非常勤

心理士が現在いちばん多く働き、これからもそうである職場が医療の現場です。ここで他領域の専門家、特に医師とどうかかわるかが難しいことは、一節でも述べました。その第一番の問題が、心理士たちが多くの場合非常勤であることです。これにはいろいろな事情がありますが、それについては深く立ち入りません。しかし非常勤ということは、それだけでも常勤の医師たちと対等に太刀打ちすることができない状況です。ましてや臨床経験、訓練度、特に責任感に決定的な差がある以上、医師の指示に従わざるをえないことが多いと思われます。

そこでできることは、せめておのれの実践に打ち込むことです。医師にもいろいろあって一概にはいえないのですが、事実に対しては割に率直（？）なところがあるのではないか、というのが私の実感です。つまり、あまり期待しないで心理臨床家に回したケースが、意外にうまくいくといったことが続くと、びっくりしてくれるのです。精神医学的枠組みから見て気休め程度の効果しか望めないのに、その枠組みから見ても明らかに良くなったとしかいえぬ例が積み重なることによって、心理臨床家のやっていることが自分たちのそれとは違う、しかし患者には役に立つサービスらしい、と考え直してくれるのです。そこで時間的に余裕のある場合、いったいどういうことなのか、といった話し合いのチャンスが生まれます。それによって、心理士の仕事の独自性を分かってくれる医師が少なくありません。だからといってすぐさま待遇が良くなるわけではありませんが。

現時点では、したがって理屈抜きに実績を挙げることしかないのではないか、と思います。治療計画は医師が立てます。これは今後も変わらないでしょう。だから心理士はそれに従わなければ仕方がありません。しかしその際の医師の評価が大切なのです。心理士の仕事にどれだけ期待してくれているか、ということです。かつて知り合いの医師にぼやかれたことがあります。「心理士というのは、半端な仕事をあてがうとふくれるが、責任のある仕事を任せると、肝心なときに助けてくれと音をあげる。いったいどうしたらいいだろう」と。そしてそのとおりの現状を知っていますので、

「まあ、そう言わないで」ともっぱらなだめ役に回るよりありませんでした。

②　医療保険制度

もちろん常勤の場合にも問題があります。資本主義社会では、好むと好まざるとにかかわらず、能力は支払われる金額によって評価されます。だから一節で述べたように、経済的に待遇の悪い心理士の病院内での一般的評価は、それほど高くありません。そこで妙に肩ひじ張っても、医師はもちろんケースワーカー、看護師その他のスタッフから総すかんを食うだけです。総合病院でよく聞くのは、とにかく売上を伸ばせ、ということです。精神科はその点、肩身の狭い思いをしているそうです。その中でも心理部門はいちばん利益の上がらないところです。これは現行の医療保険制度が一役かっています。現在、精神療法は一回五〇〇点、つまり五、〇〇〇円です。患者負担分は三割負担の場合一、五〇〇円です。心理アセスメントはロールシャッハやTATなどで四五〇点です。

かつてある医師が、「脳波テストは三カ月くらいの訓練で何とか身について、一回一時間もかからずに一万円ほどの実入りになる。ロールシャッハ・テストは普通三年くらいの訓練が必要で、テスト施行から解釈までとなると、本格的な所見を書くとすれば相当の臨床経験の持ち主でも数時間はかかる。それで入ってくるお金が四、五〇〇円では割が合わない」と書いておられました。心理治療にしても、数年間の訓練が要ります。現行の臨床心理士資格認定協会による資格審査にしても、大学院で臨床心理学を専攻したうえで、なお一年の臨床経験がなければ受験できません。にもかかわらず、金銭的評価はその程度のものなのです。そのギャップをいかに埋めるのかが、地域援助サービスと並行して、真剣に考えられねばなりません。

それともう一つ、医療保険制度のもとで心理臨床を考える限り、それは医療体制の中に組み込まれざるをえない、ということです。その限り、医師の指導・監督のもとではじめて臨床活動が可能なのであり、心理士の自主性は認められません。幸い理解のある医師と組むことができれば、少なくとも臨床活動そのもので不愉快な思いはしないですみますが、すべての医師が心理士の仕事を分かっているとは限らない、というのが現状でしょう。こうなると個々の医師や心理士の問題というよりも制度の問題になります。現在、臨床心理士の資格を国家認定という形にもっていこうとする動きがありますが、心理治療や心理アセスメントを医療保険制度の中にどう組み込むのか、ということが大きな問題点の一つになっているのは当然のことです。

しかし現状では、心理士たちはもっぱら医師の指示のもとで活動を行っています。個人のクリニックの場合は、比較的若い非常勤の心理士たちが、一回三〇分と時間を限定され、一日に一〇人以上の患者に会っているところが少なくありません。水揚げ（嫌な言葉です）のことを考えれば、文句は言いにくい。しかも次回に行ってみると、当の患者はすでに入院し、その時間には別の患者が入れられていることも珍しくないのです。忙しいこともありますが、事前に入院について心理士に相談されることはめったにありません。先に、平均的な病院の常勤の心理士の給与について触れましたが、自分たちの稼ぎ分を考えると、今の給料でも病院側は持ち出しかもしれない、という当の心理士の述懐があります。

③　保険外診療

そこで、心理臨床の仕事を保険外診療として扱う病院やクリニックが増えてきました。心理士にとってありがたいのは、そこでの料金のかなりの部分を心理士に支払う（払い戻す？）ところが出てきたことです。これも大事なことですから書いておきますと、現在わが国での一回の面接料は平均して一万円くらいとみてよいでしょう。これを高いとするか安いとみるかは微妙なところです。しかし、貨幣価値のこともありますが、大体国際的レベルに近いと考えてよいと思います。その半分以上が還元されるのですから、先の常勤の病院心理士よりはかなり率がよいことになります。もっとも、相当な、ということは先に述べた平均より以上の、料金を取りながら、心理士に支払われる分はほんのわずかというところもあります。ただし、カウンセリングにこれだけのお金を支出できる人たちが、一部の人に限られてくる問題は、常に心に留めておく必要があるでしょう。

ただその場合でも出来高払いということですから、患者が引き続いてお金を払って来てくれねばなりません。逆にいえば、これだけの手間と時間とお金を払っても、それに見合うだけのお返しがある、と思ってもらえるだけのサービスを提供する必要があります。窓口は医師がしてくれます。あなたには心理治療が有効だと思う。保険外でこれくらいの費用がかかるけれどもやってみますか、と。患者の医師への信頼感ないし依存度が強いと、これは相当な効果があります。しかしそれで一回目は来てくれても、二回目以後は面接次第です。だから心理士としては腕を試されることになります。医師の方も、紹介しても紹介しても面接が中断するようでは、紹介の仕様がなくなります。結局、そういう心理士はそこで働くことができなくなります。

しかしこれは、ある意味では当然のことです。患者に、払った犠牲につり合うだけの見返りを提供できないようなサービスでは、心理治療家、つまり専門家として一人前と言うことができません。この形の臨床活動の良いところは、少なくとも形の上では医師と心理士が対等の立場で話し合えることです。当然のことではありますが、私の印象では、こういう形で仕事をしている人たちは、今まで述べてきた常勤・非常勤を問わず、病院臨床に従っている人たちの中ではかなりレベルの高い人たちです。それだけ医師も認めていますし——実績を通してです。地位や著書のあるなしはほとんど関係ありません——本人にも自信があります。だから治療の見通しについて意見の交換もできています。私個人としては、こうした形が、さしあたり医師と心理士との対等の協力関係を生み出す糸口になるのではないか、という気がしています。

(三) 開業心理士

病院臨床にかなりスペースを割きました。現在もこれからも、心理士の主たる活躍舞台になると思うからです。そこで他領域の専門家との協力、つまり地域援助活動のモデルを見ようとしたのですが、個々の心理士の力を超えたところで、ことが運んでいる感じのあることを述べました。それにしても結局は実績つまりは実力がものを言うのは確かなようです。そこで二節（二）を受けて、開業心理士のことに触れておきます。ここでは、先の出来高払い制（？）の心理士以上に、クライエントの評価に耐えねばなりません。

私個人としては、専門家としての臨床心理士は、開業して食っていくだけの力がなければプロといえないのではないか、と思っています。医師たちの中には勤務医が多いけれども、いざとなれば開業するだけの力のある人がほとんどでしょう。だからこそ勤務しながらも、そして医学界の封建的風習に絡まれながら、ある程度の発言権を保留できているのだと思います。開業して食っていければ、嫌な思いをして病院勤めをする必要はないわけです。残念ながらそれだけの自信がないばっかりに、しばしば自尊心の傷つくひどい待遇に甘んじている心理士が多いのではないか、と思います。

しかし開業というのは大変な仕事です。「密室から地域へ」というのは素晴らしいスローガンですが、密室では食えないためのスローガンだとすれば、寂しい思いがします。密室の仕事で食えたうえで、さらに地域に出ていくのが本来の筋でしょう。そのためには、繰り返し述べてきたように、クライエントの信頼に足るだけの力を備えなければなりません。現在このレベルの臨床心理士は何人くらいいるでしょうか。意外に少ないのではないか、というのが私の印象です。そして食えているとはいうものの、その食い方は決して医師のそれと比べられるものではありません。

ここでも具体的な例を挙げますと、海外で何年かの訓練を受け、国際的にも通用するライセンスを持つ心理士が少しずつわが国でも増えています。先にも述べたように、今の日本では心理治療一セッションの料金は一万円前後です。開業して一日五人のクライエントに会うとします。週休二日で五日間働きます。一カ月四週間。一年のうち二カ月を休暇とします。すると年間五（人）×五（日）×四（週）×一〇（月）＝一、〇〇〇セッションということになります。金額にして一、〇〇〇万円です。これで家族を養ってゆかねばなりません。日本の大学院を出て外国の資格も取っていますが、その間の努力と出費はかなりのものです。そこそこの資質にも恵まれていなければなりません。よくは知りませんが、週刊誌の特集などに見る日本の都市銀行に勤める四〇代の大学卒の社員の年俸は、軒並み一、〇〇〇万円を軽く超えています。しかも年をとるにつれ、定年までは給料も上がります。退職金もあるし、年金制度のあるところもあります。心理士にはこれらが一切ありません。年とともに体力も衰えていきます。何よりも休めば休んだだけ収入減です。

しかも外国でそれなりの訓練を受けようとすれば数千万円の費用がかかります（川戸，1990）。お金だけに限っていえば，あまり引き合う仕事とはいえません。

もちろん一日五人以上のクライエントに会うことは可能です。一〇人くらいなら何とかなります。しかしヘトヘトになります。それが毎日となると，とても続きません。一人前の力を身につけるのにお金と手間がかかりすぎるのか，それともせっかくの力量を評価するだけの認識を世間が持っていないのか。昨今のブリーフセラピーばやりで，アメリカにおいても，金と時間のかかる正統の精神分析治療には，いろんな点から疑問が投げかけられるようになりました。心理治療にはいろいろな派があり，それぞれが効用と限界を持っています。それらについては『カウンセリングと精神療法』（成田・氏原，1999）を参照して下さい。ただし心理治療家がどういうアプローチをとるにしろ，その実力を評価するのは資格認定協会でもなく，河合隼雄先生でも小此木啓吾先生でもなく，クライエント自身であること，そして開業心理士は，もろにその評価にさらされていることを覚悟しなければなりません。

（四）教育センターなど

後に取り上げるスクールカウンセラー制度（正式には文部省による文部省スクールカウンセラー活用調査研究委託事業調査）との関連もあり，これからの心理士の重要な活動分野である教育界での臨床活動について述べておきます。これらの機関は大体が教育委員会の付属機関です。教育相談活動を行うため，わが国でカウンセリングが始められたのとほぼ同じ頃に発足しました。しかし制度上，現場を離れた学校の先生が何年かもっぱらカウンセリングに従事することになります。いずれ再び現場に戻るので，もう一つ腰の定まらぬところがあり，長い間専門家として認められない時期がありました。ここ一〇年か二〇年で，ようやくその実績が認められてきたのと，一部の教育委員会で専門のカウンセラーを採用し始めたこととが重なって，レベルも上がり，他の領域のカウンセラーたちからも専門家として認められるようになってきました。しかしこうしたカウンセラーに対する肝心の教育委員会の評価が必ずしも十分ではありませんし、やはり現場の先生たちが主力（臨床心理士の資格を取っておられない先生が多い）ですので、専門の心理士が、こうした人たちとどういう関係を結んでゆくかはなかなか難しいのです。

例えば、非常勤ではありますが、退職した校長をカウンセラーに当てているセンターが相当数あります。先生はやる気満々なのですが、カウンセラーとしての訓練は受けておられませんので、ときに見当違いのことが起こります。こういうとき、同僚としての臨床心理士がどう対応するかはなかなか難しいのです。例えばあるセンターで、そういうカウンセラーが専門のカウンセラーのことを、私はいつも一ぺんでケリをつけているのに、あの人は何をぐずぐず何べんも会い続けているのか、と批判的に言われているという話を聞きました。昔、日航機が機長の操縦ミスで羽田沖に墜落したことがあります。精神医学的に問題があったということで、日航ではカウンセラー制度を発足させました。カウンセラーとして選ばれた人たちが元機長であるのを知って、専門家たちががっかりしたことがあります。教育委員会にしろ企業にしろ、カウンセリングを専門家の仕事とはまだ思っていないことが分かるからです。一節（二）の病院臨床で、地域臨床では心理士個々の努力ではどうにもならないネックがある、と述べたのはそのことです。

だいぶ以前から文部省の肝いりで、各地の教育委員会がかなりの数の先生を教育大学の大学院に派遣し、研修させる制度を発足させました。二年の間に修士号をとるのが目的です。臨床心理学を専攻した方もたくさんいらっしゃいました。しかし現場に戻ってから、せっかくの研修の成果を活かす機会を与えられていない先生方が少なくありません。相当の費用をかけて人材を養成しながら、それを活かすことがあまり考えられていないのです。教育センターのカウンセラーと同じく、そういう先生たちに専門カウンセラーとしてやっていく可能性が乏しいのと、先生方自身、現場教師としてのアイデンティティ感覚が強いことが一因です。しかし委員会にカウンセリング活動に対する理解が不足しているのが一番の原因と思われます。いずれにしても専門カウンセラーの人たち（カウンセリングを一生の仕事としてやってゆこうとしている人たちです）が、こういう方たちとどうかかわっていけばよいのかはかなり難しい問題です。そのうえ、こういう専門家自身、教育センターにいて果たして専門家として将来が開けてくるのかどうか、曖昧なのです。

専門家ということでセンターに配属されても、もともとが教育委員会の機関ですから、教員身分で採用されることがあります。そこで何かの手違いからでしょうか、現場の教員として辞令の出た方がありました。いろいろ折衝があったのですが、教師経験も何かの役に立つかとその方が思われたのと、何よりも職を失う危険性があったために、有能なカウンセラーであったにもかかわらず、現場に出られました。これは教育委員会に限らず、一般の認識がまだまだカウンセラーを特別な専門家とは見ていないしるしだと思います。もちろん、センターでの実績がいずれは委員会の幹部に分かるときが来るとは思いますが、そしてスクールカウンセラー制度の発足が、その流れをさらに押し進めるとは思いますが、まだまだ前途険しいものがあるのを覚悟しておく必要があります。

(五) 児童相談所ほか

ある意味で児童相談所は地域臨床の最先端だともいえます。その場合、ケースワーカーとの協力が不可欠でしょう。ときに聞かれる問題点は、現場の事務量の多さもあって、ケースワーカーはすぐに措置をしたがり、心理士は時間のかかるカウンセリングをしたがる、ということです。しかしこれは当然のことで、ケースワーカーの仕事とカウンセリングは明らかに異なるのです。大切なことは、両者の関係が一見相反的に見えて実は相補的なことです。そこのところを見極めて、お互いの独自性を尊重しながら協力するのが理想的なのですが、ときにはカウンセラーがケースワーカーの仕事を引き受けたり、逆の場合もあって、いわゆる縄張り根性が出ると協力できなくなります。しかし、だからこそ自分の専門性を大切にしていないと、いつの間にか何でもできる便利屋になってしまい、結局専門的には何もできない人に成り下がる危険が大きいのです。

残念なことは、心理士は専門職として採用されているものの、昇進の可能性の薄いことです。別に出世しなくともよい（とは決していえないと思っていますが）としても、チームを組んで地域臨床の仕事に取り組もうというとき、心理士の評価が低いと、どうしても発言権が弱くなります。外部の機関と連携して仕事をすることがないともいえませんから、このことは案外重要です。

そのほか、鑑別所や家庭裁判所でも心理士が働いています。いろいろ条件に差はありますが、医者に比べると心理士の評価の格段に低いことが、給与や将来性も含めた地位に反映されています。産業界にも心理士の働く余地は大いにあるのですが、人事ないし労務担当の課長クラスの意向で、カウンセリング事業そのものへの熱の入れ方が違ってくるような状況ですから、いくつかの例外はあるにしても、心理士が積極的に自分たちの意向をカウンセリング業務に反映させることは難しいようです。

㈥　危機介入とボランティア

地域臨床の仕事が最も効果を発揮する領域の一つが、危機介入だといわれています（コーチン Korchin、1976）。神戸の震災にあたって、多くの臨床心理士が駆けつけて、献身的かつ効果的な仕事をしたことは読者もご存じのとおりです。それによって、臨床心理士という専門家集団のいることが一般の人たちにも大分わかってもらえるようになった、といわれています。しかしこれらの活動は、主にボランティアとして行われたものです。災害時のボランティア活動の大切さは言うまでもありません。しかし当時、関西学院大学のボランティア団体が、「われわれは被災者の皆さんが自力で立ち上がれるようになるのを助けているのであって、丸ごと抱え込もうとしているのではない」という声明文を発表したことは、あまり知られていないかもしれません。

当たりまえのことかもしれませんが、ボランティア活動でお役に立てるのはごくわずかのことです。自分たちの生活をどのように立て直してゆくかは、すべて被災者の皆さんの責任です。しかし緊急時には、こうしたボランティアの活動が、決定的にものを言うことがあります。その結果、助ける側も助けられる側も、ボランティア活動に過度の期待をかけ、結局相互不信に陥ることがないとはいえません。

震災では多くの医師たちもボランティアとして参加しましたが、それは一時的なものでした。医者自身にも自分の生活があるからです。心理士の場合も同様です。どこまでサービスするか、あるいはできるか、を見極めることが実は専門家としての第一歩かもしれません。善意がなければ心理臨床の仕事はできませんが、善意さえあれば何とかなるというのは、自分たちの提供しているサービスがごくちっぽけなもの——しかし決定的に重要です——であることを忘れた、素人考えといってよいでしょう。

（七）スクールカウンセラー

今まで述べてきたことから、スクールカウンセラーの制度が画期的なものであることが分かると思います。それは臨床心理士が曲がりなりにも社会的に評価されたからです。今まで地域臨床だとか他領域の専門家との協力関係の必要なことを述べてきました。しかし関係の仕方が、個々の思惑を超えた制度の壁に突き当たっていることも再々指摘してきました。社会的評価が低いと、責任のある役割を与えられることが少なく、地域のお役に立つとはいっても下働き程度にとどまりやすいからです。二節（二）で、資本主義社会では、能力ないし仕事の重要性は支払われるお金によって示される、といいました。そして、心理士ないし臨床心理の仕事に対して支払われるお金が、情けないほど低いことを紹介してきました。スクールカウンセリング制度は、まだ制度として定着したものではなく、試験的な調査研究ということになっています。それだけに不確定要素が多く、今後どうなるかは予断を許しません。

しかしこの制度が画期的であるのは、カウンセラーに支払われる金額が、今までの心理士に対するものに比べると飛躍的に大きいことです。しかもそれを、文部省という公的機関が予算化しているところに大きい意味があります。ご存じかどうか知りませんが、スクールカウンセラーには時給として原則的に五、〇〇〇円以上が支払われています。だから一日八時間学校で仕事をすれば、四〇、〇〇〇円になります。毎週のことですから、それで一カ月一六万円になります。現在、週二日行っている人がいますが、それだと月三二万円になります。これだけの支払いを受けて心理臨床の仕事を頼まれることは、今まではほとんどありませんでした。例えば大学院ドクターコース在学中の学生が、一日八時間で二万円ももらえれば喜んで行ったものです。現在でも、それ以下の報酬で病院・クリニックで非常勤で働いている人の数は多いのです。常勤の人の給料を勤務時間で割れば、それよりさらに少なくなります。その効果の現れは、私の知っている病院を経営している精神科医が、「臨床心理士というのは相当なお金を出さないと来ていただけないものなんですねえ」と述懐されたことです。今までは、少しばかりのお金でいくらでも集められる、と思っておられました。何度も言いましたが、臨床心理士が世に認められるために必要なのは、なによりも実績です。心理士がかかわることによって、他領域の専門家が認めざるをえない望ましい変化が患者ないしクライエントに生じること、が一番です。しかし今まで、せっかくの力がありながら、ほとんど評価されない場合が多くありました。極端な場合、一般病院の臨床心理士の評判がよくなると、患者が回ってこなくなるというような、例外的なことさえ起こりました。心療内科の先生が一人いるだけの病院でしたが、小児科とか内科からの紹介はあるのですが、はじめ協力していたはずのその先生は、いっさい患者を回さなくなりました。一緒に受けもっていた患者が、心理士のことを褒め始めたからです。

ただし時給五、〇〇〇円が妥当な額かどうかには問題があります。心理士は貧乏ですから、週一回で月一六万円（一日四時間ならば八万円です）ならば、計算だけでゆくと週五日行けば月八〇万円になり、高額所得者になったような気になります。しかし年にすると九六〇万円に過ぎません。大学卒の都市銀行員は四〇歳を過ぎると軽く一、〇〇〇万円を超えています。だから、中年になってスクールカウンセラーだけの収入でやってゆくのは、かなり厳しいのです。現在、スクールカウンセラーとして頑張っている人たちは、臨床心理士の絶対数が少ないので、比較的若い人たちが多い。支払われるお金は年齢に関係ありませんので、非常勤を重ねて何とか週五日くらいの仕事を確保しながら勉強している人たちにありがたい状況ではあります。

文部省は、スクールカウンセラーには原則として臨床心理士（資格認定協会の認定した）が望ましいとしていますから、そして有資格者はしばしば常勤の職に就いており、週一日でもどこかへ行くことは難しいので、若い人たちが引っ張りだことという事情はあります。しかし私自身は、若いうちにこそ勉強しなければならないと思っていますので、例えば週二日スクールカウンセラーをやれば、最低生活は十二分に保証されるので、残りの時間はもっぱら専門的な勉強に費やして欲しい（実践も含めて、かつ多少費用のかかる研修会に出ることなども入れて）と思っています。従来、免許を取って実践を始めた医師が、心理士に比べてその後の研修その他にずいぶん条件的に恵まれている、という感じが強かったのですが、この制度がどのような形で定着するかはともかく、心理士にとっても、ようやく専門家としての社会的・経済的基盤ができ上がりつつあるのではないかという気がします。臨床心理士の資格がやがて国家認定になるであろう期待も込めて、この道を志した人が、それなりに力を発揮できる状況がやっと生まれてくるのではないか、と考えています。

そして、そのような社会的評価を踏まえてこそ、地域援助活動に臨床心理士が力を発揮できるようになるのではないか、と思います。

文　献

川戸圓（1990）分析家への旅　ユング心理学資料集　山王出版
コーチン Korchin, S.J.（1976）Modern clinical psychology. 村瀬孝雄監訳（1980）現代臨床心理学　弘文堂
氏原寛（1995）カウンセリングはなぜ効くのか　創元社
氏原寛・成田善弘編（1999）カウンセリングと精神療法―心理治療　培風館

第３部　カウンセリング論考
――共感を中心として――

第９章　心理臨床の立場から

一　はじめに

ずいぶん以前のことになりますが、共感的理解か診断的理解かで、わが国の心理臨床家たちが大きく揺り動かされたことがあります。ちょうどロジャーズ Rogers の考えと方法がわが国に導入され始めた頃のことで、彼の診断無用論をどう考えるかが、大きな問題になったのでした。というのは、当時ロジャーズにのめり込んだ人たちの多くが、どういうわけかロールシャッハ・テストになじんでおり、このテストを通して人間を理解しようとすることとクライエントを共感的に理解することとが両立するのかどうか、真剣に考え込まざるをえなかったからです。私個人の印象では、それについて突っ込んだ議論がなされた記憶はありません。今の言葉でいえば、みごとな分裂（splitting）の機制が働いて、うやむやのうちに両方ともが捨てられることがなかったのではないかと思います。しかしそのことが、わが国におけるロジャーズ理解を安易な方向に押し流したのではないか、という気持ちが私にはあります。しかし、ここでこのテーマを取り上げたのは、単なる懐古趣味にふけるためではありません。心理アセスメントを考える場合、この問題を避けて通ることはできない、と思うからです。中途半端なままで棚上げされてきた議論を、改めて考えようとするのはそのためです。

二　ロジャーズ再考

（一）今日と明日の間

私自身は以上の問題について、今まで何度か発言してきました（氏原、1975・1980）。だからこれから述べることは、それらといくらか重なるところがあります。好むと好まざるとにかかわらず、ロジャーズないし来談者中心療法はこれからもわが国のカウンセリング界では重要な位置を占めると思います。その後の私なりの考えの展開を示す意味も込めて、あえてこのテーマを取り上げるゆえんです。

そこでまず診断的理解についてですが、これは西欧の身体医学に基づく発想と思われます。病を厳格な因果関係の中にとらえ、客体としての患者の体に客体としての物理的化学的刺激を加えることによって、苦痛をとることを目ざします。こうしたやり方が最大の効果を発揮したのは前世紀の半ばから今世紀の半ばまで、といわれます。その結果が先進国における感染症の撲滅でした。ところが最近の医学は、その努力の多くを老人医療に向け、不可逆的な老いと死のプロセスに直面してややグロテスクな様相を露わにしているらしいのです（大井、1989）。

というのは、感染症の撲滅は、まだ時が来ていないのに明日のなくなった人々に明日を甦らせるものでした。投薬にしろ手術にしろ入院にしろ、治療は患者に多くの犠牲を強いるものです。しかし今日我慢すれば明日は元気になるという期待が、患者に耐える力を与えました。その意味で医学とは、明日のための科学と言うことができるでしょう。しかし終末期医療の対象は、文字どおり明日のなくなった人たちです。この人たちに明日を甦らせることはもはや不可能です。にもかかわらず〝明日のため〟にという思い込みが、明日のない人たちに一日を生き延びさせるという、ナンセンスな努力につながっています（大井、前掲書）。もちろんそれに対する反省は、ホスピスとかＱＯＬ（quality of life：「生き甲斐」に近い）への関心の高まりとして現れてきています。単に命を長らえることよりも、生の質ないし意味が問われ始めているのです。

意味とか価値はきわめて主観的なものです。客観的には同じ一〇〇万円が、それぞれの状況によってまったく違った意味をもつように。ただし、診断的理解がまったく無価値というのではありません。資格をもった多くの医師や看護師には、助かる人を助けるために、つまり明日のために、大いに働いてもらわねばなりません。そのために客観的な診断的理解は不可欠です。ただし、明日のなくなった人、つまり時の来た人に対して診断的理解に基づく医学は無力です。さりとてそういう人を手をこまねいて見送るだけでは済まされません。とすれば、明日のない今日の意味を探らなければならないのです。おそらくそのとき、共感的理解が大きい役割を果たします。

(二)「いま・ここ」の意味

ロジャーズが診断無用論を唱えたのは、しかしそれとは違った考え方によっています。何よりもロジャーズにとっては、心理学的不適応にどう働きかけるかの問題が重要でした。身体病のことはそれほど頭になかったと思われます。そして有名な彼の三条件が示しているように、カウンセリングにおいては、クライエントと共に感じることが重要であるとし、その際、クライエントについて知ろうとすることは、つまり診断的に理解しようとすることは、共感のプロセスを妨げるとしました。そしてカウンセリングの場における「いま・ここ」の出会いの意味を強調したのです。

これはブーバー Buber（1878-1965）の言う「我と汝」の関係に近いのです。ブーバー自身とは、有名なニューヨークでの論争（ロジャーズ、1957）で結局平行線をたどったのですが、診断的態度をブーバーの言う「我とそれ」関係になぞらえると、共感ということでロジャーズの言おうとしたことが分かりやすいと思います。しかし優れた実践家の常として、彼の書いたものには、必ずしも論理的に首尾一貫しているとはいえない部分があります。当時のわれわれには、ロジャーズの理論を実践的に裏づける、あるいは批判するだけの、経験が欠けていました。そこでロジャーズの言葉を文字どおり額面どおり受け取って、悪戦苦闘していたのだと思います。

ロジャーズは「いま・ここ」の出会いを強調しましたが、考えてみれば、「いま」だけの今だとか「ここ」だけのこなどというものはありません。おそらくロジャーズは、そのことを百も承知の上で言っていたのだと思います。ただ私たちが勝手に今だけの今、ここだけのここ、という言葉に縛られていたのでしょう。かりに二人の人が出会って、物理的には「いま・ここ」を共有したとしても、一方が六〇歳を過ぎており、他方が二〇歳代ならば、「いま」の意味はお互いにまるっきり違います。外国人をわが家に迎えているのならば、お互いの「ここ」の意味が同じとはまず考えられません。

特殊な状況、例えば神戸の大震災の直後、避難場所に集まった人たちは余震におびえ、いかに今を生き延びるかということで、それこそ老いも若きも、金持ちも貧乏人もなく、一つの場、一つの時を共にしていたように思います。死という絶対的なものが現実にその姿を垣間見せるとき、相対的な各人にとっての「いま・ここ」の意味――単純化していえば、明日どれだけ役立つかによって測られる今日の意味です――など、まったく色あせるからなのでしょう。一瞬にしてそこに居合わす全員の明日が消滅するかもしれぬ状況では、文字どおりの「いま・ここ」が共有されやすいのです。人間存在の本来の意味は多分そこにあり、カウンセリングのある局面で、そういう相が露わになることはあるかもしれません。少なくともカウンセラーは、背景にそれのあることを弁えておかねばならないでしょう。しかしそれについては次節で考えます。

実際のカウンセリングでは、クライエントは確かに「いま・ここ」でカウンセラーの前にいるのですが、彼または彼女がどうして「いま」「ここ」にいるのかが分からなければ、彼らの「いま・ここ」の意味を確かめ合うことなどできっこありません。「いま」がクライエントにとっては「いつ」なのか、「ここ」が「どこ」なのかを明らかにしてこそ、

「いま・ここ」でいかにあるべきかを決めることができます。それを決められないからこそ、クライエントはカウンセラーを訪ねてきているのです。

(三) ことばの二重性

しかしここで微妙な問題が生じます。というのは、人間にはある種の状況では大体同じような反応をする傾向があるからです。先に神戸の震災について触れました。当日か翌日だったか、TVで避難所の人たちが、「今いちばん欲しいものは何ですか」とアナウンサーに質問されていました。食べ物か飲み物か毛布かなどと考えながら見ていた私にとって、意外だったのはほとんどの人が、「余震がおさまって欲しい」と答えておられたことです。学校の体育館の、それも被害がなかったわけでない建物ですから、大きな余震が来ればひとたまりもないかもしれないのです。誰しもが、いつ死ぬか分からない状況におられたのでした。だからこそ余震がおさまって、とりあえずは死なずにすむという保証が欲しかったのだと思います。

そこで「いま・ここ」の状況に戻りますと、「いま」が「いつ」か、「ここ」が「どこ」かの確かめは、いわば客観的状況の確認です。それが、明日のために今日いかにあるべきかという方向性を規定します。そういう状況を各自が自分なりに、ということは客観的に、どう受け止めるかが大切です。それがカウンセリングのねらいの一つだといってもよいでしょう。しかしややもすれば、人間とはそういうときにはこんなふうになるものだ、という決めつけが生じます。例えば統合失調症とはこんなものだとか（実際にはそんなに単純に割り切れるものではありません）。母子家庭に育てばこうなりやすいとか。ロジャーズが診断的理解に批判的だったのは、それが以上のような、安易な割り切り方につながりやすいのを恐れてのことだった、と思います。

割り切るということは、客観的、したがって知的に、あえていえば診断的に理解することです。多くの場合それは言語的レベルで行われます。そこには、明確化と同時に単純化の働きがあり、意外に深い洞察につながることがあります。

しかし、そのとき生じている感情的ないし感覚的、要するに全身的なプロセス（ロジャーズならば有機体的プロセスと言うでしょう）を抑え込んでしまう場合があります。ロジャーズが恐れたのはおそらくこの場合です。しかしロジャーズの技法（そういうものがあるとして）にも、同じような二重性があります。

（四）感ずるためには知らねばならない

以上、診断的理解と共感的理解には確かに相反的な関係があります。しかし実は相補的な関係が強いのです。わが国の初期のロジャリアンたちは、おそらくそのことに気づいていませんでした。私自身はそのことを「感ずるためには知らねばならない」と定式化することで何度も説明してきました（氏原、1980）。例えば何の変哲もない柱の古傷が、子どものとき兄弟でした背比べのしるしと〝分かった〟とたん、何ともいえぬ懐かしさがこみ上げてくる、といった場合です。私の好きな「バラはバラでも自分が水をかけたバラは別物だ」という『星の王子さま』（サン・テグジュペリ）の言葉も、感じるための見分けの大切さを示していると思います。知ることが対象との関わりを深め、主観的な感情体験を豊かにするのです。実の親子と思っていたのがそうでないと分かったり、あるいは逆の場合、一つの客観的情報にわれわれの感情がいかに容易に振りまわされるかが分かります。しかし知的な情報だけにしがみつくと、すでに述べたような割り切りが生じます。有機体的プロセスが妨げられ、というより切り捨てられ、生き生きとした感覚やみずみずしい感性が失われます。すべてが「要するに……にすぎない」という、一種のニヒリズムに陥るのです。極端な場合、いわゆる病的幾何学主義にとらえられます。

さきに、わが国の初期のロジャリアン（私もその一人でした）の多くが、妙にロールシャッハ・テストに親近感を抱いていたということを述べましたが、テストを通して得られる情報が、面と向かっているクライエントとの関係をより豊かにすること、つまり診断的理解と共感的理解の相補性、にどこかで気づいていたからではないか、と思います。しかしロジャーズの診断無用論、というより有害説が頭にありますから、相反的だと割り切ろうとしながら、直感的に、あるいは有機体的に、そうではないかもしれないとひそかに感じていた節があります。そうした矛盾に明確に気づくことなく、もし気づいていれば実践的にも理論的にも必死の思いで取り組むべき問題に触れることがなかった、したがってロジャーズを自分たちのものとして理解することが不十分なままに残された、ということです。最近のロジャーズ復興機運（諸富、1997など）が、依然として以上の問題に直面することなしに終わる——その可能性がなきにしもあらずと恐れています——とすれば、初期のロジャリアンの二の舞を踏むことになります。

三　共感——感情レベルと感覚レベル

（一）主観（体）的共感

ロジャーズは、カウンセラーはあたかもクライエントであるかのごとく、クライエントを共感的に理解しなければならない、と述べています（Rogers, 1951）。この「あたかもクライエントのごとく」をどう理解するかが問題でした。当初のロジャリアンたち、少なくとも私は、それをまるでクライエントそのままに、ととらえました。これには後にも述べるように、ある程度無理からぬところがあります。しかしこれも後で説明するように、カウンセラーは自分について理解している以上に、クライエントを理解することができません。その辺の微妙な兼ね合い、前節の言葉でいえば共感的理解と診断的理解の相補性を経験のレベルでどれだけ実感しうるか、そしてそれをいかに伝達可能な形で言語化できるかが、その頃のロジャリアンの課題なのでした。しかし当時のロジャリアンたちには、その課題自体が見えてなかったように思います。それに対する曲がりなりにも私なりの一つの解答が、先に述べた「感じるためには知らねばならぬ」ということだったのです。

これを一言で言うと、もしも私があなたと同じような状況であったなら、たぶんこんなふうに感じると思うのだが、今のあなたの感じとはそういう感じなのか、という問い返しにつながります。これはしかし、「あなたの状況」についてできるだけ詳しい客観的な情報を必要とします。もちろんそこには過去のしがらみも未来への方向性も含まれます。その場合、心理アセスメントの結果も重要な情報源になります。そして、そういう状況の中にカウンセラーがわが身を置いてみる。そこで自ずから内に生じてくる感情のプロセスに身を任す。そこから、今あなたの感じていることはこんな感じなんですね、というある意味で独りよがりの理解が生じるのです。そしてその理解が眼前のクライエントの様子と合わなければ、例えば、こんな悲しい話をしながらどうしてあなたはニコニコ笑えるのですか、といった問い返しが可能になります。タイミングが大切なのですが、ここでは取り上げません。

だからこうした共感的理解は、カウンセラーのまったく主観的な内的プロセスに基づいています。一時流行った「あなたは今こんなお気持ちなんでしょうか」というカウンセラーの確かめに、「いいえ、違います」と返されて途方にくれる必要はまったくありません。クライエントが今どうなのかではなくて、カウンセラー自身がクライエントをどう感じているのかを的確に感じ取ることが大切なのですから。そこで、今のあなたにはそうは思えないかもしれないけれども、いずれ分かりますよ、くらいのことが相当はっきり言えるのです。

(二) いわゆる感情の明確化について

ここで、ロジャーズの言う感情の明確化について考えます。一言で言ってそれは、カウンセラーが関係の中でどれだけ自分の動きに敏感であるか、によって決まります。カウンセリング場面は、カウンセラーとクライエントが二人して作る共通空間です。両者ともがその影響を受けます。お互いが相手によって動かされているからです。自分のその動き(あるいは動かされ方か)に気づくことによって、多かれ少なかれ相手の動きを感じることができます。だから、くどいようですがここで必要なことは、カウンセラーがどれだけ深く自分の動きに気づいているかです。それに応じてクライエントに対応することができ、それによってクライエント自身、共通空間のより深いレベルでの自分の動きに気づき、それが自分自身の今まで気づいていなかった動きに気づかせるのです。

初めの頃の日本のロジャリアンたちは、そして今でもかなりの人たちが、そのことに気づいていなかった、あるいは気づいていないのではないか、と私は思っています。非常に単純化することになりますが、ロジャーズの理論には若干の技法（?）が伴っていました。それが感情の明確化とクライエント発言の繰り返しといわれるものです。私自身振り返ってみて、質問はいけない、自分の意見も言ってはならない、ひたすらクライエントの言うことをおうむ返しに繰り返す――それが私および当時の私たちの誤解であったこと、それとロジャーズの説明がそうした誤解を招きやすかったのは確かです――ということに、なんともいえぬ白々しさを禁じることができませんでした。さりとてどうしてよいかも分からず、長い間途方にくれていたのを覚えています。当時のロジャリアンたちのほとんどが、真剣に実践に携わっている限り、似たような苦しみを味わっていたものと思います。

心理治療のたいていの諸派が、無意識を意識化することによって治療が進む、と考えているようです。ロジャーズは特にそうは言っていませんが、その自己概念に基づく不適応理論には、早くからジェンドリン Gendlin（1926-1966）の指摘していたように、精神分析と共通する抑圧パラダイムが含まれています。そして抑圧されたものがどうして意識化される（彼の場合には自己概念に取り込まれる）かのプロセスを説明するために、潜在知覚とか有機体的プロセスなどの言葉を使います。詳しい議論は省きますが、彼が意識を、かなり明確な部分とずいぶん曖昧な部分からなる場として考えていた、とは言えると思います。それが現象的ないし知覚の場理論です。私自身はそれに基づいて意識の場ということを考えています（氏原，1993）。

簡単にいえば、クライエントが言語化できる意識内容は、意識全体のごく一部だということです。だから、クライエントの言うことをおうむ返しに繰り返すとき、言葉の背景にある言語化以前の情動に、カウンセラーがどれだけ気づいているかが決定的に重要なのです。それが言語レベルにとどまっている限り、それで治療的なプロセスの展開するケースはかなり限られてくるのではないでしょうか。

意識の場における図（フィギュア）の部分は、背景（バックグラウンド）との相互作用があってはじめて明確なものたりえます。例えば私がこうして文字を書き連ねているとき、今書いていることは、背景としての文脈（今までに書いてきたこと、これから書こうとしていることについての言語化以前の意識）、と絶えず照合されています。文脈に合わないという感じは、必ずしも言語的レベルで意識化されているのではありませんが、相当はっきり感じ取ることができます。それは一種の違和感です。例えば内臓諸器官の動きが、異常の生じたときにのみ感じられるように。その場合には、せっかく思いついた言葉も捨てられます。図としての言葉だけが突出して、背景としての文脈に合わないので意味が明確になりません。だから現在のはっきりした（つまり文章化が可能な）意識も、常に背景にある、より豊かなしかし曖昧な部分と相互に作用し続けているわけです。このあたりは、ジェンドリン（1990）のフェルトセンスの概念が役立つと思います。

ロジャーズが感情の明確化という言葉で言おうとしたことは、以上のプロセスを踏まえてのことだと思います。つまりクライエントがある種の言葉で表現しながら十分に伝えきれない、かつ本人にも明確に感じ取れていない、意識の場の背景の感じを、どれだけカウンセラーが明確にとらえうるか否かが大切なのです。以前私たちが戸惑ったのは、その辺のプロセスを体験的にとらえそこなっていたからだと思います。

感情については、もう一つ言っておきたいことがあります。私の定義では、感情とは対象（あるいは経験、このあたりの説明は主客の微妙な関わりについて述べているので、若干同義反復的な言い回しを避けられません）を自分との関わりにおいて受け止めたとき生ずる意識状態です。ロジャーズの言葉を借りれば、有機体的プロセスを自己概念に取り込むときに生じる意識的プロセス、ということになります。したがってそれを、主体性の回復といってもよいでしょう。今まで他人事としてすませてきたものを、自分の責任で引き受けることになるからです。それはしばしば困難な、かつ苦痛を伴う大変な作業です。だからこそカウンセラーの共感がいるのです。

（二）共感——感覚レベル

以上が感情レベルの共感です。そこで次にそれを超えた感覚レベルの共感について述べることにします。日本人は、暑さも寒さも喜びも悲しみも同じように「感じ」てしまうので、感情と感覚を感じ分けることが、ヨーロッパ語を操る人たちよりも下手だと思います。感情と感覚がどう違うのかは、いろいろ言い方があると思いますが、本章では特に、感覚を言語以前の意識的プロセス、ロジャーズの言う有機体的プロセス、したがって定義次第では無意識のプロセスとも呼べると考えています。自我 - 意識 - 言語の微妙な関わりでいえば、感覚のプロセスは感情とは違って、直接には自我と無関係です。しかしそれはどこかでは感じられており、現在の意識にも多かれ少なかれ影響を及ぼしています。本書の第二章で、フロイト Freud（1905）の症例〝ドラ〟について触れましたが、おとなたちの偽りに満ちたやりとりをドラはどこかで見抜いていました。しかしそれが明確にならないままに、神経症の症状として現れたのでしょう。

同じく第二章で触れたように、ラカン派の分析家のドルト Dolt（1984）は、赤ん坊に対する母親の声かけの大切なことを繰り返し強調しています。お腹が減って泣いているときや大きなウンチをしたときなど、「ああ、ああ、お腹がすいてたのね、さあオッパイをあげますよ」「そうら、だんだんお腹がくちくなってきた。ああ、大きなあくび、気持ちいいねえ」とか、「あれ、大きなウンチが出てスッとしたねえ」とか。もちろん一歳までの赤ちゃんに、母親の言う言葉の意味の分かるはずはありません。しかしこの時期の母子には不思議な一体感があります（例えばウィニコット Winnicott（1965）の母性的専心。母親の全身感覚に基づくこうした発言が、赤ん坊に母親のもつ全体的な存在としての感覚を伝えます。それによって赤ん坊の感じている部分的な身体感覚が、全身的なものに凝集されるのです（あるいは取り込まれるといってもよいでしょう）。さらに大切なことは、そのように感じている感覚が、共同社会に十分受け容れられるものであることが、漠としたものでありながらはっきり感じとられることです。それらの感覚が自我感覚の芽生えの基盤になる、とドルトは主張しています。

（四）カウンセリングにおける共通空間

以上の場合の母子関係は、先に述べたカウンセラーとクライエントの作り出す共通空間に近いものです。カウンセラーはクライエントとの間に、お互いに動かし動かされ合う関係を作り上げます（実は、あらゆる人間関係にこの側面があるのですが）。この関係は二人して作ったものですから、あなたでもあれば私でもあり、私でもなければあなたでもない、という微妙な関わりになります。ただしそれを通して、つまり関係の中の己の動きを通して、クライエントの動きを感じとることが可能になることはすでに述べました。この感じは感情レベルというよりは感覚レベルのものです。本能的、衝動的、反射的といってもよいところが多分にあります。この感じは通常あまり意識されることはありません。しいていえば男女が自ずから惹かれ合う、あるいは仔イヌや仔ネコの仕草を見ていて、われ知らず可愛く思う（思わせられる）、そのプロセスです。実際のカウンセリング場面でいえば、初対面のそのときに、クライエントの性、年齢、人品、骨柄《こつがら》にカウンセラーがどれだけ動かされているか、から始まります。

この感じは、まずカウンセラーがカウンセリング場面に違和感を感じること（それに気づくことが大切です）から始まります。そして、とっさのことであるにしろ、それについて思いをめぐらす。そこでカウンセラーの感じることは、この私とこのあなたとの「いま・ここ」のやりとりを通してこそ起こったことで、一人きりではもちろん、他のクライエントとの間でも決して起こらないということです。クライエントからいえば、このカウンセラーとの「いま・ここ」でしか経験できないプロセスです。そのことにどれだけ早くカウンセラーが気づき、それを二人のものとして共有できるかどうかが、この段階でのカウンセリングのもっとも大切なところです。

先にドルトの言葉かけの話を取り上げましたが、カウンセラーはまさしくその場合の母親役をとるのです。その場の断片的な経験、あるいはそこで感じていることが断片的にしか意識されていない、それをカウンセラーが自らの全体的な感性を通して、その場の全身的な感覚経験として凝集させるのです。一種の融合体験が漠とした部分感覚を萌芽的な全体的意識 - 自我感につなぎ、それが世界との一体感、自分がこの世で独りぼっちではないという感覚を育みます。それが言葉を通したやりとりで行われるのです。先に、言語化が有機体的プロセスを妨げる場合のあることを指摘しました。しかしここでは同じ言語化が、バラバラであった感覚レベルのプロセスを一つにまとめ、それを促進することになります。その意味で感覚レベルの意識を自分のもの、つまり感情レベルに高めるのがカウンセリングのねらいの一つだ、と言うことができるでしょう。感覚レベルの共感とは、言葉以前、自我成立以前、感情以前の、いわば本能レベルでの感応現象です。だから必ずしも明確に意識されていないことがほとんどです。しかしどこかで感じられています。すでに述べたように、カウンセラーがクライエントに出会うとき、相手が男性か女性か、老人か子どもか、人品、骨柄、経済的背景などのすべてが、カウンセラーを動かしています。どのクライエントに対しても同じなどということはあり得ません。そういう微妙な己の動きに、カウンセラーがどれだけ敏感でありうるか。それがカウンセリングの成否を左右していることが多いのです。

以上、クライエント理解における共感的理解の大切さについて述べてきました。それが診断的理解と、相反的というよりも相補的に関わっていることも述べたつもりです。考えるところがあって、特にロジャーズの診断無用論をめぐって述べてきました。その際、初期のロジャリアンたちが、ロールシャッハ・テストに対する未練を捨てきれなかったことについても触れました。そこで次節では、それらのことを踏まえながら心理アセスメントが、したがってそこから得られる外的枠組みによる診断的知見が、カウンセリングにどう生かされるのかについて、ロールシャッハ・テストを中心に考えてみたいと思います。

四　ロールシャッハ・テストをめぐって

(一) テスト状況

心理アセスメントには規定度の高いものと低いもの（逆に自由度はそれぞれ低く、あるいは高くなります）とがあります。前者の代表的なものが知能検査で、後者を代表するのが投映法です。規定度が高いとは、課題のもつ枠が狭く、それに対する〝答え〟が限られていることです。自由度が高いとは、枠が広いのでどう答えてもよく、それだけ被験者の内界が投影されやすい、と考えられています。例えば母親と息子らしい人物がいてお互いの表情が曖昧な絵を見せて物語を作ってもらう（それがＴＡＴです）と、二人の人物を母・息子とする物語を作る人が多い。それだけ規定度が高いわけです。その点についてはそれほど自分を出す必要はありません。しかし表情が曖昧ですから、二人の仲を良いとするのか悪いとするのかは、被験者が決めなければなりません。それだけ自由度が高いことになります。その時点での被験者の、母・息子関係にまつわるコンプレックスがその分漏れやすいのです。

ところで状況に応じて反応にはゆれが生じます。心理アセスメントには妥当性と信頼性が必要です。妥当性とはそのテストが測定しようとしているものを本当に測っているのか、ということです。信頼性とは、いつどこでやっても被験者の反応がそれほど変わらない、ということです。知能検査のような客観テストでは、そのことが決定的に重要です。しかし投映法ではそれがかなり曖昧になります。だからそれをできるだけ客観的なものにしたい、という動きが常にありました。ロールシャッハ・テストでいえば、いわゆるサイン・アプローチ、近頃では、わが国に急速に広まりつつあるエクスナー法などが、それに当たります。このことは、以前からテスト状況として問題にされてきたことです。つまりどういう状況でテストされるかによって、反応に相当なゆれの生ずることが以前から知られていたからです。例えば復職判定のため心理アセスメントの行われるとき、誰しも緊張の高まるのを避けられません。ロールシャッハ・テストは、緊張しやすい性格を見分けることができる、とされています。するとテスト結果に現れた緊張が、生まれつきの性格によるのか状況によるものか、判断がかなり微妙になってきます。さらに、検査者が男性で被験者が若い女性の場合、性反応の現れることはめったにありません。もしそれが出たとすれば、被験者の自我機能にある種の障害を考えなければなりません。普通の人のもっている恥じらいないしたしなみに欠けるからです。ロールシャッハ・テストは、被験者が何を見たかによって性格を測るテストです（実はいかに見たか、による判断の方が大切なのですが）が、状況によっては見たものを言わないことがあるわけです。すると見たか見ないかよりも、言うか言わないかが判断の基準になりますから、テストとしての一貫性が若干損なわれることになります。もちろん、検査者、被験者が特別に親しい関係であれば、性反応が少々出たからといって少しもおかしくはありません。

身長や体重を測るのに、検査者・被験者関係が影響を与えることはありません。患者に薬を与える場合、医師であろうと看護師であろうと薬剤師であろうと、誰が手渡しても同じ効果が期待されます（実際には与える人によって微妙な差があるらしい）。心理アセスメントも、いつ誰が施行しても同一被験者なら同じ結果が出なければなりません。しかし投映法の場合、すでに述べたように必ずしもそうならない場合があります。妥当性についても、各研究者の報告はまちまちです。ロールシャッハ・テストは、被験者の内界の投影というよりも検査者の投影だ、と冗談めかして言われるくらいです。アメリカではあまりに主観的にすぎるとして、ロールシャッハ・テストを施行しなくなった病院や大学が増えている、という報告がずいぶん以前からあります（例えば Klopfer, 1954）。先のエクスナー法やコンピュータ化の動きは、このテストにこうした批判に耐えうる客観性をもたらそうとする試みだといえるでしょう。しかし私自身は、こうした動きに懐疑的です。というのは、ロールシャッハの反応を客観的に記号化することは不可能、と考えているからです。ロールシャッハが反応を記号化した（それによって反応を数量的に扱うことが可能になりました）ことが、このテストの臨床的価値を著しく高めたことに疑いはありません。しかし彼のカテゴリーは、反応の分析に当たって少なくともこれだけの観点が必要ということで、記号化によって反応の意味をすべてとらえたわけではないのです（ロールシャッハ Rorschach, 1921）。

（二）傾向法則

例えば陰影反応の出やすいカードと出にくいカードがあります。だから記号化すれば同じ反応でも、どのカードに出たかによって意味が違います。数量化システムは、それらを同じく一と数えるのですから、反応のもつ意味がこぼれてしまいやすい。ましてや出やすいカードに出なくて、出にくいカードに出た陰影反応の意味は、数だけで評価することはとてもできません。さらに、運動反応とするには運動性が弱く、形体反応とすると運動性が落ちこぼれてしまう、といった場合があります。しかもどちらかに記号化しなければなりません。その際こぼれた意味を、どのように解釈（＝アセスメント）に読み込むかがきわめて重要です。それが、数量化処理だけで解釈しきってしまおうとするやり方に賛成しかねる理由です。その意味で特にロールシャッハ・テストに限っていえば、数量化は辻（1997）の言う傾向法則を見ることができればよい、と思っています。傾向法則とは、ある仮説が正しければ数量的に大体こういう方向性（傾向）が見える、ということです。だから細かい数字にはこだわりません。FかFcかで目くじらを立てて騒ぐ必要はないのです（ただし、そうなる前に、記号のもつ解釈的意味、逆にいえば各反応のもつ記号的意味を徹底的に考え抜いておく必要があります）。また辻の言う、事例に則して個々の反応の意味を押さえる訓練が必要です。ただし本章はロールシャッハ・テストについて論ずるところではないので、この問題についてこれ以上立ち入って説明することは省きます。言いたいことは、いわゆる診断的理解に寄与するはずの心理アセスメントには、信頼性・妥当性を超えたところで臨床的有用性をもつものがある、ということです。テスト状況によって客観性が損なわれる、そのことを逆にとっていっそう有用な知見を引き出すことが可能だ、ということです。

(三) ロールシャッハ面接

以上のことを端的に示しているのがロールシャッハ面接（藤岡、1992；藤岡・秋谷、1988）です。これは、テスト結果に基づいて面接するという意味ではありません。検査者と被験者が、いわば治療関係に近い状況でテストを施行するとき、お互いがお互いに影響されぬことはありえません（先の性反応についての説明を思い出してください）。検査者のロールシャッハ・テストに関する経験や知識が増えるほど、主に反応を通して目前の被験者に心が開かれます。それに対して被験者の心も開かれる。そしてこの検査者以外の検査者ならば出ないような反応の出ることがあるのです。私はこの状況を転移、特に逆転移現象になぞらえることができるのではないか、と思っています。当初、逆転移は治療的に望ましくないできるだけ排除されるべきもの、と考えられていました。治療者はできるだけ中立的な、いわば鏡のような存在であることが求められていました。しかし最近の傾向では、治療者は患者の影響にモロに身をさらし、そこに生じる己の内なるプロセスを通してこそ患者をいっそう理解できる、とする考え方が有力です。心理アセスメントにおいても、特にロールシャッハ・テストやＴＡＴのような投映法においては、微妙な問題を含みながら、同じようなことがいえるのではないでしょうか。いわゆる診断的理解が、実は共感的理解を通して得られることがあり、逆に診断的理解があるからこそ、共感的理解が深まる場合があります。臨床の場では、主体と客体がゴッチャになるようなことがあり、それを無理に二つに割り切ろうとすると、かえって現実から離れてしまうという逆説があります。次節にいう見立てとは、そのような主観性と客観性の相反性、相補性の両方に目を向けつつ、カウンセリングの方向性を見定めていこうとする試みです。それをロールシャッハ・テストという代表的な投映法によるアセスメントを通して、見てきたわけです。

五　診断と見立て

（一）共感的診断

診断と見立てには似たような意味とともに微妙な差があります。身体医学では、診断さえ正しければそれに見合う治療法がたいていあり、不治も含めて、見通しが立てやすい。しかしカウンセリングではそうはいきません。確かに精神医学的枠組みがずいぶん役に立つことが多くあります。また、カウンセラーたちはしばしば神経症、時には精神病圏の人たちに会わねばなりません――多くの場合、精神科医との協力が不可欠です――から、その枠組みにかなり通じておく必要があります。しかし精神医学では、仮に統合失調症という診断に間違いないとしても、その人にどう関わればよいか分からないことが少なくありません。診断が即治療につながらないのです。見立てには、治療者（医師、カウンセラーを問わず）の意欲も含めて、もしもこの人に自分が関わるとすれば、どのような角度から切り込み、どのような経過が予想され、予後はどうなるのか、といった見通しが含まれます。その際、とても心理学的なアプローチでは手に負えない、といった判断の入ることもあります。

だからその場合、クライエントが精神病か神経症かという見分けは、それほど重要ではありません。精神病でもカウンセリングの〝効く〟場合があります。神経症だからといってカウンセリングで簡単に治るわけではありません。仮に〝不治〟であっても、そこからカウンセリングの始まる場合のあることは二節で述べました。夢のような話ですが、私自身は、カウンセラー独自の立場に立っての診断基準ができてもよいと思っています。前節までに述べてきた〝共感的理解〟に基づくものです。もちろんそれは精神医学的診断基準とは相補的な関係にあり、多分に重なり合うものでなければなりませんが。かつて心理アセスメントを担当していた心理士が、検査、というより解釈結果が医師の診断と一致するか否かに一喜一憂していた、そういう状況がいつまでも続いてよいはずがありません。お互いの判断に食い違いが生じたときこそ、双方がお互いの考えをいっそう理解し合い、さらには両者を統合する立場が生み出されるかもしれないのですから（藤岡、1970）。以前は、そして現在でも、そこまで自信をもって医師と話し合える心理アセスメントの専門家の数は、決して多くありません。

(二)痩せたソクラテスと幸福な豚

診断とは元来、主に体に関してのものです。基本的には因果論によっています。だから多様な精神症状も、まず何らかの身体因と結びつけて考えられます。薬物、例えば血中のアルコール濃度の多少によって、われわれは大体似たような、しかしふだんとは違う精神状態に導かれます。精神症状にも似たような生理的プロセスが期待されています。かつて梅毒菌が発見されたとき、多くの医師たちは、これで精神病の病原菌を突き止められるのではないかと、意気が上がったといわれています。だから体と心がどこかでつながっているのは確かです。新しい薬で、今まで難治とされたうつ病や重い強迫症状が軽くなった、という話もあります。もちろん薬理学の進歩した結果です。アメリカで評判の多幸薬も、その流れでのことでしょう。わが国で数百万部の売り上げがあったという『脳内革命』も、同じ趣旨に沿ったものです。それについては「幸福な豚」と「痩せたソクラテス」の比喩に基づいて、以前論じたことがあります。快食、快眠、快便の、まったく悩みのない人と、人間はどこから来てどこへ行くのか、などと考えて不眠や食欲不振に陥る人と、どちらが精神的に健康かという問題です。

体に働きかける試みは、どこかに生じた異常を元の状態に戻そうとします。しかし異常とは何かを決めるのは、見かけほど容易なことではありません。必ずしもマイナスに評価できないことがあるからです。例えば異常な才能に恵まれている場合とか。しかしそれで当人が幸せかどうかはわかりません。多くの天才たちが、必ずしも幸せな生活を送っていないことは周知のことです。だから異常にはどこか苦しみとか悩みが伴っていなければなりません。身体医学の場合は、要するに苦しみをなくしてしまえばよいわけです。その原則を精神症状に当てはめれば、先に述べた多幸薬の開発につながります。しかしこれは、まかり間違うと「幸福な豚」の大量生産ということになりかねません。楽をするだけで人間が満足できるとは思えないからです。例えば山登りなど大変な苦労が要ります。時には生命を落とす危険さえあります。その苦労を一つひとつ乗り越えて何事かを成し遂げてゆくとき、はじめて大きな喜びが生じます。定年になって生き甲斐の喪失を嘆く人は少なくありません。しかしボーヴォワール Beauvoir（1970）によれば、そういう人は定年以前からすでに生き甲斐を見失っていたのです。稼ぐことを意味のあることと錯覚していただけのことなのです。しかし苦しい勤めに耐え家族を養っていると感じうることが、一見俗ですが深い人間的な喜びにつながっていた可能性は大きいと、私自身は思っています。

カウンセリングは心に働きかける試みです。ただし心には形がなくて誰も見た人はいないので、そのプロセスを、具体的客観的に誰しもが納得できるように説明することはできません。また、生理的な状態がちょっと変わるだけで心が容易に動かされてしまうのも、アルコールのもつ心理的影響を考えるだけで明らかです。だからいわゆる気分変調を元に戻すために、さまざまな薬物が開発され、それなりの効果を挙げてもきました。ロゴテラピーを開発したオーストリアの精神科医フランクル Frankl でさえ、うつ状態を心理学的働きかけだけで治そうとすることの無謀さを戒めています（フランクル、1947)。

苦しみがあってこその喜びがあるのです。例えば死病を宣告されたある高校生は、あるとき道ばたのタンポポの美しさにふと気がついて息をのみます。それが生命力に溢れているのに打たれたのです。そしてそれに感動して見つめている自分が、同じく生命力に溢れていることを実感します。そしてまさしく今を生きている喜びを味わうのです。余命いくばくもない極限状態でこそ、はじめて体験できることです。心理学的な働きかけとは、ある意味で医学的には絶望状態に陥った人が、それでも残された日々を意味あるものとして生きるのを助ける試みだと思います。二節で述べたQOLとは、医学界がようやくそういった問題に関心をもち始めたしるしなのでしょう。医学は、まだ時の来ていない人に明日を甦らせることができても、時の来た人の老いや死を食い止めることはできません。そこでそのような生をどう全うするのかをも考えに入れ込むのが、本節にいう見立てです。

(三) カウンセリングの意味

見立てとはだから、診断的には絶望的な人に対してさえ、働きかけの可能性を見ようとするものです。もちろん、苦しみや悩みがなくなるに越したことはありません。その限り診断的理解によるところは小さくありません。ここでの診断は必ずしも医学的に限られない、例えば環境的要因などの客観的理解のことも指しています。しかし大切なことは、そういう理解を踏まえた上で、目前のクライエントをどう受け止めるか、ということです。そこにカウンセラーの側の主観性が入り込むし、入り込まねばなりません。単純化していえば、明日のなくなった人たちと会うことにカウンセラーが意味を見いだせるかどうかです。今日、医学的にも社会的にも見放されて、ただ死ぬことを待たれているような人たちがいます。そういう人たちが自分の存在に意味を感じるのは非常に困難です。われわれは、自分に会うことに意味を見出す人に出会うことがなければ、自分の意味を実感することができないのですから。ただし、明日のある人だけを診るという医師が、ホスピスに熱心な医師よりも劣るということはありません。医師の仕事が、本来明日のためのものであることは、すでに述べました。

死をどう考えるかは大変難しいことです。しかし大部分の日本人は脳死にはなじめない、と言われています。親しい人が脳死と判定され、まだ体に温もりがあり心臓も動いているとなると、それを〝死んだ〟とみなすことに抵抗があるのは、日本人の偏見かもしれませんがわかるような気がします。柳田邦男の本（『犠牲』、1995）によれば、家族が見舞いにゆくと、死んだはずの息子さんに生理的な反応が生じたといいます。

親しい人を亡くされたことのある人ならば、息を引きとる前に会えたか会えなかったかに大きい差のあることがお分かりでしょう。すでに意識はなくなっており臨終の一〇分前に着くか五分後に着くかには、客観的に見てこれといった差はありません。しかし当人にしてみれば、せめて息のある間に会えるかどうかは大問題です。ましてや死の直前、目を見交わすようなことがあるとないとでは決定的な差があります。これはその人の独りよがりにしかすぎません。しかしもし死にゆく人が、その時瞬間的にでも意識を吹き返し、その人が来ているのを目にできれば、その人が自分との今生の名残りに込めている意味が分かるのではないでしょうか。先に述べたように、己の存在の意味は他者によって意味を感じとられることによって、はじめて感じられるのです。

意味や価値は主観的なものです。何に生き甲斐を見出すかは各人各様です。ある人にとって無上の喜びをもたらすものが、別の人にはまったく無意味なことがあります。見立てには、この人をクライエントとして引き受けることに意味があるのか、というカウンセラーのもっぱら主観的な吟味が含まれます。カウンセラーの感じる意味が、カウンセリング場面を意味のある共通空間に変え、それがクライエントの失われつつあった意味を取り戻すことがあります。もっとも、あるカウンセラーが会うだけの意味があるとするクライエントに、別のカウンセラーが意味を感じないことはありうる、と思います。だからといってカウンセラーの優劣が決まるわけではありません。もともと日常場面では付き合いたくない人たちに会うことを、あえて職業として選んだのがカウンセラーや精神科医です。自分をも含めてそういう人たちに、ある種の偏りのあることは承知しておかねばなりません（サールズ Searles、1979）。特定のクライエントに対する好意は、おそらく避けられないことです。ただその場合でも、クライエントを好きになるとは、自分を好きになることによってしか果たされないことは、承知しておく必要があります。

以上、本章では診断的理解と共感的理解の相補性について考えてみました。わが国の心理臨床の実践が、ロジャーズの理論と方法の取り入れから始まったことには異論がないと思います。しかし当初問題になった診断的理解と共感的理解の逆説的な関係が十分に吟味されることなく、近年ロジャーズの復興が云々されているような気がします（久能ら、1997）。そしてそれをそのまま受け容れそうな雰囲気があるように思います。しかしロジャーズには、実践を重ねなければ見えてこない面が多々あります。その理論にかなり問題のあることはすでに述べました。これからもロジャーズの理論と方法は、わが国で根強く受け継がれていくように思います。しかし先に述べた逆説を逆説のままにとどめておいたのでは、今後の発展はたぶん望めません。あえて診断的理解か共感的理解かという古い論議を蒸し返したのは、これから心理臨床の専門家として立とうとする若い諸君に、実践的裏づけの薄い理論化は、ひ弱な心理臨床家しか作らないことを言いたかったからです。ロジャーズはもっぱらカウンセリングの実践について発言しているのですが、実はそこに心理アセスメントについて考える際の、もっとも基本的な問題が含まれている、と考えています。

文　献

ボーヴォワール Beauvoir, S.de.（1970）La vieillesse. 朝吹三吉訳（1972）老い（上、下）人文書院

ドルト Dolto, Francoise.（1984）L'image inconsciente du corps. 榎本譲訳（1994）無意識的身体像　言叢社

フランクル Frankl, V.E.（1947）Ein Psychologe erlebt das Konzentrationslager. 霜山徳爾訳（1985）夜と霧—ドイツ強制収容所の体験記録　みすず書房

フロイト Freud, S.（1905）Bruchstck einer Hysterei-Analyse. 細木照敏・飯田眞訳（1969）あるヒステリー分析の断片（フロイト著作集5）二七六〜三六六　人文書院

藤岡喜愛（1970）私信

藤岡喜愛（1992）ロールシャッハ法　氏原他編　心理臨床大事典　五一九〜五二七　培風館

藤岡喜愛・秋谷たつ子編（1988）ロールシャッハ法を学ぶ　金剛出版

ジェンドリン Gendlin, E.T.（1990）The small steps of the therapy process in client-centered. 池見陽・村瀬孝雄訳（1999）セラピープロセスの小さな

一歩　金剛出版
Klopfer, B. & AinsWorth, M.D. 1954 Interpretation: Quantitative Analysis. In Developments in the Rorschach Tecknique, Vol.1 Worldbook, New York.
久能徹他（1977）ロジャーズを読む　岩崎学術出版
諸富祥彦（1997）カール・ロジャーズ入門―自分が〝自分〟になるということ　星雲社
大井玄（1989）叢書　死の文化3　終末期医療―自分の死をとりもどすために　弘文堂
Rogers, C.R.（1951）Client-centered therapy. Houghton Mifflin.
ロジャーズ Rogers, C.R.（1957）Process of counseling and psychotherapy. 伊東博編訳（1966）サイコセラピィの過程　岩崎学術出版社
ロールシャッハ Rorshach, H.（1921）Psychodiagnostik. 鈴木睦夫訳（1998）新・完訳精神診断学　金子書房
サールズ Searles, H.F.（1979）Countertransference and related subjects. 松本雅彦他訳（1991）逆転移1　みすず書房
辻　悟（1997）ロールシャッハ検査法　金子書房
氏原寛（1975）カウンセリングの実際　創元社
氏原寛（1980）カウンセリングの実践　誠信書房
氏原寛（1993）意識の場理論と心理臨床　誠信書房
氏原寛・杉原保史共編（1998）臨床心理学入門――理解と関わりを深める　培風館
ウィニコット Winnicott, D.W.（1965）The maturational processes and the facilitating environment. 牛島定信訳（1977）情緒発達の精神分析理論　岩崎学術出版社
柳田邦男（1995）犠牲（サクリファイス）　文芸春秋

第10章　共感的理解と診断的理解

本章は、いわゆるロジャーズ Rogers 第一世代が、四〇年ほど前にどのようにしてロジャーズに出会い、どのように自分なりの理論と技法を見極めていったかのプロセスを述べている。その後、フロイト Frued やユング Jung の紹介があり、森田療法や内観療法の見直しがあったこともあり、ロジャーズの理論と技法をそれ自体金科玉条とするのではなく、もう少し広く深い立場から位置づけようとする試みでもある。にもかかわらず、当初のロジャーズ一辺倒的な理解、あるいはロジャーズは是か否かといったレベルにとどまった議論がなお力をもっている状況に対して、専門的なカウンセラーであろうとするとき、ロジャーズがどのような形で実践に生かされるかを示したものとしてもかなりユニークな内容ではないかと思う。とくに、日本のロジャリアンについてしばしば見られる〝素人性〟についての言及は、いままで触れられてこなかったことであるだけに、強いインパクトがある、と思いたい。

一　はじめに

(一) ロジャーズ第一世代

昨今、ロジャーズ復興の兆しが見られるという。確かにロジャーズ第一世代ともいうべき当初のロジャリアンたちとは違う、若い世代が改めてロジャーズへの関心を高めてきているようである(久能、1996・997など)。しかし筆者自身の率直な印象を言えば、それらにはロジャーズの実践的な側面への考察が不足しているように見える。ロジャーズの思想的背景とか伝記的な足どりは確かに綿密にたどられている。しかし第一世代のロジャリアンたちが、いわゆる三原則——受容、共感、純粋さの三つである。これをロジャーズの実践を支える三本柱とすることには、若い研究者たちにも異論はないと思う——を金科玉条として実践に取り組んだ経緯については、意外に知られていないのではないか。

多くの第一世代のロジャリアンたちが、その後、多かれ少なかれロジャーズと距離を置くようになった。一方、いっそうロジャーズにのめり込んだ人たちもいる。それらは、自らの実践をより現実的な、つまりクライエントの役に立つものにしようとすれば避けられぬプロセスであったのであろう。

最初のロジャーズ・ブームにあたって見逃すことのできぬことのひとつは、これに巻き込まれた人の多くが素人であったことである(筆者自身がそうであった)。学校の先生、主婦、看護師、企業の人事担当者など。とくにその熱狂をあおった(必ずしも悪い意味ではない)のは友田不二男氏の主宰するカウンセリングワークショップであった。そして、こうしたグループ体験を重ねることで、そのままカウンセリングの実践が可能になる、と思い込んだ人が少なくなかった。クライエントの前でカウンセラーが自分自身になることさえできれば、その程度に応じてクライエントは良くなる、という教説は魅力的であった。専門家になるための特別な訓練なしにだれでもが援助的な仕事ができる、と思えたからである。伊東博氏は、精力的にロジャーズ派の諸論文を翻訳され(『カウンセリング論集一～四』一九六二～一九六五、誠信書房)、実践面での友田氏とあいまって、理論面でのリーダーであった。

問題は、今日でもロジャーズ派を称するカウンセラーの多くが、以上のような傾向をいまだに保ち続けている、と思われることである。もともとロジャーズには、自らの実践を裏づけている主観的体験を伝達可能な言葉に置き換えようとする努力は薄かった、と思う。確かな経験に支えられているだけに、それと彼の哲学と方法が精神分析へのアンチテーゼとして出発している(当時、われわれはそのような事情にまったく疎かった)こともあって、ことさら実践的、ということは主観的、なありようが強調されたのであろう。

そこに、専門家的ありように対する鋭い疑問の含まれていたのは確かなようである。だからわが国において、そのような傾向を展開させた専門家グループの現れたことも異とするに足りない。しかし好むと好まざるとにかかわらず、カウンセリングは専門家の仕事である。一時、そして今日でもときにみられるカウンセリング・マインドの強調は、日常的人間関係と専門的な非日常的人間関係との境界を曖昧にし、カウンセリングを、受容と共感と純粋ささえあればだれにでもできる比較的安易な仕事とする誤解を招くに至った(これについては後節で述べる。筆者がいままでに何度も指摘してきたことである。例えば氏原、1975・1995)。

(二) その問題点

似たような事情はアメリカにおいても生じており、まじめな専門書(啓蒙書?)においてさえ、ある種のクライエントの発言に対するカウンセラーの応答をいくつかの選択肢から選び出し、その正答率によって現在のカウンセラーとしての適性を判定しうるという尺度が示されたり(Porter, 1950)、夏季休暇の一カ月間のプログラム学習的訓練によって、家庭の主婦たちが数年以上の臨床経験を有する大学のカウンセラーたちと同等以上の成果をあげた、という報告が専門誌に発表されたりもした(Patterson, 1969)。後にも述べるように、これらはいずれも主観的体験を客観的にとらえることの難しさ(そしてそれこそが、当初のわが国のロジャリアンたちを悩ませた最大の問題であった)を見落とした、比較的表層的な考え方によっている。それをひとことでいえば、ロジャーズの三原則を野球に例えれば、ヒットを打つのに、ストライクを打つ、バットの芯に当てる、野手のいないところに打つ、というようなもので、そのこと自体は文句なしに正しいのだが、それだけでは具体的にどうすればよいかまったく分からない、という河合（1970）の批判に尽きる。ロジャーズの客観化の方向は、その主観的体験をいっそう深めることによって客観的レベルに達することではなく、もっぱら測定可能な側面に向かったようである（Rogers, 1954）。そこにしか心理学者としての専門性を発揮できなかったのかもしれない。

同じような主観性と客観性の乖離《かいり》は、当時わが国のロジャーズ派の主流と目された人たちにも見られた。不思議なことに、これらの人たちには投映法、とくにロールシャッハやTATに対する好みがあった。それがロジャーズの診断無用論と相容れなかったのである。それらは次節で述べるように、共感的理解か診断的理解か、の形で問題とされた。つまり、何らかの外的な枠組みにより、診断的に理解しようとする姿勢がすでに共感的理解のプロセスを妨げる、ということである。それらを統合しようとする試みがなくはなかった（村瀬、1964；山本、1964など）が、テスト解釈の方法論の域にとどまり、主観（体）的な実践と客観的なクライエント理解との乖離《かいり》を埋めるには至らなかった。そのため彼らもまた、実践は実践として、客観性は心理学的手法を駆使した数量化の方向に赴いたようである。そして依然として投映法への興味を失わなかったのは、ロジャーズの理論の一面性にあきたりぬ思いが、明確に意識化されていなかったとはいえ、直観的にどこかで感じられていたのではないか、と思われる。

私事にわたって恐縮であるが、筆者自身は当時一〇年の高校教員歴の後、教育研究所に移り、カウンセリングの実践を始めたばかりの、先に述べた素人群に属していた。そして主流派にならって投映法に並々ならぬ関心をもち、その方の実習も熱心に行っていた。上述の乖離《かいり》現象は私自身の内にもあり、それをどう解決するかが緊急の課題であった。教育研究所では教育相談係に属しており、毎日訪れてくる多くの子どもたちとその親たちに、見よう見まねの来談者中心療法を行っていたからである（当時、ロジャーズの本だけを手がかりにして、それなりに必死の思いで実践に従事していた経緯は何度か報告している（氏原、1975・1980）。

以下に述べることは、そのころに始まっていまに至る筆者自身の実践と思索に基づいている。

二　感情の明確化とおうむ返し

（一）知覚の場または現象的場

当時のわれわれの努めたことは、ひたすら傾聴することであった。それで、質問に答えてはいけない、自分の意見も言ってはならない、と思い込んでいた。しかし、執拗に質問されてどうしてよいのか分からなくなったり、ここでひとこと言えばうまくゆくのではないか、と思えるクライエントによく出会った。言ってすむことではたぶんなかったであろう。しかし、自分なりに言いたいことが言えず、ずいぶん窮屈な思いをした。技法は、カウンセラーの自然で自由な動きを促すはずのものである。当時のロジャリアンたち、少なくとも筆者は、技法に縛られて自分らしさを出せなくなっていたと思う。いま思えばそれは、感情の明確化をクライエントの言葉をそのまま繰り返すことによって果たそうとしていたからである。ユング（1929）は、告白にはカタルシス効果があり、それだけで良くなるクライエントがかなりいる、と言う。ただし、告白は本人に分かっていることを話すのだから、その内容はもともと意識されているものである。ロジャーズには潜在知覚という概念があり（Rogers, 1951）、言葉で話されることが言葉どおりの意味しかもたない、とは考えていなかったと思う。筆者は、彼および彼に影響を与えたクームズら（Combs & Snygy, 1959）の知覚の場（または現象的場）という考え方に基づいて、意識の場ということを考えている（詳しくは氏原、1993）。これは、あるとき意識されていることは、明確に意識されている図の部分と、曖昧にしか意識されていない背景の部分からなる、という考え方である。しかも背景の部分は、限りなく意識に近い部分から限りなく無意識に近い部分まで重層的な場を形成しており、それらが相互に作用しつつ全体として図と相互作用している、とするものである。心理学的な不適応を意識と無意識の断絶による、ロジャーズによれば有機体的プロセスが自己概念のなかに組み込まれていない、とするのではなく、意識と無意識との連続性を強調し、意識・無意識を静的な構造としてよりも、プロセスとして考えるわけである。その際、ジェンドリン Gendlin（1962）の体験過程の概念が取り込まれている。

この考えに従えば、現在クライエントの話している言葉（図）には万感こもごもの背景がある。ロジャーズが感情の明確化といったのは、この背景と図とをつなぐことであると思う。だから、背景の感じを感じとることなく、単におうむ返しに言葉を返したのでは明確化にほど遠い。背景と図はしばしばスムーズな交流を妨げられる。ジェンドリンの言う、体験過程が「凍りつく」からである（前掲書）。

言葉には二重の働きがある。一つは体験過程の流れをスムーズにする。前章のラカン派の女性分析家ドルト Dolt（1984）の例を思い出していただきたい。まだ言葉のない赤ん坊に対してさえ、母親の言葉かけはきわめて大きな意味をもつ。例えば、「大きなウンチをしてスッとしたねえ」とか、「あらあらお腹がすいてたのねえ。さあオッパイをあげますよ。ほら、だんだんお腹がくちくなってきた。ああ大きなあくび。気持ち良かったねえ。なんだか眠くなってきたみたい」とか。それによって赤ん坊の断片的な感覚体験がより全体的な全身的感覚体験に取り込まれていくのである、つまり赤ん坊の個々の体験が母親の全身的体験に組み込まれ、それが言葉として赤ん坊に返される。ここで言葉の文字どおりの意味が、赤ん坊に理解されているのか否かは問題でない。一種の感応現象で、母親の全体的感覚が音声に集約されて赤ん坊に伝わるのである。しかしあえていえば、これを、感覚レベルの体験を最も広い意味における言葉のレベルに置き換え全体に凝集する試み、といえなくもない。

精神分析治療において、適切なタイミングでなされる適切な解釈にも同様の意味がある。ロジャーズの言葉でいえば、有機体的プロセスを自己概念に取り込むことになろう。ただし、感覚レベルの体験と感情レベルの体験については、後の節でもう少し突っ込んで考える。

ところで言葉かけのもうひとつの働きは、逆に体験過程のプロセスを妨げることである。いわゆる合理化で、例えば、

「商売は商売」として割り切ることである。長年の付き合いによって培われてきた多様な関係が、金銭関係という一面によって切り捨てられる。しかし、言葉とは本来そうした切り捨ての機能をもつ。言語学者のハヤカワ（1969）によれば、一頭の子ウシには、家族の一員、ペット、財産、食料などさまざまな面があり、それぞれの面に応じて分類することができる。「子ウシ」ということがすでにひとつの分類である。しかし、それらの諸側面をすべて合わせたからといって、全体としての「子ウシ」を体験したことにはならない。しかもそれぞれの面は、この子ウシにかかわる人間のそれぞれの面に対応している。ある種の（むしろほとんどの）状況では、一面的に割り切らざるをえないのだが、そのときは相互の全体的なかかわりが多かれ少なかれ犠牲にされている。対象を言葉でとらえる限り、こうした体験の部分化は避けられない。このような言葉による把握を、知的な認識、思考作用、にほぼ等しいと考えてよいと思う。

だからクライエントの語る言葉は、全体的体験という背景を踏まえているものの、多少とも断片化されている。それを再び全体的な背景につながなければならない。この場合重要なのが先に述べたドルトの見解である。そこで物をいっているのは、母親の全身的な感覚であった。そして母親の発する言葉かけは、赤ん坊とのほとんど一体的な感覚を通してそれにつながっている。だからカウンセラーは、クライエントとの同じような一体感覚に基づき、その発する言葉を通してクライエントの全体的感覚を感じとらねばならない。しかしこれについても、後節で論ずる。

（二）共感の意味

前の小節では、断片化された体験を全体的体験に組み込むことに、カウンセリングの意味のあることを述べた。この小節では、それがどのようにして可能になるのかについて考えてみたい。

筆者は感情体験を、対象を自我と結び付けて受け止めるとき生じる意識状態、と定義している（氏原、1993）。従来、ロジャーズをはじめ共感の重要性を強調したカウンセラーは多いが、なぜ重要なのかについて明確な説明を行った人はいなかったのではないか、と思う。筆者自身はそれについて何度か指摘してきた（例えば氏原、1995）。ここで前の小節との関連で、それについて改めて考えておく。そこで自我とは何か、という大きな問題が生じるが、それについては触れない。とりあえずは全体的な自分意識としておく。そうすると先の定義によれば、感情とは自分とのかかわりで対象を受け止めたときの意識、ということになる。筆者がしばしば引用するサン・テグジュペリ（1943）の「バラはバラでも、自分が水をかけたバラは別物だ」とする、あのすぐれて主観的な、ということはひとりよがりの、体験様式である。それは、おのれの認識が同時に他者の認識でもなければならぬとする、客観的な体験様式としばしば相容れない。

ロジャーズの共感的理解を実践的、ということは経験的、に理解するにあたって、われわれのつまずきのもととなったのがこの主観性と客観性の問題であった。ロジャーズはこれを、あたかもクライエントその人のごとく、と述べているのだが、共感的理解を主観的なものと割り切ってよいものかどうか、が分からなかった。「いま・ここ」のクライエントが感じ経験しているままに理解しなければならぬ、という気持ちが強かったからである。それが不可能であることについては、いままでにたびたび論じた（氏原、1975ほか）のでここで繰り返すことはしない。ただカウンセラーがしばしばクライエントよりもクライエントを理解していることがありうるので、それについて少し述べておく（なお、ロジャーズ自身は感情の明確化とかおうむ返しについて述べたとき、本章で問題にしていることは直観的に分かっていた、と思う。筆者が筆者なりに経験と思索を重ね、改めて思い当たったのがそのことである。そこでロジャーズ復興の気運のごときものを感じ、それだけ期待するものが大きく、いささか落胆の思いを禁じえなかったことはすでに述べた）。

いまのところ私の理解している共感的理解とは、すでに本書の中で述べてきたように、「もしも私があなたと同じ状況だったら、たぶんこんなふうに感じると思うのだけれども、いまあなたが感じているというのは、そういうことか」、あるいは「そんなとき、もし私ならば（つまり、人間というものは、という意味である）こんなふうに感じると思うのだけれども、あなたはそのとき、そうは感じなかったのか」といった、カウンセラーの実感に基づく問い返しに示される態度である。「……のようなお気持ちでしょうか」とクライエントの言葉どおり問い返し、「いいえ、違います」と返され、「それじゃ、こんなお気持ちでしょうか」と言い直し、「いいえ、違います」とまたやられ、途方にくれたのとはまるで違う。そんなクライエントに対しては、「いまのあなたにはまだ分からぬことかもしれないが、実は私の言っているとおりなんですよ」と、相当な確信をもって答えうるのである。多くの場合、これは、少なくともクライエントより深い人間知に基づいている。カウンセラーの場合は、たいてい心理学的なものであるが、それにとどまるわけではない。例えば現代のわが国の五〇代の女性が夫に離婚を求めるとすれば、どのような場合に起こりやすいのかとか、離婚が成立した場合、夫婦のそれぞれがどのような状態に陥りやすいかなどの情報が、眼前のクライエントへの共感的理解に役立つのである。これは、先の意識の場理論に基づけば、クライエントにとって背景の部分に沈み込んでいるプロセスを、カウンセラーが感じとっていることを意味している。

クライエントが言葉で表明していることは、いわば意識の表層部分であり、多かれ少なかれ知性化ないし合理化によって、背景の感じが切り捨てられている。それをカウンセラーが読み取り、現に話されている言葉に重ね合わせるのである。そして答えとしてはおうむ返しになることがあっても、背景の部分が含み込まれていると、それはもはや〝平板な〟繰り返しを超えたものとなる。「いま・ここ」に部分的な言葉による把握を超えた奥行きと広がりが加わるのである。

それが結果的に、〝数量的に〟いえば、一人称や現在形の増加につながる。つまり、話題が「いま・ここ」の「私」を中心に展開するようになる。これは、感覚レベルの意識が言語レベルの意識につながって、部分的な経験が全体的なものに広がるからである。前述のように、自我について本章では自分意識くらいにしておく。したがって、ここでも立ち入って論ずる気持ちはない。しかしそれが意識の中心（必ずしも意識の場における図ではない）でありながら、意識の場全体に拡散してもいる。だから意識の場の背景にあって、多かれ少なかれつねに現在の意識（図）を左右している（例えば見当識）ことは指摘しておきたい。

さて本章の定義によれば、感情とは主体が客体を主体とのかかわりにおいてとらえたときに生ずる意識状態（主客の問題について考える場合、若干の同義反復的表現をとらざるをえないことをご了承いただきたい）である。それに対して感覚レベルの意識は、しばしば身体プロセスにつながり、必ずしも自分意識とはつながっていない（暑さ寒さは客観的な意識であり、喜びや悲しみは主観（体）的、つまり感情的である）。意識の場における感覚レベルの意識は、だからたいていは漠然とした感じにとどまっている。もし抑圧理論を受け入れるならば、抑圧された心的内容もまた、意識の場では背景にあって感覚レベルの意識とほとんど区別できない。カウンセリングはそれらを明確な言語レベルの意識に取り戻そうとする。しかし抑圧の主体は自我だから（これもまた同義反復的表現になる）、それを明確にしようとすれば、抑圧されていたものを自分意識とのかかわりで受け止めざるをえなくなる。つまり感情レベルで意識化せざるをえないのである。精神分析でよくいわれる感情を伴わぬ洞察は洞察と呼べない、ということである。

以上述べてきたように、感情レベルで意識するとは、対象を主体として受け止めることなのである。つまり、感情機能の回復とは、主体性の回復にほかならない。さまざまなカウンセリングの諸派が、ほとんど無条件に共感の重要性を取り上げているのは、それによってクライエントの感情機能、つまり主体性がよみがえるからである。つまりカウンセリングでは、感覚→感情→言語（思考）レベルへの意識の展開が目ざされる。その際、感覚的なものの感情的なものへの移行が最も重要であり、そこでカウンセラーによる共感的理解が大切になる。しかもそれは、しばしば考えられるような、そして後に取り上げるような感応現象的なレベルだけでなく、むしろ知的な理解が物をいうことが多い。例えば、このパイプは父親の形見だとか、この絵は初孫の作品だとか、知的に分かることが自然な感情の生起を促す。同様にクライエントの客観的な状況について認識が深まると、「いま・ここ」の様子をそれと重ねることで、クライエントの気づいていない内的プロセスへの共感能力がいっそう高まることがある。ただし、ある種の認識が一種のレッテル貼りに終わるならば、言葉に経験のプロセスを妨げる働きがあるのと同様、カウンセラー - クライエント関係は凍りついたものになりやすい。

（二）共感的理解と診断的理解

以上のようなことが、共感的理解か診断的理解かに対する、現時点での私なりの解答である。それを一言で言えば、「感ずるためには知らねばならない」ということになる。当初、感ずることと知ることとは、どうしても相入れぬ二つの心的機能としか思えなかった。ロジャーズの説明にも、そのように思わせるところが多分にある。感ずることは確かに「いま・ここ」のプロセスである。しかし知ることは、「いま」が「いつ」か、「ここ」が「どこ」か、を明らかにすることにほかならない。それだけ「いま・ここ」のプロセスを客観化、間接化するところがある。しかし心には、そうした一見矛盾する働きが実は同時に働いている。だからこそ葛藤や緊張があり、それがダイナミックな活動を促す。

例えば、ユング（Jung, 1971）は感情機能と思考機能とをお互いに対立するものとし、どちらかが優勢な人は他方が十分働いていない、とした。そこから彼独特の類型論が展開されるのであるが、同時に心の相補性の強調されているところが微妙である。つまり意識的に感情機能優位の人は、無意識的には思考機能が優位なのである。ユングの立場では、心とは意識、無意識を含んだ全体であるから、感情機能が優位だからといって、心全体が感情優位、思考劣位ということにはならない。ユングの類型論は意識的態度および機能に関するものなのだが、無意識がそれらを補償しているので、実際の心の動きを考える際には、きわめて複雑な相互作用を視野に入れておく必要がある。そこから私の「意識の場」の発想が生じている。

ユングについてもうひとつ言っておくと、彼の類型論では、感情機能がその対立する思考機能とともに判断機能に属している（それが感覚機能、直観機能と異なるところである）。それは喜びにしろ悲しみにしろ、反射的というよりは何らかの判断の結果であることを意味している。感覚機能、直観機能が即座的・直接的であるのに対して、継時的・間接的なのである。しかし思考的判断機能とは異なっている。というのは、感情とは対象を主体とのかかわりにおいて受け止めたとき、おのずから生じる意識状態だからである。それだけ主観的であることはすでに述べた。思考機能はそれに対して、対象を主体から切り離して認識（判断）する働きである。それだけ客観的なのである。ただしいずれも、すでに主客の分離しているところは共通している。感覚機能、直観機能には、主客の分離というより融合的なニュアンスが強い。

「感ずるためには、知らねばならない」というのは、この感情的判断に近い。したがってその際、クライエントの置かれている状況についての情報が不可欠である。そしてその状況のなかにわが身を置いてみる。そこでおのずから生ずる感情プロセスに基づいて、クライエントの「いま・ここ」の感情に共感するのである。だからロジャーズの言葉をもじっていえば、「あたかもカウンセラー自身のごとく」クライエントを共感的に理解するのである。ここに、対象関係論のいう投影的同一視のメカニズムを見ることができる。ただし、ここにはもうひとつ重要なプロセスがあずかっている。それが感覚レベルの共感である。しかしそれについては次の小節で考える。

(四)共感‐感覚レベル

われわれがクライエントに会うとき、〝クライエント〟にではなく、特定の〝この〟クライエントに会っている。だからくり返し述べたようにクライエントが男性か女性か、老人か子どもかなどによって受けるインパクトはそれぞれ違っている。例えば魅力的な若い女性のクライエントならば、男性のカウンセラーは多かれ少なかれ性的に惹かれる。これは生理的‐感覚的レベルの反応である（第二章）。仔ネコや仔イヌのしぐさや表情を見て、われ知らずかわいく思う（思わせられる）のと、同じメカニズムが働いている。私はそれを「種の衝動」としてとらえている（氏原、1995）。カウンセラーはそうした自らの動きについて、できるだけ敏感でなければならない。それこそがまさしく「いま・ここ」の直接的な経験だからである。そこがすでに述べた多少とも間接的な感情体験と異なる。もちろん種の衝動は私の言う「個の状況」（前掲書）を通して充足されるべきものだから、いつもいつも「いま・ここ」の衝動に従って行動してよいわけでは決してない。

感覚レベルの体験は、原則的には自我がかかわっていないから、自他の分化が不十分である。獲物をむさぼり食う動物には、食う主体としての自分も、食われる客体としての獲物も、おそらく意識されていない。それは両者を含み込んだ一種の融合体験であろう。獲物を食うことを通して、動物はそれによってしか開けてこない自らの可能性を生きている。それはユングが石の上に座り、座っている自分が自分なのか、座られている石が自分なのか、沈思したという五歳時の体験に通じている。カウンセリング場面においては、カウンセラーもクライエントも、この人に出会うことによってしか体験できぬおのれの未知の部分をはじめて生きるところがある。

これをユング（Jung, 1929）の言うカウンセリングにおける変容体験と呼ぶことができよう。変わるのはクライエントだけではない。カウンセリング場面とは、カウンセラー、クライエントが二人して作る共通空間なのである。二人が作り出し、二人ともがそれによって動かされる。まさにお互いがお互いを犯し合う状況（村本、1974）である。あなたでもなければ私でもなく、私でもあればあなたでもある。だから私の心的プロセスには、あなたの心的プロセスが取り込まれ、あなたもまた同様である。そこでカウンセラーが自らの心的プロセスに敏感になることによって、そこに含まれるクライエントの内的プロセスを実感することがある程度可能になる。

例えば面接が行き詰まり、クライエントが黙りこんでカウンセラーの方が何か責められているような気分になったとき、「何かいま、私はあなたの期待に十分応えられてないような気がする。それはひょっとするとあなたが、とても応えられないほどの過大な、例えば魔術的治癒を私に期待しているからではないか」、あるいは「私はそのために無力感ないし罪悪感を感じている。それはあなたが私に対して不満ないし攻撃的な気持ちをもっているからではないか」。さらには「あなたはそういうふうに、日常の対人関係でも自分の攻撃性をあらわに示すことがなく、しかしそれはどこかで相手に感じられて、今の私と同じような無力感や罪悪感を感じさせているのではなかろうか」などと言うことができる。

あるいは喘息の傾向のあるクライエントが激しくせき込んだとき、たまたま発作が起こったと割り切ると、「いま・ここ」のお互いのありようを確かめる機会を失うことがある。先に述べたように、カウンセリング場面は二人して作る共通空間であるから、そこで起こったことはすべて「いま・ここ」でこの「私」と「あなた」との間に生じたことである。喘息傾向の人は、カウンセリング場面以外の場所でせき込むこともあろうが、またせき込まない場合もあるのである。それが「いま・ここ」で起こった。そのことの意味を考えなければならない。いつもの発作と片づけたとたん、その状況は客体化され、それに対する責任をカウンセラーは免れるが、同時に二人の間の生き生きした関係は崩れるのである。あるいは先の過大な期待に戻れば、「ひょっとしたら私の方が、あなたにそんな期待をもたすような万能的なカウンセラーをきどっていたのだろうか」などといえるかもしれない。遅刻してきたクライエントに対し、カウンセラーの感じる見捨てられ感や裏切られ感から、クライエントの敵意に気づくこともある。いろいろ挙げられるクライエントの弁解に納得してしまうと、カウンセラーとしてのつらい体験に気づくこともなく、クライエントの陰微な攻撃性が触れられぬままに終わる。ロジャーズの「いま・ここ」の強調は、彼の言う共感的理解が、こうした感覚レベルの共感をも含んでいたことを思わせる。しかし文献とワークショップ体験だけを手がかりに実践に臨んでいた当時のわれわれに、それらのことは思いもよらぬことであった。

三　カウンセリング・マインド

最後に結びに代えて、カウンセリング・マインドについて少し述べておきたい。これが現在も色濃く残っている〝ロジャリアン〟たちの素人性と深くかかわっている、と考えるからである。

カウンセリング・マインドとは、カウンセラーのような態度で接すればあらゆる人間関係が成長的なものになる、という一種の哲学である。そこではロジャーズの言う受容、共感、純粋さが強調される。だから、来談者中心療法のあり方に親近感をもちロジャリアンを標榜する人たちによって、今日でも云々されることが多い。しかしこの考えは、日常的な良き人間関係のもつ非特異的な性質を取り上げており、カウンセリング関係のもつ特異的な性格についてはあまり関心を払っていない。また、前節に述べた種の衝動と個の状況ということでいえば、個々の状況を通し現れる種の衝動の諸相、についての理解に乏しい。

以前にも論じたことがあるのだが、例えば「仲が良い」ということを考えた場合、それが、温かい、元気づけられる、いつまでも一緒にいたい、といったことではだれしもに即座に理解できる現象でありながら、個々の状況、例えば親子、兄弟、夫婦、友人などの間では、その性格は微妙に異なる。だから夫婦のように仲の良い親子というのは、どこか常識になじまない。仲の良い友人関係は仲の良い家族関係と比べると、概して水臭い。この水臭さへの弁《わきま》えがないと、せっかくの友人関係が長続きしない。カウンセリング・マインドとは、だからあらゆる人間関係に多かれ少なかれ適用はできても、それだけで現実の人間関係を規定したことにはならないのである。そのような非特異的な性質を特異的な状況を通して具体化するのが、個々の人間関係だからである。しばしばそこには葛藤が生じ、その統合のプロセスがダイナミックな心的プロセスを形成することはすでに述べた。

したがってカウンセリング・マインドを云々するだけでは、カウンセリング関係の特質を明らかにすることにはならない。逆にいえば、専門家としてのカウンセラーのあり方を厳密に吟味する必要がなくなる。したがって、横町のご隠居の世間知に満ちた忠告も、引退した人事係の関係調整も、カウンセラーの仕事と見分けがつかなくなる。こうしてだれでもそこそこの人生経験と温かみさえあれば直ちに有能なカウンセラーになれる、という錯覚が生じる。現に今日各地にみられるカウンセリング・スクールないしカウンセリングの通信教育は、だれでもが比較的短期間の講習に出ることで一人前のカウンセラーになれることをうたっている。かつて一カ月の講習で、大学のカウンセラーに劣らぬ力をつけた素人が多く現れたという、アメリカの事情についてはすでに紹介した。

さらに重大なことは、現在、日本臨床心理士認定協会による臨床心理士の資格の問題である。やがてこれが国家認定の資格になることが予想されているからである。その場合、二つのことが何らかの形で解決されねばならない。一つは名称独占の問題である。これは、医師という称号を医師の免状をもたぬ者が唱えてはいけない、ということである。現在の臨床心理士が将来どんな名称になるかはともかく、その資格の認められない者がこの名称を自らに冠することは、法律的に禁止される。もう一つは業務独占である。それは臨床心理士の仕事が法的に定められ、その業務には臨床心理士以外の者が携わってはならない、とするものである。その際、臨床心理士の仕事は臨床心理士以外のだれにもできない、しかもクライエントには役立つものでなければならない。

いたずらにカウンセリング・マインドを唱えているだけでは、カウンセラー以外の人たちに、カウンセリングが独自の専門的な仕事である理由を説明することができない。第八章でも述べたように、臨床心理士の資格が大きな問題になってきたのは、カウンセリングに従事する人たちが、その労多い仕事のわりに、経済的・社会的地位があまりに低いのを改善しようとする狙いがあるからである。これまでの章で触れているのであらためて説明することはしないけれども、カウンセリングが職業として成り立つためには、それに従事する人の自尊心がそこそこに守られるだけの待遇が要る。臨床心理士の資格試験の受験資格が、大学院修士卒以上となっているのは、そのためである。現在のカウンセリングに従っている人が低い待遇に甘んじているのは、それだけ社会的評価が低いからである。それはカウンセラー自身が自らの仕事を専門的な独自のものとして、カウンセラー以外の人に納得してもらうことができなかったからである。非特異的なカウンセリング・マインドが強調されてきたことが、その傾向に拍車をかけてきたことは否めない。

四　おわりに

以上、ロジャーズ派の理論と実践を統合しようとして、第一世代のロジャリアンたちがいかに苦闘してきたかを述べてきた。そして現在、ロジャーズから距離をとるにしろとらぬにしろ、一応納得した形でそれぞれが実践に取り組んでいる、と思いたい。こうしたプロセスについての反省なしにロジャーズ復興を唱えても、おそらく実りある結果につながることはない。筆者自身は、幾多の紆余曲折《うよきょくせつ》を経ながら、自分のなかにロジャーズの影響が意外に大きく残っていることに驚いている。個人的な経験に基づくものであるにせよ、当時の一般的な流れがそこに含まれている。改めてロジャーズに取り組もうとする人に、何がしか参考になれば幸いである。

文献

Combs. A.W. & Snygg, D.（1959）Individual Behavior. Harper & Row.

ドルト Dolto, Francoise.（1984）L'image inconsciente du corps.　榎本譲訳（1994）無意識的身体像1、2　言叢社

Gendline, E.F.（1962）Personality change. In Worchel, P. & Byrn, D.（Eds.）Personality change. Jhon Wiley.

ハヤカワ・S Ｉ（1969）Language in thought and action.　大久保忠利（1985）思考と行動における言語　岩波書店

伊藤博訳（1962-1965）カウンセリング論集一 - 四　誠信書房

Jung, C.G.（1929）Die Problem der modernen Psychotherapie GW16, 57-81, Walter.

Jung, C.G.（1971）Psychological types. Princeton Univ. Press, CW Ⅵ.

ユング Jung, C.G.（1965）Erinnerungen, Träume, Gedanken.　河合隼雄他訳（1973）ユング自伝1、2　みすず書房

河合隼雄（1970）日本における心理療法の発展とロジャーズ理論の意義　教育と医学　一八（一）　二～一六

久能徹（1996）ロジャーズとロジェーリアン　日本カウンセリングセンター

久能徹他（1997）ロジャーズを読む　岩崎学術出版社

村本詔司（1974）ある視線恐怖症の生きざま――秘密論的考察『臨床心理事例研究Ⅰ』　京都大学心理教育相談室

村瀬孝雄（1964）カウンセリングと投影法――いわゆる心理テストの新しい活用法の試み『カウンセリングの展望』　誠信書房

Patterson, C.H.（1969）What is counseling psychology. In Journal of Counseling psychology, Vol. 16, No. 1, 20-29.

Porter, Jr.E.H.（1950）An introduction to therapeutic counseling. Houghton Mifflin.

Rogers, C.R.（1951）Client centerd therapy. Houghton Mifflin.

Rogers, C.R.（Ed.）（1954）Psychotherapy and personality change.Univ. Chicago Press.

サン＝テクジュペリ Saint-Exupery, A（1943）Le petit prince.　内藤濯訳（1962）星の王子さま　岩波書店

氏原寛（1975）カウンセリングの実際　創元社

氏原寛（1980）カウンセリングの実践　誠信書房

氏原寛（1993）意識の場理論と心理臨床　誠信書房

氏原寛（1995）カウンセリングはなぜ効くのか　誠信書房

山本和郎（1964）診断的理解と治療的理解の本質的相違と両者の関係について―TAT〝かかわり〟分析の出発点　心理学評論　八　一八八～二〇五

第11章　告白、解明、教育、変容

共感と解釈をめぐって

本章では、ユング Jung の小さな論文に触発されて著者の考えたことが示されている。とくに共感を感情レベルのものと感覚レベルのものに分けている所に特色がある。もちろん厳密に分けられるものではない。しかし感覚レベルを言語以前の共感とすることによって、定義次第では無意識レベルといってよいカウンセラー - クライエントの相互作用の言語化 - 意識化を示唆している。当然それは、いわゆる転移・逆転移のプロセスを視野に入れたものである。一方感情レベルの共感とは意外に知的な理解が背景にある。従来から共感としてとらえられていたものに近い。共感には感情的融合的側面と認知的分離的側面があり、それらが不即不離の分かちがたい全体として経験されている。それらを考える上で、ユングの枠組みではあるが、カウンセリングの局面を四つに分けて考えようとする本章の立場は、それがそのまま共感ないし解釈についての四つの層ないし領域と考えることができるかもしれない。

本論の表題はユングの小さな論文（1929）によっている。彼は心理治療のプロセスを四つの局面に分けた。段階的にそうなるのではなく、同時並行的、時には逆行的にも生じるが、そうした過程の螺旋《らせん》的展開に参画することを治療者の役割、と考えていたようである。本論ではその枠組にそって考察を進めてゆく。しかしこれについては以前多少考えたことがあり（氏原、1995）、できるだけ重複を避けつつ、新しく思いついたことを織りこんでゆきたい。

一　告白

（一）カタルシス

ユングはこの局面をカトリックの懺悔《ベケンネン》になぞらえている。単純化して言えば、話すだけでことがすむのである。懺悔がどのように行なわれた、または行なわれているのか、筆者はまったく知らない。ただ司祭はひたすら聴くために耳を傾けたのであろう。そこにいささかの共感は要ったにしろ、解釈など入りこむ余地はなかったのではないか。たとえばロジャーズ Rogers（1951）が、カウンセリングにおける傾聴の大切さを論じているように。もちろん話し話される（＝聞く）以上、両者の間に何らかの人間関係がある。本論はその関係について考えようとするものであるが、比較的〝浅い〟関係でも、いわゆるカタルシス効果の生ずることは少なくない、と思う。

たとえば「王さまの耳はロバの耳」という寓話がある。王宮に王の散髪に呼ばれた理髪師が、髪を切るうちに現われたロバの耳に仰天し、しかも他人に洩らすと命がないと言われ、寝こんでしまう話である。結局柳の木に語ることによって安心できた。あるいは、出典を思い出せず申し訳ないのだが、第一次大戦に従軍したイギリス人の兵士が、重傷で間もなく死ぬことを覚悟した時、戦友にぜひ聞いてほしいと頼んだ話がある。それは、パブリックスクール時のラグビー試合で、自分が確かにトライしたのに審判が見逃しドロップゴールと判定され、結局試合に負けた話である。今まで誰にも明かさなかったことであるが、死ぬ前にぜひ誰かに聞いてほしかった、というのである。

キュブラー‐ロス Kübler-Ross（1975）にも似たような話がある。彼女が臨死患者とのインタビューを始めた最初の患者は、一六歳の白血病の患者であった。ロスの、「こんな若さで間もなく死なねばならないと知った時、どんな気持がしましたか」という質問に対して、少女は「それこそが訊いて欲しいと願っているのに、誰も訊いてくれなかった質問です」と言い、時の至る前に死なねばならぬ無念さを語ったのである。死に瀕している者に対して、生き残る者が死について語るのはタブーである。患者の方も、生き残る者への思いからあえて言わない。そのために死に直面しているその時に、なお儀礼的な関係しか持てていない場合が多いらしい。

フロイトFreudにしてもユングにしても、その自己分析の最も苦しい過程にあった時、フリースFliesとトニ・ヴォルフToni Wolffという聞き手がいた。これを投映のためのスクリーンとのみ言い切ることができるかどうか。確かにフロイトのフリースに対するその後の評価は、そういう面がなかったとはいえないことを示しているが。

（二）共感

ところで共感といえば、わが国ではロジャーズの考え方が出発点となっている。ただし、精神医学者の間でのロジャーズの評価はあまり高くないようである（丸田俊彦がロジャーズについてコフート派の立場から文章を書くように依頼され、今までまったく読んでいなかったので、ストロロウStolorowに電話で確かめたことを書いている）。私自身は、ロジャーズたちの言う現象的場（Rogers, 1959；Combs & Snygg, 1959）は、たとえば精神分析の英国派のいう内的対象の世界と多く重なる部分をもつ、と考えている。それはともかく、すぐれた臨床家の場合、確実な経験を踏まえているだけに、理論的説明に整合性を欠くことが少なくない。それだけ逆説が多くなる。ロジャーズの場合にもそれがあり、彼の言葉をそのまま鵜呑みにすると、臨床経験に合わぬことが数多く現われる。それらについては年来指摘し続けてきた（氏原、1980・1993）。共感についていえば、それがすぐれた主観的なプロセスであり、人間がそもそも客観的に他人を理解することなどありえない、というものである。

先に傾聴することの意味について述べたが、傾聴するためにはある程度の理解が必要である。しかしこの理解がすぐれて主観的ないし主体的なのである。河合（1986）の挙げる、目前で恋人の死にあった若者が、なぜ彼女は死んだのかと問いかけるのに、出血多量です、と答えるのは客観的には正しくとも、まるで答えになっていない。答える側が問う方の体験を自分のものとする、つまり自分の体験として受けとめえた時、その程度に応じてまともに答えられるのである。それは、もしも私があなたと同じ状況であったなら多分こんな気持になると思うけれども、今あなたの感じていることがまさにそれと考えてもよいのか、という問い返しにつながる。一時、わが国のロジェリァンたちが努めていた、クライエントの「いま、ここ」の体験をありのままに――ということは客観的に――感じとること、ではないのである。

かといってロジャーズの言う感情の明確化、クライエントの発言をおうむ返しにくり返すことが、決して無意味というわけではない。私自身は意識の場ということを考えている。心を意識と無意識の領域に截然と分けて、意識の領域をできるだけ広げることが心理治療の狙いである、とすることに疑問をもつからである。そこで、意識・無意識を一つの連続体とし、さまざまなレベルの意識が全体として纏まった場を形作っている、と考える。要素主義的に対するゲシュタルト的発想と考えてもよい。ただし、フロイトやユングが意識・無意識をはっきり分けていたとは考えにくい。どこからを意識・無意識とするかは定義の問題であろう。リズムとかメロディは、前の音があってこそできあがる。かといって今の音よりも前の音の方に注意がいくと、全体の纏まりは潰れる。だから図としての明確な今の音と、背景として曖昧な今までの音とが一つになって、あるメロディが体験されている。曖昧な部分を明確にしようとすれば、しばしば全体をぶち壊すことになりかねない。

そこでロジャーズの感情の明確化に戻れば、われわれが言葉で何かを表現する場合、言葉のさし示すものは多く明快であるが、その背景には万感の思いが渦巻いている。そしてクライエントが、多かれ少なかれそれに気づいていないことがある（後にドラの症例についてこの問題をとり上げる）。その気づいていない部分に気づかせる、のがロジャーズの言うカウンセリングの狙いであろう。それは先にも述べた、カウンセラーがクライエントの言葉によって触発されたおのれの内的プロセスに思いをこらし、それを踏まえて言葉を返すことによって達せられる。もちろんカウンセラーは、クライエントの言葉だけに動かされているのではないが、面接の場は多く言葉を媒介として進む。結局カウンセラーがおのれの意識の場にどれだけ敏感であるかが、クライエントの意識の場の背景部分への感度をまし、しばしばクライエントの感じてはいるが気づいていないプロセスに気づかせることができる。これがロジャーズの言う感情の明確化である。以前のわれわれは、言葉をそのまま返すことで感情の明確化になると誤解していた可能性が強い。

(三) 秘密

秘密には二つの面のあることが知られている（土居、1961)。一つは秘密をもつことによってわれわれは他人と距離を置くことができる。実際、何を秘密にするかによってその人との関係が決まる。だから友だちは皆知っている秘密を、家族が知らないことがある。また、実家の秘密を婚家にも子どもたちにさえ、もちろん友だちには洩らさぬ場合もある。信頼しあっているからといって、何もかも打ち明けるのではない。ある意味で秘密をもつことが、相手からの自立、個としての立場を形作る。

もう一つは、秘密をもつことで他者との距離を保つことが、他者との関係を疎外することである。誰にも言えぬ秘密をもつことは、したがって誰とも疎外された関係しか持てないことを意味する。こちらが疎外しているとはいっても、結果的には共人間社会から疎外されているのである。共同社会は仲間社会であり、そこで独りだけの秘密をもつことは許されない。あえて秘密をもつことは、仲間社会の安全を脅かす〝穢れ〟となりうる。仲間に対して秘密をもつことは、多かれ少なかれタブーなのである。そこで秘密を打ち明ける、つまり分けもってもらうことの意味が大きくなる。というのは、一人でも秘密を分つ人がおれば、穢れが浄められるからである。ただしこれについては後に触れる。ここでは秘密が仲間の一人にでも受け入れられれば、もはや秘密ではなくなること、したがってタブーを犯していることにはならないこと、を述べておきたい。だからこそわれわれは、秘密を何人かの人にまくばって、自分一人の秘密を作らないようにしている。しかし時にどうにもならぬ秘密を背負いこむことがある。この時、現実レベルでほとんど関係のないカウンセラーに打ち明けることが、クライエントにとって大きな救いになることがある。おそらく懺悔にもそういう意味がある。もっとも、たった独りの秘密を保つことが、耐え難い現実に対する唯一の拠り所になることもある。ユングは子ども時代物指しに一つの像を彫り、屋根裏の誰も知らぬ場所に匿していた。傷ついた時ひそかにそれを見ることで心を癒したらしい（ヤッフェ、1972）。

ところでユングが、前述の小論（1929）の告白の部分で論じていることのほとんどは、実は秘密についてである。告白には大抵秘密がつき纏う。だからこそ傾聴された時、それが癒しの効果をもつのである。ここで大切なのが聞かされる側の態度である。たとえばある女性は、三〇歳になってはじめて幼児期のレイプ体験を母親に告げることができた。しかし母親は、「あんた、そんな下らないことにこだわっていたの」と言って笑った。それでその女性は自死された。おそらくレイプされたことの意味について、この女性は散々思いあぐねてきたと思う。そしてついに母親に打ち明ける気になった。同じ女性として、母親には自分の思いに通じる経験がある、と信じてのことである。それが裏切られた。今までの疎外感が何倍にもなってはね返って来たのであろう。

モーパッサン Maupassant の「女の一生」に、新婚旅行中、泉の傍で新妻に霊感が閃めいて、夫に口移しに水を飲ませる場面がある。この時夫がそれを拒否すればどういうことになるか。「やめてくれ。汚いよ」とでも言われれば、霊感も何もあったものではない。ある意味で穢れた口移しの水を飲んで、自分も相手と共に穢れる覚悟がなければ、この水は飲めない。その時新妻の穢れは浄められる。同時に夫の穢れも浄められ、それが逆に至高の体験に逆転する。

ある学校カウンセラーの所へ、高一の女の子が相談に来た。中学時代知りあいの大学生グループとドライヴに行き友人共どもレイプされたというのである。その時カウンセラー（女性）は、「あなたは身も心も汚れていません」と言って励ました。しかし少女はそれでしばらく来談しなくなった。すでに述べたように、秘密を持つことはタブーを犯すことである。その穢れは浄められねばならない。しかしそれは、おのれの穢れをそのまま受け容れられる相手を必要とする。共同社会に共存在として生きてゆくための不可欠の条件である。しかしこのカウンセラーは逃げた。共に穢れる決意なしに〝善意〟で答えようとすれば、模範解答の域を出ることはない。もしもこの少女の言わんとしていることを本当に理解しようとすれば、このカウンセラーは今までの全生涯を踏まえて、レイプとは何なのか、あるいは性の意味について、真剣に考えねばならない。ひょっとしたらこの少女は、年長で同性のこのカウンセラーに性の伝授を求めてきた可能性がある。そしておのれの〝穢れ〟（少女自身の言葉である）を浄めようとしたのではないか。今日多くの文明社会においても、多かれ少なかれ性は穢れたものとみなされている。しかし考えてみれば、性とは単なる生理的営みにすぎないのではないか。にもかかわらずこの少女には〝穢れた〟感じがあった。一体それはどこから来るのか。

以上、カウンセリングにおいて告白の占める役割について述べてきた。それがただ話すだけのことでないことはお分かりいただけたか、と思う。あるいは単に聞いてもらうだけでかなり安心できることも述べた。しかしユングは、これだけでは不十分な患者がいるという。秘密にはいろいろあるけれども、ここでとり上げられているのは、ほとんどが意識的なものである。常時それが意識されることはないにしても、いつでも思い出すことができる。それではなく、かすかに感じられ、かつクライエントの全生活領域に何がしかの影響を与えながら、それと分かっていないもの、つまり無意識を解明する必要がある。そしてそのためには、フロイトの解明的方法が必要になる、と言うのである。

二　解　明

（一）思考機能

解明《エルクレールンク》という言葉には、かなり能動的なニュアンスがある。主体が客体としての無意識を掘り出す、というような。精神分析家の与える解釈がクライエントに同化され洞察に結実する、といったような。ユング自身、初期にそのような治療を行ない、それなりの成果を挙げている。言語連想検査によって患者のコンプレックスをつき止め、再三それをクライエントに告げ、時には「逃げてはいけない」として直面するよう強要してもいる（ユング、1983）。だから、そういうやり方が役に立つクライエントもいるのである。これは、告白だけで済むクライエントが大勢いることと変わらない。

これらは思考機能を介して感情機能を動かそうとする試みである。そういうことは、もちろん日常場面にも数多くある。たとえば、父親の形見の何か、自分の子どもの絵など、そうと分かってはじめて生じてくる感情のプロセスがある。知らなければ何でもないただの品物である。だから、そうした知的情報が感情経験をすっかり変えることはありうる。あるいはドルト Dolto（1994）が言うように、子どもにとって不可能な感覚体験をおとなが共同社会の言葉で納得させることが、病理的な子どもを癒すのに大きな意味がある。彼女はラカン派の、主に児童を扱う分析家であるが、無意識的身体像ということから、感覚レベルの体験をいかに感情レベルにつなぐか、ということで言葉の作用を重視している。その際、まだ言葉の分からぬ乳幼児に対してさえ言葉かけの重要性を主張し、その際の母親（大抵の場合）の様子から、子どもたちは言われていることを全身感覚的に理解する、と述べている。言葉のやりとりを、単なる知的コミュニケーションとは把えていないのである。

しかし再三再四の解明が、必ずしも望ましい結果につながるとはいえないと思う。時に強力な暗示効果を伴い、一時症状の消えることはあるかもしれないが、たとえば河合（1971）の引用する中村古峡の場合のように、より強力な暗示を余儀なくされるだけのことかもしれない。ユングの場合も、性愛コンプレックスの存在をくり返し指摘したにもかかわらず、さしたる変化の生じない女性患者がいた（ユング、1983）。

解明という言葉もそうだが、介入するとか解釈するというのは、クライエントの内的プロセスにカウンセラーが干渉するような印象をうける。カウンセラーが全知でクライエントはまったくの無知であるかのような。つまり、クライエントのあるべき姿はカウンセラーによってあらかじめ定められ、クライエントがどれだけ従順にそれに従うかに治療の成否がかかっている。従わない場合は、抵抗とか抑圧とかが云々される。だから、クライエントがクライエント自身になることは許されていないかに見える。成長パラダイム、適応パラダイム（Maslow, 1962）でいえば、もっぱら適応が目ざされているようである。したがって治療は、まともな発達段階からのズレをいかに修復するか、にかかっているような感じがする。人間は単に現実に適応する以上に、おのれの可能性を生きる存在であることが忘れられているのである。

ここでヒントになるのが、前に述べたドルトの方法である。一言でいえば、感覚を感情に結びつける試みといえる。解明は、ややもすれば感情抜きに感覚を知性化する。それで間に合う段階、あるいはとりあえず満足できる人もあろう。しかしそれだけではやはり不十分なのである。次の小節ではそこで、感情と感覚について述べる。

（二）感情機能

対象を自分との関わりでうけとめる時生ずる意識状態、というのが私の感情の定義である。だから客体として同じものが、その場との関わりに応じて各人に異なった意味をもつ。先に述べた、何の変哲もないガラクタが父の形見と分かったり、親子と思っていたのが違った、あるいは逆の場合、生じる意識のプロセスが感情なのである。これらについては再々論じた（たとえば氏原、1993）ので詳しくは述べない。ただ、カウンセリングの各派が共感の重要性を説くわりに、なぜそれが重要なのかについて余り触れていないので、これも以前に論じたことがある（氏原、1995）が、少し述べておく。

それは、カウンセラーの感性によってクライエントの感情機能を甦らせることである。ということは、クライエントが自分との関わりで対象を経験するよう促すこと、に他ならない。いつぞやの日本箱庭療法学会での発表に、四、五歳時母親が眼前でレイプされ、思春期に発症したアメリカ人のケースがあった。少女は、あれは母親に起こったことであって、私には関係ない、という態度を頑なにとり続けていた。それが崩れて記憶が甦り、テーブルの下で「助けて」と声を立てずに叫んでいた自分を思い出す。母親が父親以外の男に犯されることはタブーである。たとえ被害者であっても、すでに穢れたからである。しかし、それを目撃した幼い娘も同時に穢れた。母親の問題などといって済ましておれるものではなかったのである。

この穢れはどのようにして浄められるのか。理想的には母親が、おのれの穢された思いを娘に告白することであろう。

聞き手として他ならない娘を選ぶのである。そして娘が母親を語り手として選び返す（穢れの共有＝犠牲）。同時におのれの穢れの聞き手として母親を選び、母親が娘を語り手として選び返す、つまり娘の聞き手となって穢れを共にする。実際にそれがどうであったのかは審《つまび》らかでないが、カウンセラーとの間に似たようなプロセスの生じたのは確かなようである。

この場合、記憶は確かに抑圧されていた。しかしその体験はコンプレックスとして娘の心の底にとどまり、生活の全域にさまざまな影響を及ぼしていた。娘からすれば、漠とした感じはあるものの、その意味を把えかねていたわけである。次の小節に述べるフロイトの症例ドラも、おそらく似たような状況にあったのではないか。これは感情というよりは感覚レベルの意識である。それが現実の対象に投影されることはしばしばありうる。オナニーに対する罪悪感から、自分は人を穢す、場合によっては死に至らしめる、という強迫観念にとらえられていたユングの患者のように、である。

あるクライエントは両親の一方が外国人であった。しかし思春期になってもそれが明かされることはなかった。親戚を訪ねてさえそういう形跡はすべて隠されていたからである。何かがあるという感じが、現実的に確かめられない時、人は自分自身をおかしいと感じ始めるのではないか。だから、わが家にはお前にまだ伝えていない大きな秘密がある、今はその時ではないが、高校に入ったら、あるいは成人式を終えた時、うち明ける、という親の一言がこの子を安心させた。何か不可解な状況の中に閉じこめられ、何が何だか分からなくなっていたからである。今は分からぬにしても秘密のあることが秘密でなくなった時、漠とした感覚レベルの感じが感情レベルで把えられる。これこそドルトが、子どもたちの成長の途次、しばしば感じる身体プロセスの変化（感覚レベル）について、おとなが納得できる形で説明してやることの大切さを論じたところであろう。

ジェームズ・ランゲ説というのがある。悲しいから泣くのではなく泣くから悲しいという、あの学説である。ロジャーズには有機体的プロセスという考え方がある（1951）。経験しているものが自己概念に合うか合わないかで、意識されたりされなかったりする。しかし有機体としてはすでに感じる、つまり知覚してはいるのである。しかしそれを自分との関わりで意味づけることがなされていない。したがって感情レベルで意識することができない。しかし有機体的プロセスは刺激に対して反応しているから、さまざまな身体的反応は生じている。なぜか涙が出るという告白は、面接の場でわりに聞かれることである。おそらくは生理的感覚レベルの反応が、感情をとび越して突出しているのである。

いずれにしろ感情機能が甦るためには、まずその基盤としての感覚レベルの体験が要る。ジェンドリンの言うフェルトセンス（1982）の範疇に入れてもよい。実際の所はよく分からないが、精神分析で、解釈は感情のレベルに達しなければならない、知的洞察だけでは望ましい変化は生じない、といわれるのも同じことなのであろう。そこでそれらについて考えるために、いままでの各章でも触れてきた、フロイトの症例ドラについて、やや詳細にとりあげることにする。

(三) ドラの症例

ドラ（フロイト、1905）についてはマホーニイ教授の来日もあり、わが国の精神分析学会であらためて論議を呼んだ（マホーニィ Mahony、1997）ようである。そしてフロイトの分析が必ずしも満足のゆくものではなかったこと、それについてわが国でも早くから気づいている人たちがいたこと、などが述べられている。しかしフロイト自身、これを「夢判断」の続編であるとし、いわゆる転移・逆転移現象に十分気づいていなかったにしろ、意外な中断さえなければ成功していたろう、というのだから、ここでとられた方法を必ずしも誤りとは思っていなかった節がある。また、問題をあげつらうという形をとるにしろ、再々この症例がとり上げられる（カンザー Kanzer 他、1980；クリーグ Krieg・グッドウィン Goodwin、1973）のは、これがおよそ精神分析に関わる人たちの心をとらえて放さぬ所があるからであろう。これをもって代表的なフロイトの分析例とは考えられぬにしろ、やはり彼の治療に対する基本的態度を示している、とはいえるのではないか。そこで、この症例についてあらためて考えることで、さらに論点を明確にできれば、と思っている。

ドラがフロイトの分析を受けたのは一八歳の時という。父の依頼によるものであった。この父が、保養先で同時に来ていた友人Aの夫人と恋人関係になる。その代りに、A氏がドラを物にしてもよい、という暗黙の取引が成立していたらしい。物にするといういい方は露骨であるが、A氏が家庭教師を誘惑する時（後に捨てた）に使った同じせりふを使っていること（ドラはそれに対して憤慨している）から、彼が本気でドラと結婚する気だったとは思えない。そしてドラが一四歳の時に強引に唇を奪う。なおドラの初潮は当時のウィーンの娘たちと同じく一六歳時だから、初潮以前の段階でこうしたなかばレイプに近い経験が生じたのである。もちろん初潮以前だからといって性愛コンプレックスがないとはいえない。ドラの第二の夢でフロイトが分析しているように、分厚い本は百科事典であろうし、思春期前後の少年少女がそういう本を見るのは、性的好奇心を満足させるためとほぼ考えてよい。しかしドラは、その時A氏に平手打ちをくわせ、自身は嘔吐しているのである。

私が驚いたのは、この嘔吐をフロイトがフェラチオ願望と読み解いてゆく所である。第一の火事の夢から子ども時代の夜尿を推測してゆく、同じ論理がここでも使用されている。これが多分フロイト流の解釈なのであろう。そうして、そのような解釈の背景には多分に共感的なものがあったのであろう。そしてその共感は、深い人間理解と長年の臨床経験からくる〝知識〟に負う所が大きかったに違いない。抱きしめられ、衣服を通してのものであるにしろ身体接触が伴えば、多かれ少なかれメスとしての反応が生じる。しかし、それが〝愛〟と呼ばれるのにふさわしい状態になるためには、なおいくつかのプロセスが要る。だから、そこをすっ飛ばして性的昂奮すなわち愛情欲求と見るのは性急にすぎるのではないか。

ここで先述のタブー論に戻れば、性はタブーであり穢れである。その穢れが穢れにならなくなる所に〝愛〟の秘密がある。泉のほとりの「女の一生」の主人公を思い出してほしい。性的に昂奮するとめったやたらにフェラチオ願望が生ずるというのでは、すべてが生物学的本能に還元され、人間としてのありようが見失われてしまう。同じことが（たとえばフェラチオ）特定のこの人との場合には至福の体験となり、別の人との場合には洗っても落ちることのない穢れ（そこが汚れと違う）として刻印される。先述のアメリカ人のケースでも、レイプは穢れである。性に関する場合〝愛〟が入りこむと、それは特定のこの人との秘められた営みになる。フロイトの解釈にはその観点が完全に欠落している。事実を説明するのにより単純な枠組で説明できるのならば、それは複雑な枠組より優れているという論理に従えば、一四歳のドラの直観が、A氏の暴行の後の嘔吐をひき起こしたのである。

一九歳の女子学生が初体験の際に嘔吐した例がある。相手は〝恋人〟であった。一種の〝ねばならぬ〟体験であったらしい。それを体が示したのである。この時の女子学生の心理は、思考的にも感情的にも感覚的にも複合したものである。おそらくその中心にタブー——穢れの感覚がある。それを一つひとつ特定の人間関係の中で解きほぐしてゆくにつれて、同じ体験が喜びと安らぎを伴うものになる。浄めの過程が進むからである。それが愛の熟するプロセスに他ならない。単に性的に惹かれあうのでは、動物たちのオス・メスが惹かれあうのと変わらない。

ここで大切なことは、感覚レベルのものをいかに感情レベルにひき上げるか、である。感情とはすでに述べたように、対象を主体との関わりにおいて意識するプロセスである。そのためには感覚体験そのものが生起している必要がある。おそらく精神分析にいう転移・逆転移は、分析家と被分析者が、二人の間に生じる生《な》まの人間関係を踏まえてのやりとりなのであろう。全身的にお互いが動かされ感じあっているそのプロセスについて、今あなたの感じていることは、小さい頃お父さんについて感じていたことのくり返しではないのか、といった解釈が与えられるのであろうか。関係の熟していない段階で、そういう紋切り型の解釈を与えてもほとんど効果はないのではないか。

そして共感についても、特定のこのクライエントの場合にしか生じない内的プロセスが触発されて一種の融合体験が生じ、それを基にしてのクライエント理解が生じるのだと思う。つまり外的枠組によるクライエント理解（それはそれで重要である）にとどまらず、カウンセラー自身がおのれの内的プロセスに問いかけ、そうした自己理解に基づいたクライエント理解が必要なことと思われる。フロイトの方法は、少なくともドラの場合、もっぱら知的な理解を促すのに急であり、感情レベルでそこそこ納得させるための手続きがおろそかにされているような気がしてならない。

まだある。当時ドラの置かれていた状況は、一四歳の少女には多分把握できないものである。父が友人の妻と不倫関係にあり、それを前提に両親が娘の誘惑されるのをA氏に暗黙に認める、しかもA氏の妻や子どもと自分は親しくつきあっている、といったことは、少なくとも現代の日本社会ではあまり考えられないのではないか。当時のウィーンの雰囲気がどうであったのかは知らないのだが、わりに簡単に性関係が持たれていたらしい形跡はある（たとえばフロイトの症例ねずみ男）。しかもフロイトがA氏およびその友人とも知り合いだったとすれば、少女は、自分だけが知らない秘密にとり巻かれ、先に述べた片親が外国人である中学生と同じく、極めて不安定な状態にあったものと思われる。こうした面でも、フロイトの注意がゆき届いていたとは必ずしも思えない。

以上ドラの症例について、感覚的なものを知的に理解する場合、何よりも感情レベルの体験が必要であり、フロイトの方法は、感覚から一挙に思考に赴こうとするもので、三カ月での中断はやむをえなかったのではないか、と考えられることを述べた。先のユングの患者が、連想検査によって性愛コンプレックスのあることを知らされながら、治療的には成功しなかったように、である。

三　教　育

（一）クライエントの愛着感情

ここでユングは、アドラー的な方法が役に立つ、と述べている。一節では比較的意識的レベルのやりとりが中心であり、二節では無意識の解明が必要とされた。解明という言葉に、やや強引な、無理にでもほじくり出すという印象のあることはすでに述べた。いわゆる解釈についての疑問がそうさせているのかもしれない。しかし教育の段階では、かなり指示的な要素の入りこむことが避けがたい。一般論として、クライエントは対人関係のもち方が不得手である。だから他人との距離を測りがたい。一節で述べた秘密に関していえば、洩らすべからざる秘密を誰彼なしにばらまく。しかし相手を誤るとその結果は致命的である。母親に笑われて自殺した女性のように。そこで貝のように心を閉ざし、誰とも関わりをもとうとしなくなることがある。

解明の段階で、多かれ少なかれ今まで無意識であったものを意識化させられ、いやおうなしのおのれの姿に直面した時、クライエントのとる方法は、カウンセリングを中断するか、カウンセラーにすっかり依存するかである。多く見捨てられ体験、裏切られ体験を重ねてきているクライエントは、カウンセラーの中に絶対に見捨てず裏切らない人を見ようとする。それが過去、現在を問わず、現実の誰彼との経験と結びつくと、カウンセラーが父親のように、または恋人のように見えてくる。おそらくこれが転移である。ここで転移解釈が行なわれる（と私は想像する）。それが本節にいう教育的機能に他ならない。

つまり解明段階で、感情機能が多少とも回復してくると、クライエントは自分の感情を見境なくカウンセラーに向けてくる。ここで現実場面では、愛着感情をそれぞれの人と分け持たねばならぬこと、を教えねばならない。以前、種の衝動についてかなりつっこんで書いたことがある（本書第一二章）。その際、自然な本能的衝動を生かすことがなければ人間は生気を失うこと、しかしその具体化は個々の状況を通してこそ実現されるべきであって、個人的な枠を離れると方向喪失感に陥りやすいこと、を述べた。

この個人的な枠を、大雑把にいって社会的役割とすれば分かりやすい。つまり特定の愛着感情は社会的役割を通して満たされる。親子の情愛と夫婦の情愛とは異なる。家族に対する気持は、友人に対する気持とは基本的に違っている。人間が社会生活を営む以上、こうした役割関係は避けられない。先のドラの症例に戻れば、恋人とならば未熟とはいえ至福の体験となったものが、誘惑者との場合には一種のレイプ、嘔吐を催させる結果につながるのである。フロイトの言うように、性的昂奮があればそのまま愛着行動だとはとても思えない。感覚的レベルの意識は感情レベルまで高まらねばならないのである。

だからカウンセラーは、自分に向けられた愛着感情を他に向けさせなければならない。しかしここに難しい問題が生じる。つまりそうなるためには、カウンセラー・クライエント両方の中に愛着衝動がまず生じていなければならないからである。これは一種の感覚レベルの体験である。この衝動をカウンセラーとの関係に具体化ないし個別化しようというのが、私の考える転移である。そこにはある種の必然性がある。つまり感覚レベルの感じあいが感情レベルに高まるには、個別化の段階が要るからである。この衝動はいわば一体感願望なのであるが、具体的には恋愛感情その他の個別的感情として意識される。深い感覚レベルの交流にほだされて、クライエントがまずカウンセラーを通して個別化を試みる。そこでカウンセラーは、自分がクライエントの期待する対象ではありえないことを告げねばならない。同時に、クライエントへの愛着感情は感じている必要がある。以前にも論じたように、それは未発の感情である。それが個々の状況に応じて、親子愛、夫婦愛、友情といったものに分化する。それ以前の未分化な状態で、カウンセラーとクライエントの気持は深くつながっていなければならない。カウンセラーがクライエントと同じ次元でクライエントの気持をうけ入れれば、クライエントは分析前のドラのような状態に陥る。一時的な治癒はありえても、それが永続するものでないことをどこかで感じて（感覚レベル）いるからである。カウンセラーとクライエントとの関係は、所詮一時的な人工の、それだけに専門的な関係である。日常レベルでいえば水臭い契約関係に属する。カウンセリング関係が、種のレベルでは深いのだが、個のレベルでは極めて浅いものであることを弁《わきま》えておく必要がある。

（二）集合的意識

それともう一つ厄介な問題がある。ユングがフロイトの個人的無意識に対して集合的無意識を唱えたのは、周知のことである。その際彼は集合的意識についても述べている。つまり特定の集団が全体として受け容れている共通の意識である。しかし、これが必ずしも意識的とは限らぬことがある。たとえば男らしさとか女らしさについて。時代と共に、あるいは地域により、それらが多様な姿をとっていることは、たとえばM・ミード Mead（1961）などの研究によって明らかにされている。いわゆるフェミニスト運動ですら、既成の、つまりアメリカ社会における男性観、女性観を背景に生まれてきた（フリーダン Friedan、1963）。ユングのとり上げた性愛コンプレックスの女性の、オナニーによって穢れたという感覚も、当時（あるいは現代においても）の時代精神と無関係ではない。集合的意識は、集団内では自明のことであり、意識する必要のほとんどない、集団コンプレックスといってよい面がある。

集合的コンプレックスからクライエントが解放される場合には、カウンセラーが同じコンプレックスを十分意識的に経験しておく必要がある。おそらく、カウンセラーが理解している以上のことを、クライエントに期待することはできない。伊谷（1961）はアフリカで甲虫の幼虫を歓迎の宴で出された時、皆が食べているのだから毒ではないのを承知しながら、口に入れた瞬間吐き気を覚えた。所属集団で食べ物と同定していないものは、体が受けつけない所がある（先のドラの症例、女子学生の初体験）。だからコンプレックスは、意識したからといってなくなるものでは決してない。伊谷の場合は、彼自身というよりも、日本人全体の食物コンプレックスに基づく反応である。秘密を告白する場合に似て、コンプレックスの共有はクライエントに少なからぬ安らぎと洞察をもたらす。

ユングはさらに、人は、集合的無意識に圧倒されそうになると、集合的意識（彼の言うペルソナとの関係が深い）によって個人的立場を支え、集合的意識によって金縛りになると、集合的無意識から活気を汲み出す、と言う。しかしこれが誰しもになかなか難しいのである。だからカウンセラーがリード（教育）しなければならないことがある。具体的には現実場面の話をとり上げたり、夢を聞いたりすることになる。例をあげる。

中年の男性クライエントである。社会的には成功している。頑固な不眠に苦しんでいた。その人がある時夢を見る。「妻と一緒に屋上で横になっていたら、満天に星が輝いているのが見えた。こんなに沢山の星を見るのは何年ぶりだろう、と感動した。他にも中年のカップルが何人かいた」。そして、自分は初めて夜の世界に入り込めたのではないか、今までは夜の世界にも昼を持ちこもうとし、それが不眠の原因だったのではないか、と言うのである。そして推論ないし思弁と断りながら、誕生直後に父が死に乳幼児時代はいろんな意味で十分養育されなかったのかもしれない、だから欲求不満のままいつも眠りに追いやられていたのではないか。したがって眠ることは欲求満足の放棄であり、いわばいつも泣き寝入りしていたのかもしれない。幸いある程度の才があり、ここまで何とかやってきたけれども、今でも不安に駆られるとしばしば不眠になるのは、そうした乳幼時期体験をくり返しているのかもしれない。しかしこの夢はまさに夜の世界に入りこみ、その美しさに感動している。文字通り夜の世界に包まれて、昼には見えぬその輝きに魅せられているのは、どうやら不眠から解放されるのではなかろうか、ということであった。事実、この人の不眠はその後著しい改善を見せた。

昼の世界を夜の世界にもち込もうとすることが不眠の原因なのかどうか、私には何とも言えない。乳幼児期体験が間歇《かんけつ》的に成人以後顔を出すのかどうかもよく分からない。しかし、こうした発想がカウンセリング場面で生じたことは重要である。カウンセリングは、クライエントがこういうことを経験してゆくのを支えるためにあるのであって、カウンセラーが何かをすることではないように思う、というのがそのクライエントの述懐である。

以上、教育が必ずしも教育だけに限られるのではなく、告白にも解明にも重なることを述べてきた。そこで最後に変容について考える。

四　変　容

(一)　融合体験

大雑把にいえば、われわれの体験はすべて融合体験である。対象との相互作用があってはじめて一つの体験が生じる。飴玉を味わう体験は、刺激としての飴玉、受用器官としての味覚の関数として分析することもできようが、主観的には飴が自分なのか自分が飴なのか分からない、またその必要もない自明の事柄である。もともとは自他未分化の感覚レベルの体験で、知性とも感情とも直接関わることはない。しかし通常はすぐに我に返り、そのことを自分がどう感じたか(つまり飴玉に出会うことによって自分がどう開かれたか)、また、飴玉が自分にどんなインパクトを与えるものか、などの理解=認識が生じる。

いわゆる自我の目ざめとは、思春期頃に発する自我と対象との亀裂に始まる。それまではすべてが自明の現実であった。世界が、いわば我と共にあったのである。それが何らかの契機によって、客体が客体として、自我とは無関係に存在していることに気づく。自我中心の世界が、文字通りコペルニクス的転換をとげるのである。そこで何とか以前の一体感をとり戻そうとする。つかの間、独りであることの淋しさに耐えかね、次の瞬間、他者に飲みこまれる怖れにおののく。カウンセリングの狙いは、こうしたアンビバレンツをクライエントが自分なりにどうバランスをとるようになるか、見守ってゆくことである。ムレを作る動物には、仲間との相互作用が不可欠であるらしい。そしてそれぞれの種に独自の型が決まっている。それが人間同士の関係にも当てはまる。人間はムレを作る動物だからである。不幸にしてこの相互作用が妨げられると、その種の動物は遺伝によって定められた発達の筋道を逸脱してしまうことがある（たとえばハーロー Harlow、1979)。人間にもおそらく、同様のメカニズムがある。つき出した唇に母親の豊かな乳房が応えてくれない、つまり内なる衝動と外なる世界が融合しない、さらにいえば感応能力が通用しない時、乳児は存在の根底を揺さぶられる経験をしているのではないか。もしその状態が許容限界を越えて長く続くならば、重篤な障害の生じることが確かめられている（スピッツ Spitz、1962)。そして融合体験は、乳幼児に限らず、おとなにとっても生涯を通じて必要な感覚体験ではないか、と思われる。

生殖ということを考えても、男女両性は異性との結合を通してはじめて十全の機能を発揮できる。思春期に発する異性への憧れは、われわれがおのれの存在感を一人では満たすことのできぬいわば欠けたる存在、であるしるしである。こうした外の世界に対する感覚レベルの合体欲求が融合体験を志向し、それを本論では種の衝動と呼んでいる。

ところがすでに述べてきたように、そのような衝動は、個々の状況に応じて満たされねばならない。そのためには状況、自分および周囲を客観的に理解する必要がある。そこに前節に述べた教育の役割が生ずるのである。そして、感覚的な衝動を知的な状況理解と結びつける媒介として、感情的プロセスのあることはすでに述べた。共感とは、こうした感情プロセスを理解することによって、クライエントにとって不可解な状況を理解させることであった。もちろんその際、感情だけということはありえない。多かれ少なかれ思考感覚レベルの動きと重なり合う。しかし変容の段階では、おそらく感覚レベルの共感が必要なのである。

それが感情のレベルでなら、「もし私が今のあなたのような状態だったら、多分こんな風に感じると思うのだが、今あなたが感じているのはそんな気持ちなのか」という問いかけを通して可能である（極めて単純化している。詳しくは氏原、1995参照）。しかし感覚レベルでは、「今私はこう感じている……」につきる。クライエントとの関わりを通して、自分の内側に起こってきたことに思いを凝らし、そのプロセスに基づいてクライエントに共感するのである。というより共振れする。それによって今までにない可能性、このクライエントとならではの自己の開示が起こり、カウンセラーの側にも変容が生じるのである。変容の段階では、こうしたクライエントとの融合体験を通してクライエントを理解することになる。それはいわゆる逆転移現象にかなり近い。

(二) 自己治癒力

比較的最近、筆者の信頼している精神分析医に、精神分析の文献に自己治癒という言葉は見当らない、と聞かされて驚いたことがある。私自身は、クライエントの自己治癒力を前提にしなければそもそもカウンセリングなど成り立たない、と考えていたからである。トランスパーソナル心理学派が言うように、フロイトの著作には何百カ所にわたって神経症の記述はあるが、ついに健康について記述されることはなかった（ウィルバー、1985）。精神分析では健康からの逸脱を神経症として把え、それを元の状態に修復することが目ざされており、健康の意味について、たとえば第一節で述べた成長パラダイムによる考察が欠如しているのかもしれない。

何をもって治癒とするのかについては、いろいろな立場がある。しかし万人の認めるところ、とりあえずは症状をとることであろう。あるいはフロイトの言うように、地位と名誉と女性の愛を獲得することだ、と言ってもよい。しかし、晩年のユングを訪れた患者の多くは、中年以降の、地位も名誉も家庭も人並み以上のものを手に入れ、とくにこれといった症状はないのに、毎日が無意味に思われてきた（それが症状ともいえるが）人たちであった。いわゆる現実適応を超えた所に、とくに年を重ねると共に、満たさなければならない空隙が生じてきたかのようである。

私自身は、カウンセリングの目的は、クライエントがその人なりに納得できる生き方を見出すこと、と考えている。その際カウンセラーの役割は、いわば立会人のごときものである。もちろん危機的状況（たとえば入院治療の可否）についての判断は要る。しかしほとんどの場合、クライエントが自分のペースで自己を探ってゆくのを見守る以上のことはしない。比較的最近、ユング派とは何かということで、チューリッヒ学派の重鎮があい次いで意見を述べている（Guggenbühl-Craig, 1996；Frey-Wehrlin, 1993）。ユング派分析家の多様性に触れているのだが、最後は、何もしないことをする、その何もしないこととは何か、といったことに帰着するようである。

ここで前の小節に述べた融合体験が問題になる。これが種々の衝動に基づく感覚レベルの体験であることはすでに述べた。それは、定義次第では無意識のプロセスであり、意識のレベルでは「何もしないことをする」ことになる。ミツバチやシロアリには顕著に見られる、感応機能に基づいている。当然、それは言語レベルでの把握以前の機能である。同じムレに属する以上、好むと好まざるとにかかわらず、個体に仕組まれているメカニズム。オスとメス、老人と若者、老人と子どもといった状況が、瞬間的にそのメカニズムを発動させる。しかしこの衝動の意識されることはほとんどない。せいぜい、キュブラー‐ロスの若くして逝った患者が、「以前から心のどこかで感じていながら、明日のことを思って感じないようにしてきた。しかし自分にとって実は本質なもの。この病気になり明日がなくなってはじめてそれに気づいた。それが他者に対するやさしさである。遅ればせながらもそれに気づいたことで、エイズに感謝したいくらいの気持である」と語った（キュブラー‐ロス、1995）ような場合を除いては、である。

普通これが意識されるのは、個別状況を踏まえた感情プロセスの展開する時である。しかしその前に、未発の可能体としての感覚レベルの親しみあいが要る。それは言葉以前、したがって自他分化以前の個体の感覚である。個体の側からいえば融合体験になる。

おそらくその経験が患者を癒す。だからこの場合、解釈は決して不可欠のものではない。カウンセラーが共にいることこそ大切なのだから。前節で星の夢を見たクライエシトが、「先生は安全弁のような存在で、いないと困るのだが、やるのはすべて私です。先生に言われると安心して安易にその通りにしてしまいそうだが、先生ならどう思うかを考えつつ、自分なりに考えてゆくプロセスが私には必要だと思っています。それがどのように役立っているのかどうかはよく分からないけれども」と言った場合がそれに近い。あるいは第一節で共に穢れることの意味について述べたが、クライエントの側からは分かってもらえた、受け容れられている、という雰囲気の域を出ないであろう。ここでクライエントがどういう方向に進むかは、一〇〇パーセント、クライエントの決めることで、カウンセラーが望ましいと思う方向に引っ張ることではない。解釈にはしばしばそんな方向性があるように思える。客観的には望ましくない選択であっても、本人が納得し、それによって周囲も決定的な被害にあうことがなければ、どのように生きるかはすべて当人の問題である。みすみす社会的に転落しかけている患者を、あえてひき止めなかったユングの例（1935）は有名である。もし転移という言葉を使えば、この体験は個人的レベルを越えている。カウンセラーを媒介とする集合的なものへの投映ということになろう。

以上、「現代心理治療の諸問題」（Jung, 1929）をもとに、共感と解釈について考えていることを述べた。

文　献

Combs, S. A. & Snygg, O.（1959）Individual Behavior, Harper & Row.
土居健郎（1961）精神療法と精神分析　金子書房
ドルト Dolto, Fransise.（1984）L'image inconsciente du corps.　榎本譲訳（1994）無意識的身体像　言叢社
フリーダン Friedan, B.（1963）The feminine mystique.　三浦富美子訳（1965）新しい女性の創造　大和書房
フロイト Freud. S.（1905）Bruchstck einer Hysterei-Analyse.　細木照敏・飯田真訳（1969）あるヒステリーの分析の断片　フロイト著作集五　人文書院
Frey-Wehrlin, C.T.（1993）Widerstand und Anpassung Analit. Psychol. 24　288-301
ジェンドリン Gendlin, E.T.（1978）Focusing.　村山正治・村瀬孝雄・都留春夫訳（1982）フォーカシング　福村出版

Guggenbühl-Craig, A.（1996）Es gibt keine Jungianer-oder gibt es sie doch? Vortrag an der Tagung der Schweizerischer Gesellschaft für analytische Psychologie.
ハーロー Harlow, H.F.（1979）The human model.　梶田正巳他訳（1985）ヒューマンモデル　黎明書房
伊谷純一郎（1961）ゴリラとピグミーの森　岩波書店
ヤッフェ Jaffe, A.（編）（1965）Erinnerungen, Träume, Gedanken.　河合隼雄他訳（1972）ユング自伝1、2　みすず書房
Jung, C.G.（1929）Die Probleme der modernen Psychotherapie GW16-57-81 Walter.
ユング Jung, C.G.（1902）Experimentelle Untersuchungen über Assoziationen Gesunder.　高尾浩幸訳（1993）診断学的連想研究　人文書院
ユング Jung, C.G.（1933）Die Beziehungen zwishen dem Ich und dem Unbewußten.　野田悼訳（1983）自我と無意識の関係　人文書院
ユング Jung, C.G.（1935）Analytical psychology　小川捷之訳（1976）分析心理学　みすず書房
カンザー Kanzer, M.他（編）（1980）Freud and His Patients.　ドラの症例　馬場謙一監訳（1995）フロイト症例の再検討　金剛出版　四一〜一四二
河合隼雄（1971）コンプレックス　岩波書店
河合隼雄（1986）心理療法論考　新曜社
クリーグ Krieg, C.G.とグッドウィン Goodwin, J.M.（1993）Rediscovering childhood trauma.　Goodwin, J.M.（編）（1997）市田勝・成田善弘訳『心的外傷の再発見』In「ドラ症候群」　岩崎学術出版　一九一〜二〇八
キュブラー-ロス Kübler-Ross, E.（1975）AIDS：the ultimate challenge.　川口正吉訳（1995）エイズ死ぬ瞬間　読売新聞
マホーニィ Mahony, P.J.　鈴木ありさ・塙美由貴訳（1997）ああ！　可哀相なドラ　みんな彼女の病気を知っていたのに　精神分析研究　四一（二）八五〜一〇〇
マズロー Maslow, A.H.（1962）Toward a psychology of being.　上田吉一訳（1964）完全なる人間　誠信書房
ミード Mead, M.（1949）Male and female.　田中寿美子・加藤秀俊訳（1961）男性と女性　東京創元社
Rogers, C.R.（1951）Client-centered Therapy. Houghton Mifflin.
Rogers, C.R.（1959）Client-centered Therapy, personality and interpersonal relationship developed in client-centered framework in Koch, S.（ed.）Psychology vol. Ⅲ 184-256 McGraw-Hill.
スピッツ Spitz, R.A.（1962）Die Entstehung der Ersten Objektbeziehungen.　古賀行義訳（1965）母 - 子関係の成りたち　同文書院
氏原寛（1980）カウンセリングの実践　誠信書房
氏原寛（1993）意識の場理論と心理臨床　誠信書房
氏原寛（1995）カウンセリングはなぜ効くのか　創元社
ウィルバー Wilber, K.（1977）The spectrum of consciousness.　吉福伸逸・菅靖彦訳（1985）意識のスペクトル上・下　春秋社

第12章　転移／逆転移に関する覚え書

本章では転移／逆転移が、精神分析とは違った枠組によって論じられている。心理治療を多かれ少なかれカウンセラー‐クライエントの融合体験とみなし、それを乳児期の原体験ないし共生体験になぞらえて、ムレをつくる動物としての「種の衝動」と、自我成立とともに生ずる「個の状況」との、ダイナミックな関わりのなかに転移／逆転移のプロセスをみようとするものである。そして、種としての融合のプロセスの解明をギリギリのところまで求めるのがユング派で、個の立場にたって少しばかり距離を保とうとするのがフロイト派だと考えようとしている。フロイト派のラッカー Racker やコフート kohut、ユング派のフォーダム Fordham やヤコービ Jacoby の説が検討され、両派の差が転移／逆転移についてもレベルの差（それはそのまま個人的無意識と集合的無意識の差を反映している）としてとらえられるのではないか、ということである。

はじめに

比較的最近、ある研究会でコメントする機会があった。症例は離人症とされている人である。しかし私には、破瓜型の統合失調症が進行中なのではないかと思われた。「まわりの人がはっきり感じてくれなかったら、何を感じてよいのか分からない」といった自我境界の無さ（これは「誰かがこういう人だと考えると、私もそういう人になる」というサールズ Searles の症例を思い出させる）や、多様な離人感などに基づいてのことである。しかし本論で考えたいのは、このケースについて聞くうちに私のなかで起こった、「なんともいえぬ悲しみないし絶望感」についてである。

そこでなんとなく思い浮かんだのがユキの症例であった（笠原、1979）。ユキはたぶん良家の娘である。家族関係もかならずしも悪かったとは思えない。喘息の持病はあったにしろ、発症前の日記からみるかぎり、平均以上のみずみずしい感性の持ち主であったと思われる。しかし編者のまえがきによれば、この本を編集する時点では、蝋面のように無表情で周囲との情緒的な交流はまったく絶えていた。理由はともかく、なんらかの病的プロセスが若い女性のこころを蝕んでいたと思わざるをえない。日記は、病に冒されつつある自分について、健康な部分の感じる内容に満ちている。さきのケース報告で私の感じたことは、健康なクライエントが、自分でもわけの分からない内的プロセスについて感じている不安を必死に言葉にしようとしながら、（あとで論ずるように）それが言語化以前のプロセスであるだけに、客観的に伝達可能なかたちでとらえることのできぬもどかしさ、のごときものであった。カウンセラーのほうも、なんとか交流しようとしながら、言語レベルでは空しいやりとりに終始していたと思う。

こうした私の感じを一言でいえば「敗軍」である。以前、アルツハイマー病で亡くなった老人に最後までつきあったケースを聞いたときにも抱いた感じ、である。当時、無意識的身体心像（山中、1991）といってもよいような、箱庭のイメージに圧倒される思いをした覚えがある。勝つ（ふたたび「健康」を回復する）可能性のほとんどないクライエントにそれでもつきあうとすれば、カウンセラーとしてそこにどのような意味をみているのかが重要である（これは、最近ようやく認識されはじめたホスピスの考えかたにも通じている）。しかし本論の主題とは直接関係しないので、それについてこれ以上述べることはしない。

一　原関係（Urbeziehung）または「二人いて一人になれること」

さて、研究会で私が考えていたのは、エディプス期以前の状況である。それはマーラー Mahler（1975）の「共生期」、ノイマン Neumann（1980）の「原関係」の時期にあたる。自我がようやく芽生えたかどうかという、誕生直後からしばらくの期間である。そこでウィニコットの「二人いるから一人になれる」という言葉が浮かんできた。そして、同時にそこには「二人いても一人になれる」という意味も含まれていることに思いいたった。ウィニコット Winnicott（1965）の言葉は、もうすこし大きい子どもと母親についていわれたことであるが、それはそのまま自我の胚胎期に関してもいえるのではないだろうか。

意識ないし自我がいつごろどのように生まれてくるのかについては諸説がある。しかしそれらは、多かれ少なかれ思弁的であることを免れない。おそらく意識は、無意識（そのようなものがあるとして）から分化してきたものであろう。たとえば「自己‐対象」という言葉（マーラー、1975）は、自己が対象であり対象が自己でもある自他未分化な状態を指している。しかもこの自己は自我ではなく、自我をも含んだより大きい自分である。もし自我＝意識という等式を用いることができるとすれば、自己は「意識されない自我」ということになるのだろうか。すると、意識された自我を自己から差し引いた残りは、無意識としてもよいのだろうか。しかし自己‐対象という言葉のうちには、対象＝客体に対して自己＝主体という等式が考えられている。主体とは他ならぬ自分であり、当然、他の存在が前提されている。だからここには否応なしにマイヤー Meier（1975）の言う断絶がある。意識が意識を問題にするかぎり、主体／客体、自我／対象、意識／無意識をめぐる同義反復が避けられないのである。

そしてここで決定的に大切なことは、そのような自我・主体・意識（これらは内的状態といえる）が外界との相互作用によって保たれていることである。これは、感覚遮断実験において変性意識の生ずることを考えれば理解しやすい。いわゆる識閾下知覚が、いま・ここの意識状態を支えているのである。さきの「二人いるから一人になれる」という言葉は、「母親のいることが分かっている場合にのみ、小さい子どもは自分自身になれる」、すなわち「母親の存在を忘れて積木遊びなり絵本に夢中になれる」という意味である。

同様のプロセスが、意識の萌芽期である乳児期にも生じているのではないだろうか。乳児のばあい、母親（またはその代理）の存在は、単なる母親をこえて、汝・他者・世界そのものでもある。この世界との一体感が、後のいわゆる基本的安定感につながっている。これはひとつの融合体験、さらには自我喪失体験にちかいといってもよい。ただし、もともと自我のない状態から意識が芽生え、自我の側からはじめて世界を意識しつつあるプロセスだから、けっして退行的・病的なものではない。

したがって、ここで充分な外的刺激（というより愛護）が与えられないと、乳児の発達に重篤な障害が現われる。ハーロー Harlow の猿（ハーロー、1979）は、恐怖体験にさらされても、ぬいぐるみの母親模型の柔らかい感触に触れるとパニックから立ち直ることができた。しかし針金の模型しか与えられなかった仔猿は、不可逆的な一種の自閉状態に陥った。仔猿にとってなんらかの恐怖体験は避けられないのだが、たいていの状況では身近に母親がおり、母親の柔らかく暖かい肌との接触によって回復する。猿に意識があるのか自我が存在するのかについてここでは問わない。しかしそれがひとつの感覚的な知覚体験であり、共生期の乳児たちの体験にちかいということは指摘できると思う。

人間についてはフォーダム Fordham が、「乳児にとって空腹感は、精神分裂病者の言う世界没落感、なぜとも知らぬ生命の根源の個渇してゆくような体験であろう」（Fordham, 1976）と述べている。そして「しかしそれが授乳によって癒されるプロセスは、これまたわけは分からぬながら至福の体験であろう」ともいう。体験は時間的な拡がりをもっており、ある時その場の体験だけでは終結しない。「いないないばあ」についてのフロイト Freud（1920）の有名な考察がそのことを明確に示している。スピッツ Spitz（1946）の言う依託抑うつ（anaclitic depression）は、時間的な許容限界を超えるまで放置されたばあい、人間の赤ん坊にも、針金の母親人形を与えられた仔猿の体験と同じような、回復しがたい状態が生じることを示している。またコフート Kohut（1971）が「母親の愛撫や抱擁が、子供に凝集された身体像（自我意識の基盤）を感得させる」と述べていることも付け加えておきたい。

ただしここで大切になってくるのが、ウィニコットの「自立とは、二人いて一人になれること」を読み換えた「二人いても一人になれる」という視点である。意識ないし自我が成立した以上、いかに萌芽的とはいえ、それは自立を目指して進む。しかしその順調な発達のためには、他者、いわば「より大いなるもの」の存在が不可欠である。これは次節に述べるエロス志向（あるいは種としてのヒトのもつ関係性志向）と密接にかかわっている。しかし関係のなかには、すでに述べたように、多かれ少なかれ自我喪失的な傾向がある。ここに微妙な逆説が生ずる。つまり、二人（関係）があるからこそ一人（自我）がありうる。しかし二人（関係）はしばしば一人（自我）を呑み込むのである。だからこそ、二人（関係）があっても一人（自我）がなければならない、ということになる。そしてそのことは、おもに母親の子どもへの対応のしかたに大きく左右される。

生後しばらくの母子関係は、ほとんど共生に近いらしい。ふたたびウィニコットによれば「母親は赤ん坊の欲求に直感的に感応し、赤ん坊が乳房を求めるまさにそのとき授乳したくなる」という。これがいわゆる原初的母性的専心（primary maternal preoccupation）である。しかし子どもは自立しなければならない。だからこの現象は長続きせず、やがて赤ん坊は、欲求充足のためにはみずから母親を求めなければならなくなる。母親の微妙な感応性が薄れるからである。それにもかかわらず「二人状況」にとどまろうとする母親の傾向には、根強いものがある。だからこそ子どもには「二人いても一人になれる」状況が必要なのである。そしてそのためには、二人いながら一人でおれる母親の存在が決定的に重要である（症例ピグルは、ウィニコットが書きものをしている床でひとり遊び（ウィニコット、1977）にふけった）。「二人状況」で自分が一人になるためには、相手も一人でなければならない（また、その前提が二人状況であるという逆説も成り立つ）。

この状況を、役者と観客との関係になぞらえることができるかもしれない。役者の演技は、観客に観られることによって成り立っている。これを自己顕示性だけで割り切ったのでは、芝居の最も本質的な部分を切り捨てることになる。なぜなら、演劇とは役者と観客の両方がつくりだすひとつの場なのだから。そのかぎりにおいて、役者も観客も、場を構成する要素にすぎない。あるのは「場」「状況」「関係」であって、独立した個の存在はない。しかし同時に、そこで「個」が失われてはならない。つまり、場に与えることによって個の可能性が拡がる。融合のなかに自我が拡散するのではなく、拡充する。それをマイヤー（1975）によるパウリのように、「対象のない全体意識」と呼んでもよいし、河合（1995）の言うように「主体と客体を明確に区別する考えかたの通じない状態」と考えてもよいと思う。

コフートの言う「鏡映体験」がおそらくこれにあたる。そして人生の最早期には（充分な身体的栄養とともに）心的なこの体験が不可欠なのではないか。それはさきに述べたハーローの仔猿やフォーダムの乳幼児のように、多分に身体的感覚レベルの体験である。感情とは、私の定義（1993）では「主体が客体を認識したときに生ずる意識状態」（ここで「認識」と「意識」が同義反復的であるのは承知している）なのだから。したがって、このレベルの体験を感情レベル」ましてや言語レベルでとらえることは不可能にちかい。本章〈はじめに〉で述べたカウンセラーが、クライエントの必死の訴えかけにピンとこなかったのも無理はない。具体的に何を指しているのか尋ねても、クライエント自身、感覚レベルの感じとしてしか把えていないのである（日本語では、暑さ寒さなどの感覚も、喜び悲しみなどの感情も、ひとしく感じられるところが微妙である）。

たとえば「二者関係の障害」として考えようとしても、二者関係というには自我があまりに萌芽的な時期の障害なのである。その障害をその後、それなりに発達した自我がどうとらえたかについての説明はいちおう可能だとしても、障害そのものは定かでなく、なんともいえぬ欠落感・空虚感（フォーダムの言う「子どもの空腹感」）だからである。

そこでひよわな自我が求めるのはおそらく対象との一体感であろう。それがユング派のいう「自我肥大」「妄想的な万能感」につながる可能性もある。しかし、こうした退行的な動きは本来、前進的な自我によって「境界のなさ」、さらには「呑み込まれ不安」として体験される。そして呑み込まれることを防ごうとすれば、人工的な障壁を築いてでもおのれを守らねばならない。おそらくこれが離人感を生ぜしめる。つまり「二人」を充分に感じられないと見捨てられ感が生じ、これが攻撃性ないし罪悪感につながる。「一人」を充分に感じられないときの呑み込まれ不安が生じるのである。近寄れば呑み込まれ、離れれば見捨てられる。それだけ二人状況に対してアンビヴァレントであり、その葛藤は、対象を善悪に分けて対応するいわゆる「境界例水準」よりも以前の、より深刻なもの（コフートの言う「ごく早期の自己愛障害」とみる余地はあり、そうであれば治療的はたらきかけの可能性を否定することはできない）と考えねばならない。

二　いわゆる逆転移について

前節で「原関係」についていろいろ述べてきたのは、転移／逆転移関係がほとんどそれと変わらないと思うからである。村本（1974）によれば「人間は存在することによってお互いに犯し犯されあう」。二人の人間があい対する場合、お互いに相手に影響されずにはおかないからである。もちろん、日常の人間関係も例外ではない。ただし、状況に応じて相手の影響をもろに受けぬよう工夫されている。カウンセリング場面では、逆に、できるだけ相手の影響に敏感であることが意図されている。とくに転移／逆転移を面接にいかそうとすればなおさらである。

前章で述べたように、ユング Jung は分析の段階を、告白・解明・教育・変容の四段階に分けた。単純に言うと「告白」とはカタルシス、「解明」はフロイト派の解釈、「教育」はアドラー派の技法に対応する。「変容」の段階になってはじめて分析家と被分析者の出会いが問題になり、「二人の人格が出会うことは、二つの異なる科学物質を混ぜ合わすようなもの」として、お互いに変容せざるをえないプロセスが説明されている。だから、カウンセリング関係がすべて転移／逆転移（人格の出会い）に負うわけではない。また，こう述べた時点で，ユングが転移をかならずしも望ましいと考えていなかった節もある（これについては後述する）（1968）。

それはともかく，ここでいっておきたいのは「関係のなかでは，お互いが変容せざるをえない」ということである。これは「原関係」に似た一種の融合体験である。ところで一般に，我々が対象を認識するばあい，できるだけ主体との関係を切り離して客体として見なければならぬ，とされている。しかし，さきのマイヤーの言葉にしたがえば，対象との断絶の程度に応じて見えかたが変わるのである（あるいは，ある種の融合体験を通してはじめて見えてくる面がある）。客観的には同じ対象（たとえばダイヤの指輪）が，自分との距離（たとえば母親の形見，百貨店のショーウィンドーにある，友人の指を飾っている，など）に応じてさまざまな姿を現わす。そのときのインパクト・融合の程度に応じて，対象が違って見えるのである。

これを「主観的な投映にすぎない」とすることはできる。しかし，無意識は意識されないからこそ無意識なのであって，意識の側からすればないも同然である。それがどうして意識されるのか？　これについてはジェンドリン Gendlin（1962）の批判をふまえて論じたことがあるので（氏原，1995），ここで繰り返すことはしない。ただし「無意識的なものは外界の事物に投映され（この事物を「象徴」とよぶ）それゆえに間接的に意識される」ということは述べておきたい。だから，変容のプロセスを問題にするかぎり，すぐれて主観的な，融合にちかい体験がカウンセラー‐クライエントの双方に生じざるをえない。

ヤコービ（1984）は第三章にあげた図二（PP.55）によってカウンセリング関係に生ずるプロセスを示している（これはユングの示した図に彼が自らの経験に従って若干の変更を加えたものである）。一見して明らかなように，カウンセリングには双方の無意識過程が多分に入り込んでいる。だから，カウンセラーが無意識のプロセスにどれだけ気づいているかが決定的に重要である。無意識に気づくということ自体，撞着したいいかたであるが，投映を通して（間接的に）意識しているという意味である。しばしば投映は「克服されるべきもの」「引き戻されるべきもの」とされるが，無意識を意識に媒介するきわめて肯定的な心的機能でもあること、を見逃してはならない。

無意識を意識化することに関連して、フロイト派のラッカーは逆転移の重要性について「分析者の逆転移が被分析者理解を促す」と述べている（ラッカー、1968）。その際の仮説が「平等性」と「同態復讐法（「目には目を歯には歯を」の原理）」であった。平等性とは、分析家も被分析者も関係においては平等だとする考えかたである。ラッカーによれば、分析家は被分析者によって幼児期体験の対象とされる。単純化すれば、被分析者は両親から取り込んだ超自我を分析家に投映する。だから、超自我によって内的に自分を評価しているのと同じように、分析家が自分を評価していると感ずる。それが抑うつないし妄想的な被害感を募らせる。これに対する躁的防衛として、被分析者は自分を超自我と同一視し、逆に、分析家を批判することになる。

ところが先の「平等性」によって、分析家もまた被分析者の子どもになっている。だから被分析者に批判されることは、分析家の超自我による自己批判となる。ここで同態復讐の原理がはたらく。分析家が被分析者の親として被分析者を批判するのである。ということは、ある意味で被分析者の期待どおり、分析家がその親の役割を演じさせられるのである。いわゆる投映的同一視のメカニズムである。もっとも、中本（1995）によれば、これは「被分析者の感情が他者である分析家のものに変容するという、魔術的な前論理」でしかない（しかし彼自身、臨床的な事実としてはこの言葉を用いており、その現象の存在を認めているようである）。それが現実の臨床の場ではどう現われるのか？　ここでラッカーは「逆転移には同調的なものと相補的なものがある」という。そして「相補的逆転移を同調的なものに変えることによって、分析のプロセスが進む」とするのである。

そこでさきの説明に戻ると、分析家が親役割を引き受けることで、被分析者はふたたび抑うつ的妄想的被害感にとらえられる。そして改めて躁的防衛が繰り返される。この反復が症状なのである。ここで分析家が被分析者に対するおのれの幼児的反応に気づき、同態復讐的態度をコントロールして、被分析者のなかの幼児性に同調的に逆転移することがこの悪循環を断ち切る。分析とはいわば、そのために用意された人工的な（ということは専門的な）場なのである。しかし以上のプロセスは、ほとんどが無意識のうちに進行する（ヤコービの図式でいえば「線bの相互作用」）。それがどのようにして気づかれるのか？　ラッカーによれば、「分析家のむしろ体感に近いイライラ感や腹立ちによって」である。

私自身の経験によれば、妙に私の顔色を見るクライエントにしばしばゲンナリさせられていた。かなり長期にわたって会っている人である。「いい加減にもっとオープンになってもいいじゃないか」という気持が私にはあった。常識的には、「父親の承認を求める態度」がカウンセラーである私に投映されていたことになる。しかしこれは、オープンにさせない私へのクライエントの攻撃でもあった。そこで同態復讐の型にはまり、私が父親役を買ってクライエントを批判していたのである。私の意識したゲンナリした感じは、だから、私に対するクライエントの感じそのものであった。つまり私は、私の逆転移を通して「いま・ここ」のクライエントの私に対する感じを理解したことになる（ただし、そのことを解釈としてクライエントに伝えたわけではない）。

ラッカーについてもうひとつ言及しておきたい。分析家がクライエントに腹を立てたりイライラすることは、分析家としての理想像に合わない。だからこそクライエントへの仕返しが図られるのであるが、ここにはもっと微妙な反応がある。つまり「理想的な分析家」たりえない分析家は罪意識にとらえられ、償いとして、クライエントに過剰なサービスを提供しがちになる（これについてはサールズ（1979）も、「献身的医師」のもつ罪意識についてかなり詳しく論じている）。私のみるところ、日本の心理臨床家の多くは、被害者としてのクライエントへの共感性は高いのだが、以上述べてきたクライエントの潜在的な否定的感情に対してはかなり疎い。おのれの攻撃性、つまりクライエントに対する恨みつらみに気づいていないからである。そのため、こうした否定的側面が露わになると周章狼狽する。さらに考えるべきことは、こうした双方の潜在的な攻撃性が、カウンセラーのばあいは「不測の事故」、クライエントのばあいは「意外な行動化」として現われやすいことである。それが意識化されていない程度に応じて、カウンセラーにとっては訳の分からぬハプニングになる。

ここまでラッカーについて述べてきたことは、ロンドンのユング派のリーダーであるフォーダムによっても指摘されている（フォーダム、1957・1960）。彼は「妄想的逆転移」と「同調的逆転移」について似たような説明を行なっている。またヤコービは、フォーダムの「妄想型」がラッカーの「神経症型」、「同調型」がラッカーの「相補型」および「融和型」にあたるとして自験例をあげているが、私は「相補型」がそのまま「神経症型」に該当するのではないかと思っている。

ただし、ラッカーにしろフォーダムにしろ、逆転移が面接場面での無意識過程に気づく手立てである、という点において変わりはない。そしてそのことは「その場で自分がどのように動かされているか」つまり「感じさせられているか」に気づくことから始まる（日常はほとんど気づいていないプロセスである）。たとえばカウンセラーは、はじめて出会うクライエントが「男性か女性か」「年寄りか子どもか」「魅力的かそうでないか」などによってかなり違った反応をする。おなじクライエントでも、初回か二〇回目かによって対応は異なる。お互いの積み重ねてきた歴史に左右されるからである。だからそこには、非特異的なカウンセラー - クライエント関係（これはきわめて重要な視点である。詳しくは次節で考える）と、特異的なこの私とこのあなたとの関係が重なっている。しばしば面接場面が「我と汝の出会い」として語られるのは、この一回きりの特異的な側面が強調されているのである。そして、そのような特異な側面に気づくためには、カウンセラーは、そこで生じているみずからの内的なプロセスに思いを凝らさなければならない。

それは受動的なプロセスである。なぜなら目の前にいるクライエントによって触発されているのだから。だからこの状態は、厳密にいえば「わたしでもあなたでもなく、同時に、わたしでもあなたでもある」融合状態である。これがさきに述べた「原関係」にかなりちかいことは言うまでもない。そこでたとえば投映的同一視のような前論理的な、つまり合理的には説明しがたい一体化現象が生じる。たとえばシュヴァルツ - サラント Schwartz-Salant（1982）は、自己愛障害の患者との面接で、患者の肩に金髪の子どもが現われるのをみて患者に告げる。患者は「いや、髪の毛は亜麻色です」と答える。いわば共同幻覚にとらえられているのである。サールズも、統合失調症患者との面接で、けっして二人精神病（folie deux）ではないが、患者との一体化体験の生ずることを指摘している。

このばあいに大切なことは、カウンセラーが方向性を見失わぬことである。そしてそれはさきに述べたように、原関係においてもきわめて重要な要因である。たとえばノイマン（1980）は母 - 自己 Mutter-Selbst について述べている。乳児は母親との「一体感のうちに次第に自我を発達させる」（先の「あなたでもあり、あなたでもない」状態）。そのとき母親（乳児にとっては「自分自身であると同時に世界である」コフートの自己 - 対象）のもつ方向性ないし秩序が、乳児がおのれを定位してゆく決定的な要因である。だからカウンセラーは、その場の成り行き次第のいわば無意識のプロセスに身を任せながら、意識的にいま何が起こっているかに注意していなければならない。コフート（1971）が「理想化転移」として述べた現象がおそらくこれにちかい。彼はそれを「健全な超自我が定着するため」としているが、「理想的な対象との同一化を通して理想自我が育つ」というのは納得できる（そういうばあいカウンセラーがしばしばたじろぐことをヤコービ（1984）が述べている。おそらく、いずれは幻滅されることへの怖れのためであろう）。

ここで、本稿をなぜケース研究会のコメントから始めたのかについて述べておきたい。このクライエントは、私が直接会ったわけでもなく、したがって転移にしろ逆転移にしろ私とのあいだには起こりようがないからである。しかし、ここまでの説明でお分かりのように、研究会のとき私に起こった現象は、いわゆる逆転移とほとんど変わらないと思っている（厳格な精神分析学的枠組からは異論があるかもしれない）。要するに、ケース報告を聞くことで私のなかのコンプレックスがかき立てられたのである。それは「悲しみ」にちかい感情として意識された。おそらく私の病理の底にある絶望的な不安が共振れし、それにもかかわらず健気に頑張っているらしい（と感じるのがすでに思い入れである）クライエントに動かされたのであろう。破瓜型というのは思いつきにすぎないが、圧倒的でどうにもならないプロセスを感じたからである。あたっているかどうかはともかく、そういう私のこころの動きが、逆転移を説明するのに役立つのではないかと思った。ユングの体験とは比べられるべくもないが、未見の患者の夢や絵について、彼が感情移入的に的確な解釈を行なっているのは周知のことである（ユング、1968）。

三　種の衝動と個の状況

さて以上の考察をふまえ、転移／逆転移について私なりに考えていることをまとめることにする。同時に、フロイト派とユング派では転移／逆転移のとらえかたに若干のずれがあるように思うので、それについても考えてみたい。

「転移／逆転移関係には論理を超えた感応現象のごときものがある」というのが精神分析家も含んだおおかたの実践家たちの印象のようである。感応現象とは、ムレをつくる動物たちが仲間に対して直観的に反応しあうはたらきである。ミツバチの社会ではムレ全体がひとつの有機体で、一匹一匹の個体は我々のばあいの細胞のようなはたらきをしているらしい。その際、各個体がおのれの役割について意識しているとはまず考えられない。個体のなかになんらかの感応能力が生得的に埋めこまれているのである。ヒトもムレをつくる動物である。当然、ムレの維持（それは個体が維持される前提である）のための生得的機能が備わっているはずである。飛躍を承知でいえば、我々にもミツバチに似た相互感応能力がある程度存在するのではないか。そもそも男／女という両性の存在を考えるにつけても、そうした機能抜きには考えにくいからである。たとえば男の子が男の大人になるばあい、もちろん同性の年長者のありようがモデルとしてはたらく。だからある文化集団での男らしさは集団全体に共有され一種の伝統として伝えられてゆく（文化が異なれば「男らしさ」にかなりの差のあることは周知のことであろう）。もちろん「女らしさ」についても同じことがいえる。

しかしもうひとつ大切なことは、成熟したヒトのオスは、メスに対して、オスに対するのとは違う反応をすることである。生得的な「オス性」がメスを前にして触発されるからである。このいわば内的なプロセスをどれだけ「個」としてのおのれのなかに採り入れてゆくかが、男性としてのアイデンティティを確かめるもうひとつの条件である。この機能は誰に教えられるものでもなく、いわばアプリオリに備わっている。そのかぎりにおいて男女は、お互いに対して特異的な感応能力をもつといえる。しかも同様のことが、老人に対しても子どもに対しても、程度の差こそあれあてはまる。この傾向を私は、ヒトという種に本来的なものとして「種の衝動」とよんでいる（氏原、1993）。

この現象が最も顕著に現われるのが、思春期から青年期にかけてである。若者たちは誰とも知れぬ異性にあこがれる。おのれのなかの欠けたる部分を、他者と出会うことによって満たそうとするのである。そのかぎりにおいて、男性も女性も単独では十全の存在たりえない。さいわい相手と巡り会ったときの喜びは、一人の他者を通してのものでありながら、世界と一つになった充実感となる。内なるプロセスが外のリズムと重なる体験だからである。

カウンセリング場面でカウンセラー－クライエント双方にはたらきあうのは、このレベルのプロセスではなかろうか。単純化すれば、最も広い意味における「仲間意識」といえよう。それは日常場面では相互の役割意識の影に追いやられほとんど気づかれていない（たとえば近親姦願望のように）。だからカウンセラーは、クライエントによって触発されたおのれの内的プロセスに思いを潜め、そのはたらきを敏感に感じとらなければならない。それによってクライエントも、カウンセラーとのかかわりを通して展開するおのれのプロセスに気づき、それがまたカウンセラーを触発し、お互いに、一人では生じえない「この人とならでは」の独特のプロセスを体験する。いわば相手とのかかわりによって新しい自分に開かれてゆく。それは、通常の人間関係にはみられない深いレベルでの相互作用である。

ただし、ここで感じられている仲間意識が「未発」のものであること、を見逃してはならない。種の衝動は、個の状況を通してはじめて具体化される。魅力的な異性に出会うたびに飛びついていたのでは、文字どおり動物的本能的衝動に振り回されているのであり、主体としての感覚、ひいては個としての方向性を見失うことになる。さきにふれた近親姦願望についていえば、オス／メスとしての魅力は充分に感じながらも、お互いの状況（社会的役割といってよい）に応じて自制しなければならない。そこに、たとえば「花嫁の父」といった人間的な状況が生まれる。カウンセラーの役割は、契約に基づく、日常的な、それだけに浅いものである。クライエントとのあいだには深い仲間意識が生じているが、それは個を超えている（あるいは個以前のものである）。だから、父親にも恋人にも息子にもなれるけれども、そのどれでもない未発の潜在的な可能態にすぎない。ある意味で日常的制約を超えてはいるけれども、それは日常性に守られておればこそのことである。早い話、クライエントに対する最大限のサービスは、一時間という時間制限があってはじめて可能になる。

転移／逆転移が問題になるのは、以上述べてきた深い関係を、カウンセラーが日常レベルで受け止めてしまうことによる。つまり、カウンセリング関係そのものを深いものにしようとするからである。クライエントがときにそのように誤解することがあるのはやむをえない。しかしカウンセラーは、クライエントがさまざまな深い日常関係を安全に再体験するために、あらゆる関係に開かれているのである。ただし、それはあくまでも潜在的・一時的なものであり、個別的・現実的なものになってはならない。そのためにこそ契約があり制限がある。カウンセリング関係という日常的な、浅い、しかし堅牢な枠のなかでこそ、カウンセラーはおのれを露わにすることができる。従来、転移／逆転移というと、ここでいう種のレベルのプロセスがおもに論じられ、個の状況とのかかわりで考えられることが比較的少なかったように思う。そのため、カウンセラーの側に深さと浅さの混乱（ほんとうは「未発の種のレベルでは深く、具体的な個のレベルでは浅い」）が生じ、それが「悪しき逆転移」として云々されていた感じを否めない。

ところで、フロイト派とユング派のずれについてであるが、フロイト派のばあい、以上述べてきた種のプロセスを個の状況に限定するために、還元的な再構成法がとられているような気がする。種のプロセスは一種の「融合体験」である。それは個のレベルを超えている。さきに芝居について述べたように、そこにはひとつの「場」が生じており、カウンセラー‐クライエントともども自我境界が危うくなっている。そのとき「いま・ここ」で生じているプロセスをカウンセラーないしクライエントの幼児期体験に還元することは、両者の現実感を支えるのにずいぶん役立つのではないか。未発の情動体験「仲間意識」を未発のままにとどめるいわば分析の隠れ蓑によって、カウンセラーとしての日常的な浅い役割に踏みとどまるために、である。が、その結果どうしても技法重視に傾きやすい。しかしこうしたフロイト派が「カウンセリンク場面での自発的な動き（つまり融合的側面）を強調するユング派よりも、「いま・ここ」のプロセスについてより大きな理解に達した」とは、ロンドンのユング派ジンキン（1969）の皮肉な指摘である。事実、ラッカーやコフートの報告では、その深い臨床体験と緻密な理論が、分析の技法と分かちがたく結びついている。ただ、私にとって飽きたらないのは、こうした方法が、カウンセリングを一種の

「修繕の手続き」ととらえ、どこかで狂った発達のプロセスを元に戻すことだけを目ざしているようにみえることである。そこには、「たとえこころは病んでいても人間として生きることは可能だ」というような、人に対する畏敬の念のごときものが薄いような気もする（フロイトが創造的な活動を昇華とよんだのと軌を一にしているところである）。

他方ユング派は「融合体験」つまり「なかば無意識の変容の過程」を重視する。だから意識的な「技法」にはむしろ批判的である。が、そのため、名人芸に達した人はともかく、平均的な（とくに日本の）ユンギアンはカウンセリングのプロセスを、怪しげな、説明不能の神秘体験のごときものにするきらいがある。それともうひとつ言及すべきは、たとえばフォーダムの言うように「いま・ここ」のカウンセラー‐クライエントのやりとりよりも、クライエントの変容そのものを強調するために、「分析がスーパーヴィジョン的なものになってしまった」（フォーダム、1957）ことである（ユング自身「分析がある程度軌道に乗るとセッションは週一、二回に減らす」といっている（ユング、1929））。個性化のための方法をある程度被分析者に伝えることができると、あとは被分析者が独りで実践し（たとえば能動的想像法）、面接は、それがうまくできているかどうかをみることになるからである。だから、セッションとセッションのあいだの期間を大切にし、転移とか逆転移とかいう、面接の場における煩わしい個人的関係はできるだけ避けようとしているようでもある。カウンセリング場面での融合体験を強調しながら、以上のように主張することにはどこか矛盾がある（事実、ユング（1946）の『転移の心理学』における記述は、まさにこの融合プロセスについて詳細に述べたものである）。

私自身は、この矛盾は転移／逆転移の方向性ないしレベルの差からきていると考えている。フロイト派もユング派も、おそらくは同じような治療的体験をふまえながら、前者はどちらかといえば意識的サイド（個のレベル）からの観点を強調し、後者は無意識的サイド（種のレベル）に重点をおいたのであろう。それによって未知の超越的次元が開かれ、意識ないし個人の思惑をこえた、いわば成り行きに任せるよりないプロセスに期待したのである。にもかかわらず、カウンセラーがそこで意識的方向を見失わないことの重要性が説かれていることが、見逃せない。

いずれにせよ感応的な融合体験を云々するかぎり、「転移・逆転移」の問題を避けて通ることはできない。そこには意識化の方向（個のプロセス）と無意識化の方向（種のプロセス）が二つながら含まれている。どちらか一方が良いとか悪いとかいうのではなく、両者のバランスをはかることこそ、カウンセラーの目ざすべきことなのであろう。

文　献

フォーダム Fordham, M.（1976）The Self and Autism. Karnac Books.

フォーダム Fordham, M.（1989）Technique in Jungian anal. 氏原寛・李敏子訳（1992）転移についての覚え書 In ユング派の分析技法　培風館

フォーダム Fordham, M.（1989）Technique in Jungian anal. 氏原寛・李敏子訳（1992）逆転移 In ユング派の分析技法　培風館

フロイト Freud, S.（1920）Jenseits des Lustprinzips. Vienna. 小此木啓吾訳（1970）快感原則の彼岸『フロイト著作集６』人文書院

ジェンドリン Gendlin, E.T.（1962）The function of experiencing in symbolization. 村瀬孝雄訳（1966）体験過程と心理療法　牧書店

ハーロー Harlow, H.F.（1979）The human model. 梶田正巳他訳（1984）ヒューマンモデル　黎明書房

ヤコービ Jacoby, M.（1984）The analytic encounter. 氏原寛他訳（1985）分析的人間関係　創元社

Jung, C.G.（1935）What is Psychotherapy. In C.W. 16. Bollingen.

ユング Jung, C.G.（1929）高橋義孝他訳（1970）現代人のたましい　日本教文社

ユング Jung, C.G.（1946）Die Psychologie deribertragung. 林道義・磯上恵子訳（1995）転移の心理学　みすず書房

ユング Jung, C.G.（1968）Analytical psychology. 小川捷之訳（1976）分析心理学　みすず書房

笠原嘉編（1979）ユキの日記　みすず書房

河合隼雄（1995）ユング心理学と仏教　岩波書店

コフート Kohut, H.（1971）The analysis of the self. 水野信義・笠原嘉監訳（1994）自己の分析　みすず書房

マーラー Mahler, M.S.（1975）The psychological birth of the human infant. 高橋雅士他訳（1981）乳幼児の心理的誕生　黎明書房

マイヤー Meier, C.A.（1975）Lehrbuch der Komplexen Psychologie C.G. Jungs III. 氏原寛訳（1996）意識　創元社

村本詔司（1974）ある自己視線恐怖症者の生きざま――秘密論的分析　京都大学教育学部心理教育相談室紀要事例研究　一六四〜七二

中本征利（1995）精神分析技法論　ミネルヴァ書房

ノイマン Neumann, E.（1980）Das Kind : Struktur und Dynamik der werdenden Persönlichkeit. 北村晋・阿部文彦・本郷均訳（1993）子ども　文化書房博文社

ラッカー Racker, H.（1968）Transference and countertransference. 坂口信貴訳（1984）転移と逆転移　岩崎学術出版社

シュヴァルツ‐サラント Schwartz-Salant, N.（1982）Narcissism and character transformation. 小川捷之監訳（1995）自己愛とその変容　新曜社

サールズ Searles, H.F.（1979）Countertransference and related subjects. 松本雅彦他訳（1995）逆転移１　みすず書房

スピッツ Spitz, R.A.（1946）Die Entstehung der Ersten Objektbeziehungen. 古賀行義訳（1965）母‐子関係の成りたち　同文書院
氏原寛（1993）意識の場理論と心理臨床　誠信書房
氏原寛（1995）カウンセリングはなぜ効くのか　創元社
ウィニコット Winnicott, D.W.（1965）The maturational processes and the facilitating environment. 牛島定信訳（1977）情緒発達の精神分析理論　岩崎学術出版社
ウィニコット Winnicott, D.W.（1977）The Piggle : an account of the psychoanalytic treatment of a little girl. 猪股丈二・前田陽子訳（1980）ピグル　星和書店
山中康裕（1991）老いのソウロロギー　有斐閣
ジンキン Zinkin, L.（1969）Technique in Jungian analysis. 氏原寛・李敏子訳（1992）分析技法の柔軟性　In ユング派の分析技法　培風館

第13章　ナラティヴ・セラピー　事始め

外在化と内在化のプロセスについて

ナラティヴ・セラピーがどんな「技法」なのか。今の私にはまだ分からぬことの方が多い。ただ大分以前から、漠然とではあるがそこに二つの流れがあるように思っていた。河合隼雄（1993）の言う物語の系列につながるものと、家族療法から来るナラティヴの方向性とである。そしてごく大まかに分類して、河合の流れを内在化、家族療法の方向性を外在化として考えていた。私自身は、どちらかといえば内在化の流れに馴染んできたと思っている。だから河合の言う物語の意味は、私なりには分かっているつもりであった。そして私自身の実践は今までその方向で進んできたし、これからもそうであろうと思う。まだまだ見えていないことの方が遙かに多く、死ぬまでに一応納得できるところまでいけるかどうか自信はないけれども、である。

一方、家族療法のいうナラティヴには以前から関心があった。それで何冊かの文献を読んでみた。しかしもうひとつよく分からない。朧気ながら、ミラノ派に発する技巧を凝らした質問技法かと思っていた。したがってベイトソンBatesonやウィトゲンシュタインWittgensteinといった、言葉に関わるポストモダンの思弁が背景にあるらしい、という程度の理解であった。だから単なる技法というよりも、意外に深い人間理解があり、それが内在化的な方向性とどう関わるのかが、なかなか納得しにくかった。

しかもここ数年、EBM（エビデンス・ベイスド・メディシン）とNBM（ナラティヴ・ベイスド・メディシン）の対立が鮮明になりつつある。EBMが必ずしも相反的とは思わないが、一方的にEBMを強調する昨今の傾向に強い危惧を感じているのは確かである。だからナラティヴ・セラピーという言葉に惹きつけられるところがあった。ところが同じナラティヴに、以上述べたような二つの流れがあり、それをどう統合すればよいのか、私の目を通した限りの文献（たかだか一〇冊ほどにすぎないが）からは、なかなか見通しめいたものがえられなかった。ところが最近続けて読んだ二冊の本に、何とか両者をまとめるヒントのようなものを感じたので、とりあえずのメモとして少し考えておきたいと思った。

二冊の本とはD・エプストンの『ナラティヴセラピーの冒険』（1998）と、T・アンデルセンの『リフレクティング・プロセス』（1992）である。といっても、それらの本をすべて理解したわけではない。いつものことながら、私なりに理解したことを私なりの思考経路に取り込める限りにおいて、いわばつまみ食い的に利用させてもらっている、ということである。

一　エプストンの質問──外在化のプロセス──

そこでまずエプストンであるが、その第四章にある、一〇年来関係の悪化している仮想の夫婦ジルとジャックに対する合同面接例を取り上げる。彼は申し出によりまずジルに対する質問から始める。「ジル。私がもし次のような質問をジャックにしたとしたら、彼は何と言うと思いますか。『ジャック、過去一〇年間の関係の悪化について、あなたはどう説明しますか』」。われわれは自分自身の夫婦関係について、それなりの理解をしている。しかしそれは、自分の考える自分と自分の考える相手との関わりである。自分の考える自分と他人の考える自分とには、多かれ少なかれズレがある。ましてや自分の考える他人（この場合には配偶者）が、その他人の考えている他人（その人にとっては自分である）

と同じであるはずがない。したがってお互いの間に覆いがたい裂け目の生ずることは避けられない。役割関係には契約的な面がつきものであるが、夫婦や親子のようないわゆるプライヴェートな関係では、契約を超えた（あるいは支えている）しばしば過大な期待がある。その期待がある程度満たされている限り、契約的な面が表に出ることは少ない。しかし期待が過大であることは、意識すると否とを問わず、いずれそれが十分には満たされていないことに気づかせる。それを期待と現実のギャップと理解するか、相手に裏切られたと感じるかは重大である。しかし多かれ少なかれ、それが傷つき体験となる。それに伴う恨みや怒りや失望が、プライヴェートな人間関係には蓄積されており、そのため相手との関わりにおける、自分および自分と相手との関係を客体化することが非常に難しくなっている。エプストンのこの質問はある種の外在化技法と思われるが、それが当事者を、抜け道のない視野狭窄から脱出させる効果を持っているのではないか。いずれにしろ、二人の関係をどう理解するかは、多分に双方の思い込みを含みながら、当人にとってはオーバーにいえば動かしがたい歴史的現実となっていることが多い。

ところでジルに対する質問は、ジルの理解している歴史的現実が、ジャックの目にはどう映っているのかを問うている。そこでジルは、自分なりに理解している（それは感じているとしか言えない、必ずしも客観的とは言えないジルならではの、にもかかわらずそれなりには一貫した理解の仕方である）おのれの歴史的現実を振り返らなければならない。それが状況のなにがしかの客体化＝外在化をもたらす。その上でさらに、自分の理解しているジャックの目（それとてもジルの、思いこみである）を通してその状況を見直さなければならない。ここで二重の客体化＝外在化がなされるのであるが、おのれの客観的な基準が実は主観的な思い込み（ジルの理解した限りでのジャック）であることは免れない。それでもそれができるだけ客体化されたジャックの目であることは変わらない。つまりプライヴェートな思い入れ、先に述べた蓄積された恨みつらみや怒りや失望を排除した、ということは、自分とは関わりのない存在としてジャックを再確認するのである。それはいわば、小説や芝居の主人公の身になるプロセスに近い。身につまされる（その限り、読者ないし観客の歴史的現実と密接に関わっている）けれども距離があり、こちらの反応が相手に影響する、ましてや相互に影響し合うことはない。その分、自分ないし自分たちの状況の客体化＝外在化がさらに展開する。

そこですでに述べた、いくらかは外在化された妻としての自分に対して、同じく幾分客体化された夫としてのジャックはどう感じるだろうかが、観客ないし読み手が登場人物に同一化するのと似たプロセスとして生じてくる。それは、お互いの一挙手一投足にプライヴェートな思いがまとわりつき、客体としての自分を見る余裕のない現実場面とは違う。自分の目を通してのものであるにしろ、ある程度突き放して、ということは、比較的主観（感情）的な部分を切り離し、客観的に実際に起こったこと（それとても主観的な選択的非注意を免れることはできない）が前面に出てくる。これだけで、「歴史的現実」としての内的状況に相当な外在化が生じている。

二　内在化のプロセス

つまりジルは、好むと好まざるとに関わらず、課題としてジャックの身にならなければならない。それが芝居や小説の登場人物と同一化するプロセスに似ていることはすでに述べた。もちろんそれらがすべて絵空事であり、現実には自分とまったくかけ離れたものであることは分かっている。それでも我がことのように、深い悲しみや烈しい怒りを感じるのは、もしも自分が主人公と同じような状況にあれば（と考える。能動的、大雑把に言えば知的プロセスである）多分こうも感じる（受動的、大雑把には感情プロセス）であろう、という複合した体験がそこに生じているからである。ここでの体験はもちろん間接的なものであるが、そうした作品に出会い主人公と同一化することがなければ、ひょっとしたら一生開かれなかったおのれの可能性がその程度には具現化した、ということになる。たとえばデンマークの王子ハムレットの苦悩が、日本の庶民にもなにがしか共感できるのはそのためである。

役者の場合は、そのことがもっと端的に表れる。時に役者は善玉と悪玉を演じ分けなければならない。ある時にはハムレットをある時にはリチャード三世を演ずる。その都度優柔不断の若者や極悪非道の中年男になりきらねばならない。

その際、役者の中の若者性や悪者性が選択的に浮かび上がる。それはあらゆる人間に備わった若者性や悪者性が、役者の、先に述べた「歴史的現実」を通して顕在化したものである。もちろん、シェイクスピア Shakespeare がおのれの現実を踏まえて具体化した若者像、悪者像が下敷きになっているにしても、である。時にはシェイクスピアの歴史的現実と役者のそれとがせめぎ合い、全く新しいハムレットやリチャード三世が創られるかもしれない。しかしそのようなプロセスは、役者がその役を演じている時と場所に限定される。役者の個人的アイデンティティが役アイデンティティに乗っ取られてしまえば、芝居にはならない。演技中でさえ、役者は緻密な計算を忘れるわけにいかないからである。たとえばここで大見得をきるとか、後三分で舞台から引っ込むとか。そうした算段を踏まえて、おのれの若者性なり悪者性を具体化する。これらのことは、若者性や悪者性が役者の中に存在するからこそ可能になる。しかし、役者の日常生活でそれらが常に顕在化するとは限らない。おそらくは潜在的な可能態として心の底、あえていえば無意識のうちにあり、外界の事物（役者の場合はそうした役を演ずること）に出会ってはじめて顕在化する。役者が時に思いもよらない役を与えられ、曲がりなりにも演ずることのできるのは、役の表している、あらゆる人間に普遍的な心の層を、歴史的存在として現れているおのれの時空的限界を通して生きることによってである。

この、内的な普遍的ではあるが潜在的な可能態が、「いま・ここ」の外的事物と出会って顕在化することを、本稿では経験と呼ぶ。その場合の外的事物が象徴である。その意味で、本人も気づいていない心の深い層が、象徴を通して具体化＝現実化するプロセスを外在化（＝外向）と呼んでもよいと思う。逆に、心が外的事物に重ねられ象徴が活性化されるプロセスを内在化（＝内向）と呼ぶこともできる。いずれにしろ、経験とはまさしく一つの経験なのであるが、それは内と外とが出会う一つのプロセスないし現象であり、内といい外といい、一つの全体の表と裏にすぎない。それが芝居を見たり小説を読むとき、あるいは役者が役を演ずるとき、比較的あからさまに現れやすいということなのであろう。

三　内向と外向

ここでジルの場合に戻る。ジルは、自分とジャックとの関係をジャックの目で見ることを求められた。このためには、自分たちの関係をまず自分の目で、できるだけ客観的に見直さなければならない。次に、ジャックの目でその「客観的な関係」を見ることになる。ここで前節で述べてきた観客ないし読み手の、主人公（この場合はジャックである）との同一化に似たプロセスが生じる。それは、日常感じている自分たちの関係よりもいくぶん客観化された状況をジャックがどう感じ考えるか、演技することだともいえる。

通常、夫婦や親子のような親密な関係では、状況は常に自分を中心に受けとめられている。肯定的であれ否定的であれ、暗黙の期待が幾重にも重ねられ、慣れ親しんだ分だけ平板なくり返しに陥っている。外界の諸現象はたとえ未知のものであっても既知の内的世界に、その都度新しい構成要素として取り込まれ、恒常的な内界の構造が変動することは滅多にない。外界を取り込むので一見方向は内に向かうようであるが、実は外界に適応するための能動的外向的な動きである。それに対して象徴体験は、内界が象徴を通して外に向かって開かれる。したがって一見外向的であるが、潜在している内的可能性が受動的に動かされるのだから、意識はそうした内的な動きに方向づけられているのである。

もっとも本稿の定義では、経験とは心が外的事象に出会って生ずる現象ないしプロセスであり、心そのもの、外的事象そのものが単独で経験されることはあり得ない。だからあらゆる経験に能動性と受動性、外向性と内向性がつきまとう。どちらのプロセスに焦点づけるかで、能動的外向的とも言えるし受動的内向的とも言える。能動的な内向性とか受動的な外向性ということさえできよう。要は同じ一つの現象ないしプロセスのどちらを強調するかの差にすぎない。念のために繰り返すと、象徴体験とは、潜在的な内的可能性が外的事象と出会って顕在化することである。この時の外的事象が象徴である。それは内的プロセスが象徴に触発されるのか、外的事物（象徴）が内的プロセスによって活性化されるのか、にわかに決めがたい。ジルがジャックの目を通して、つまりジャックの身になって、自分たちの状況を見ようとするのは、したがって理解する限りのジャックを演じることである。むろんジャックそのものになることではない。ジャックにもジルにも通じる普遍的な心の層を通じてである。それはそれによって、そうすることがなければ生きることのなかった、おのれの潜在可能性を具現化することでもある。自分の理解した限りではあるにしても、ジャックを通しておのれの可能性に気づくプロセスなのである。当然、外的現象は今までと違った様相で立ち現れることになる。それはジャックの目を通してのものに見えて、実は自分自身による再発見である。外的事象をいくら既知の世界に取り込んでも（現実適応のためには不可欠である）、既知の世界がふくらむだけで、世界の恒常的な構造の変わることは滅多にない。潜在的な可能態が顕在化することは、潜在的なプロセスが動き始めることであり、多かれ少なかれ予断を許さない。それは相貌的知覚に近く、時に現実感覚の揺らぐことがある。

いずれにしろこのプロセスを、外在化というべきか内在化というべきかは微妙である。もともとあらゆる経験が内と外との出会い現象である。エネルギーは外にも向かい内にも向かう。どちらに注目するかによって、同じ一つの経験が内在化とも外在化とも言えることはくり返し述べた。これはエプストンら、というよりもいわゆるナラティヴ・セラピストの方法が、外在化の技法であるかのように捉えられている印象が私にあり、ジルに対する質問が、問題を外在化させているかに見えて（確かにその一面はある）、実は内在化の方法でもあるのではないか、と思ったからである。

四　意識の場

もう一つエプストンの質問について言っておきたいのは、この質問がジャックのいる場で発せられ、ジルの答えがそのままジャックに聞かれることと、ジルへの質問が終わると同じ質問がジャックにも発せられ、ジルがそれを聞くことが予定されていることである。会話は、同じ内容を話すにしても、どういう場でなされるかによってずいぶん変わる。

この場合ジルは、まずジャックの目に映る自分をイメージしなければならない。それは自分が自分なりに描く自己像とはかなり違うはずである。その際、自分なりに気づいていても言えない、または言わないことがある。ある程度感じていながら十分に感じていないこともある。あるいはほとんど気づいていないことさえあろう。しかしそれらはすべて内的な感じである。それをジャックの目から見れば、ということは外から見ればどう映っているかは、現実場面ではジルによってほとんど考えられることがなかったと思われる。

たとえ一人で考えることがあっても、プライヴェートな関係とは直接的であり、ほとんどの場合、期待の満たされぬ傷つき（多くの場合、それは母親に対する甘えの満たされぬ体験につながっており、それはそれで「子どもっぽい」こととして受け入れがたい。にもかかわらず、親しい関係ではそれとなくすべての期待の満たされることが「期待」されている）がベースにあるので、客観的＝外在的に状況を見ることはとてもできない。

しかしここで質問にまじめに答えようとすれば、いやでも外に現れた自分をイメージせざるを得ない。そもそも質問者に対しては、自分たちの状況をできるだけ客観的に伝えなければならない。だから主観的なジャックへの思いとは関係のない、外側から客観的に見た自分のイメージと、そういう自分ないし状況をジャックがどう思っているか、を答えねばならない。さらに重要なことは、そういう自分の推測を当のジャックがじかに聞いていることである。それは多かれ少なかれ、ジャックへの自己開示である。自己開示とは内的なものを他者にさらすことであるが、それに対する他者の反応（本人がそう思っているだけの場合もある）によって、自分でも思いがけない自分が開かれることがある。それ自体が、自分にとっても一つの「開け」のプロセスとなりうるのである。それを意識の場（氏原、1993）ということで説明すると、心とは意識と無意識の領域に截然と区画されているものではない。定義にもよるが、本稿では、意識を心が外界の諸事象（刺激といってもよい）と出会うとき生ずる「いま・ここ」の現象ないしプロセスと考えている。その意味で心は潜在的な可能態であり、外界との出会いがなければ顕在化することがない。しかし背景としては現在の意識に常に影響を及ぼし続けている。たとえば「いま・ここ」の私の意識は書くことに集中しているけれども、職業は何か、自分が何歳であるか、今までどんな生活をしてきたか、明日何をしようと思っているかなどのことは、「いま・ここ」の背景に沈んでいながら微かには感じられている（それも意識の一種である）。要するに、現実（の意識）は常に「いま・ここ」のものでありながら、われわれは常に「いま」が「いつ」か、「ここ」が「どこ」かを、潜在的な可能態としての心によって定位している。詳しくは前掲書を参照して頂きたいのだが、意識とは「いま・ここ」の明確な部分である「図」と、それを定位する「背景」の広大な部分とからなり、両者のスムーズな相互作用が維持されているか否かが問題なのである。意識の領域を広げることだけが精神的健康を促すとは決していえない。それはいわゆる原始の人々や子どもたちと、現代の合理的社会の大人たちの精神的健康度の、どちらが高いかを断定できぬことからも明らかである。

ところでジルは、治療者の質問に答えようとしている。だから彼女の意識は大体において治療者との関わりに集中している。しかしジャックがその場にいて自分の発言を聞いていることは、治療者とのやりとりに影響を及ぼさずにはおかない。それは意識の場の、図にかなり近いところにジャックの存在が浮かび上がっており、ジルはジャックを気にせざるをえないからである。しかしそれが課題として与えられたものであり、その場がセラピストによってコントロールされていることで、ジルがジャックを気にすることは当然のこととして受け入れられている。気にすることが意識の場全体のスムーズな流れを混乱させることは大いにあり得るが、こうした守られた状況では、ジルの意識の場が、治療者と二人きりの場合よりも背景に一層開かれているとも言える。いわばジャック・コンプレックスを中心とする内的な心の動きに注意が傾いているのである。

それが、セラピストとのやりとりを図とする意識の場全体の中に定位されてゆく（それがここにいう内的プロセスである）につれて、場全体の相互作用はより広がりより活発になる。これをクリスの「自我に支えられた退行」になぞらえることができる。その場合セラピストが自我であり、ジルがジャック・コンプレックスに開かれてゆくのが退行である。自律訓練に言う受動的注意集中もそれに近い。額の涼感に注意（意識）を集中しながら、感覚プロセスに受動的に任せるのである。あえて言えば、フロイトの「平等に漂う注意」もそれと関わりがある。できるだけリラックスしながら、これというときは即座に反応できる緊張が保たれている。いずれの場合も潜在的な背景があってはじめて、顕在的な図の意味が明確になるプロセスである。外在化することで内的プロセスが促され、内在化することで外的対象が活性化される。意識の場の図と背景の相互作用がスムーズに働いている、ということである。

以上のことを、ジルのジャックへの語りという面だけに絞って考えると、もちろん直接の語りとはいえない。語りの相手は治療者だからである。ジャックへの語りは、そのぶん意識の中心からはそれており間接化されている。その上治療者への語りは、自分たちの関係をできるだけ客観的に伝えようとしているから、ジャックへの語りもそれだけ客体化されている。プライヴェートな関係は、それが濃密なものであればあるほど、自分中心のものとなりがちなことはすでに述べた。相手は未分化な一体感の内に取り込まれ、好悪いずれにしろ、かなり独りよがりの感情的トーンの強い認知の対象になる。いわゆるトンネル・ヴィジョン（視野狭窄）に捉えられているのである。しかしジルの場合、ジャックへの語りが間接的であるがゆえに、しかもその語りがある程度意識されているため程度の差こそあれ、こうした視野狭窄をかなり免れている。それがジルにどれだけ意識されているかにお構いなく、ジルのジャックへのかたくなな見方なり態度に少しばかり風穴があく。その上で、ジャックの目で自分たちの状況を見ることをしなければならない。これが、役者の演技に通じる作業であることはすでに述べた。それは、おのれの中にすでにある潜在的可能態を顕在化させる仕事である。だからここでのジャックの目は、「ジルの理解した限りでのジャックの目」という役割を演ずる、ジル自身の目に他ならない。そして役割演技とは、意図的に限定された範囲に意識を集中させることによって、はじめて現れるおのれの可能性を生きる、ないしは気づくことなのである。

五　ナラティヴ以外の手法

ところがこのような技法は、別にナラティヴないし家族療法によってはじめて工夫されたものではない。たとえば内観療法（三木、1976）では、今まで一番世話になった人（通常は母親である）にしてもらったこと、して返したことについて内観させる。そこから、自分がどれだけ人のおかげを被ってきたか、そしてそれに対して何のお返しもしてこなかったことに気づく。それによって今までの全くの自分本位の生き方が見えてきて、うまくゆけば大きな洞察につながるのである。フォーカシングにおいても、たとえばジェンドリン Gendlin（1986）の挙げている例によれば、今まで再々怪物に追われる夢に悩まされてきたクライエントに対して、治療者はその怪物になってみなさいと言う。すると思いがけなく、怪物の口から「おーい、待ってくれい。仲間に入れてほしいんだよう」という声が出てきた。怪物は自分の中に目覚めてきた可能性であり、それを取り入れることは、既知の世界ないし自己像を壊すことであり、その限り破壊的な怪物像となっていたのである。しかし、クライエントが怪物になりきることによって、それが自分の中のまだ生かされていない重要な側面であることが明らかとなり（少なくとも本人はそう思った）、それが全体的なありようを変えた。ゲシュタルト療法でも、夢のイメージに同一化することで生じてくるプロセスに思いを凝らし、新しい展開が見られている。壺イメージ療法（田嶌、1987）で、問題を壺に閉じこめて堅く蓋をしそれを治療者が預かることで、著しく現実適応能力の高まった例が報告されている。ユング派のいうアクティヴ・イマジネーション（アードラー・G、1979）も、ある種のイメージの展開に微妙に追随してゆくところに、効果が期待されているようである。精神分析療法にしても、いわばフロイトの描いた筋書きに意識を集中し、そこに自分自身の全体験を重ねてゆくことだ、といえなくもない（たとえばリトル Little、1986）。

ここに微妙な逆説がある。それが先に述べた自律訓練の受動的注意集中という言葉に、見事に集約されていると思う。

額に涼感を感じようとするとき、意識はそれに集中される。しかし涼感そのものは額の自律的プロセスに任さなければならない。意図的に涼感を感じようとすることは、即座に全体のプロセスを破壊する。フォーカシングの怪物になる場合、怪物であり続けるためにはかなりの意図的なエネルギーが費やされるが、怪物がどう動くかは怪物次第である。この、意図的な集中と内的プロセスに任せる一見あい反する動きのスムーズに交流することが、意識の場における図と背景の相互作用なのである。しかしそもそもが相反的な動きだから、それがバラバラになると全体としての統合のバランスの崩れることがある。しかし電気の流れにしろ交感神経と副交感神経の働きにしろ、そうした緊張が実は心ないし命の働きの本来の姿なのであろう。いずれにしろ局所に意識を集中（限定）することがより全体的な心の働きを促す。エプストンがどこまで考えていたかはともかく（おそらく経験から生まれた直観的な質問法なのであろう。ナラティヴ・セラピーの実践家の行う質問は、その意味できわめて巧妙なものが多い）、意識を限定する（それを外在化プロセスと考えてよいのではないか）ことが、逆に意識の場の動きをスムーズにし内的プロセスを活性化して、あえて言えば意識を広げる（これを内在化と言えると思う）ことにつながるのだと考えたい。

ジルの場合、自分とのやり取りが終わると次にジャックが、自分のいる場所で治療者による同じ質問に答えることが分かっている。そのこともジルの状態に影響を与えていたはずである。ある意味では二重三重に複雑な状況にジルを追い込むのであるが、著者も言うように、容易に答えられる質問ではないにしても、ジルにとって侵襲的なものにはならないのであろう。

六　リフレクティング・プロセス

以上、エプストンの質問についていろいろ述べてきた。はじめはせいぜい数枚程度のメモのつもりであったが、意外に長くなり紙数も尽きてきた。そこでT・アンデルセンの「リフレクティング・プロセス」については、簡単に触れるに留めたい。ここで述べられている方法が、ミラノ派の技法に発する家族療法の長い伝統を負っているらしいことはよく分かる。といって筆者がそれに通じているわけではない。ただ、複数のセラピストのチームがワンウェイ・ミラーの裏にいて、一人のセラピストと家族のやりとりを聞きながら自由に討論し、後でその内容を家族に伝えるという方法を、セラピストたちの生のやりとりを家族の側が聞きながら話し合えるようにセットしなおしたこと、そして様々なグループが交代でワンウェイ・ミラーの裏に出たり入ったりするらしいことに、エプストンの技法とかなり似たメカニズムが働くのではないか、と思ったことを述べておきたい。

リフレクティング・チームは、自分たちの話し合いが家族に筒抜けと分かって、言葉使いや姿勢が大幅に変わったという。実情に疎いこともあって、当初私は、セラピストはよほど洞察に満ちたことを言わなければ、込み入った家族関係をほぐすことはできないと思っていた。しかしエプストンの質問について論じたように、家族に変化をもたらすのは、必ずしもセラピストの助言の内容ではないらしいのである。

つまり、ある種の状況設定が相当な治療効果を及ぼすらしい。たとえばリフレクティング・チームは、自分たちの内輪の討議を家族に聞かれることで、討議の仕方を大幅に変えざるをえなかった。これは自分たちの声を、家族の耳を通して聞くことになるからである。チーム内の個々人の間でも、相互のやりとりはそれぞれの意見にさらされることで、各人の内的プロセスに影響を与える。しかしなんと言ってもチーム全体が閉鎖的なシステムである。ところが話し合いの内容が当の家族メンバーに聞かれているとなると、それに鏡の裏を明るくされてその姿まで見られているとなる（逆に家族の姿は見えなくなる）と、それぞれの考える限りのことではあるが、家族のイメージがある程度直接的に入り込んでくる。いわば閉鎖的なチーム内のプロセスに、当の家族が入り込み新しいプロセスが展開するのである。これは、エプストンの場合のジルがジャックのいることで、一人では展開しないしかし自分自身のプロセスに開かれることに近い。

だからアンデルセンのチームが、自分たちの姿と声を家族たちにさらすことが、彼らの技法の画期的な展開につながったのであろう。それは家族の意見を面と向かって聞くよりも、そしてその話し合いの展開に期待するよりも、チーム自身が自分たちの新しい可能性に開かれることを促したのである。このプロセスをあえて言えば、おのれの内的プロセスを外にさらし、それに対する外的対象である家族の反応を内に取り込み、そこで新たに生ずる内的プロセスを外に投げかけ、その反応を再び取り入れるという、外向（外在化）と内向（内在化）の交差するプロセスを導入したことになる。

一方家族の側から考えると、鏡の裏のリフレクティング・チームの姿を目の当たりにし、その話し合いを直接耳にすることは、直接のやりとりではないにもかかわらず、自分たちに関する、自分たちでは考えにくい筋書き=物語に触れることである。それが多かれ少なかれ家族全体及び一人ひとりの内的プロセスを触発する。だから、チームの意見を取り入れるか拒むかということよりも、そこで新たに生じた自分ないし自分たちの内的プロセスが、新しい自己洞察につながるのである。いわばチームによる問題の外在化が、自分たちの問題の内在化を促す。リフレクティング・プロセスの治療効果は、おそらくそこにあるのではないか、と考えられる。

はじめに述べたように、私自身は家族療法ないしその系列のナラティヴ・セラピーについては門外漢である。だから本章で述べたことは、その道の専門家からみればかなり見当はずれかと怖れている。しかし私自身の個人療法の実践から考えて、たとえば河合（1993）の言う物語と家族療法家の言うナラティヴとは、かなり違うように感じながらどこか通じているのではないか、という印象があった。たとえばT・アンデルセンの理論的な論文（1992）は、比較的深層心理学的考え方に馴染んでいる者としても十分納得できるものを多く含んでいる。だから両者をつなぐ環のようなものがあるのではないか、とかねがね考えていた。たまたま外在化と内在化という考えをエプストンの著書から思いつき、それがはからずも私の考えている意識の場の枠組みから説明できるのではないかと思い、全くの試論であるが、一応の考察を試みた。荒唐無稽の我田引水論とは思いたくない。今後この線で考えていくことが、私自身のナラティヴセラピーの理解と、何よりも私なりの実践の方向性に寄与するのではないかと密かに期待している。

文　献

アードラー Adler, G.（1979）The living symbol. 氏原寛・多田建治訳（1979）生きている象徴　人文書院

アンデルセン Andersen, T.（1992）Reflecting processes：convesations and conversations about the conversations. 鈴木浩二監訳（2001）「リフレクティング手法」をふりかえって　In リフレクティング・プロセス　金剛出版

エプストン Epston, D.（1998）Catching up with David Epston. 小森康永訳（2005）ナラティヴ・セラピーの冒険　創元社

ジェンドリン Gendlin, E.T.（1986）Let your body interpret your dreams. 村山正治訳（1988）夢とフォーカシング　福村出版

河合隼雄（1993）物語と心理療法　岩波書店

リトル Little, M.I.（1986）Transference neurosis and transference psychosis. 神田橋條治・溝口純二訳（1998）原初なる一を求めて　岩崎学術出版社

マクナミー・ガーゲン McNamee, S. & Gergen, K.J.（ed.）（1992）Therapy as social construction. 野口裕二・野村直樹訳（1997）ナラティヴセラピー　金剛出版

三木善彦（1976）内観療法入門　創元社

田嶌誠一編（1987）壺イメージ療法　創元社

氏原寛（1993）意識の場理論と心理臨床　誠信書房

あとがき

まえがきでも少し触れたが、本書は私の四〇年ばかりの臨床経験の、比較的新しい時期に書いたものが纏めてある。そこで、ここ暫く何となく考えていることを記してあとがきに代えたい。

一つは、この道は行けば行くほど分からないことが見えてくることである。私事ながら私は少し碁が強い。以前同僚であった成田善弘先生と比べると月とスッポンの感じなのだが。それでも五段（もちろんアマチュアである）の目から言うと、初段の頃には見えなかった碁の世界が遥かに広がった。しかし同時に、まだ見えていないさらに広大な領域のあることが見えてきた。その世界がどうなっているかではなく、そういう世界のあることが、である。

成田先生はその領域の内側が相当見えていると思うけれども、代わりにさらに広大な未知の領域が遠く見えているはずである。ところが、カウンセリングについても同じことがいえるように思う。私自身、確かに以前よりも見えるようになってきたところがある。しかしそれによって、未知の一層奥深い領域のあることが見えてきた。多分私とは何か、さらにいえば人間とは何か、ということにつながっていると思う。

それと関連して、半ばヤケ気味なのであるが、自分が無限の進歩の途中にある、と思えるようになった。どこまで行ってもまだまだ辿るべき遠い道があらためて現れるのだから、死ぬまで進歩向上の余地があるわけである。

最近は同行の人たちの賀状に、しきりにその〝幸せ〟を訴えて煙たがられているのか元気づいてもらえているのか。おのれを励ますための年寄りの冷や水めいた趣がないでもない。それほどにこの道は、納得しがたいことに満ちている。

それと、本文の各所に散らばりくり返し強調しているのが、とくに若い臨床家に対して、もっともっと頑張ってほしいという切実な願いである。第六章にあるように、私はかなりの回り道をしてこの道に入ってきた。いろいろな先生方のご指導を得たのは確かだが、正規のアカデミックな訓練を受けていないことがいまだにコンプレックスとして尾を引いている。それでちょっぴりは努力した。そして今は、そこそこの心理臨床家のはしくれに名を連ねている（と思っている）。そして思うのである。心理臨床家を目ざす若い人たちが、私がした程度の努力さえ怠っているのではないか、と。

近頃、かなり精力的にスーパーヴィジョンのケースを引き受けているので、臨床経験一〇年くらいの臨床心理士たちの動向についてはある程度通じている、と思う。そこで、極めて優秀で熱心な臨床家がかなりの数、育ってきていることを実感してもいる。しかしそれらの人たちは、多かれ少なかれ恵まれた小数派ではないか、と危惧している。大部分の心理士は、後でも述べるが、極めて劣悪な状況のもとで、ある程度やむをえないかとも思うけれども、実力を蓄えるための努力も意欲も薄れてきているのではないか、と思わざるをえない例が多過ぎる。専門家とは、自分の知識なり技術を金に代えて自分と家族との生活を支えうる人である。いろいろな制約のあることは十分承知しているつもりであるが、究極的には、開業して食っていくだけの力があるかどうかに尽きる。開業だけで決めつけられるわけではないにしても、そこまで考えている若い心理士が意外に少ない。

それとの関連でぜひ言っておきたいことが、カウンセラーの待遇である。よい悪いは別にして、資本主義の世界では、評価の程度に応じて支払われる、というのが一般的原則である。年齢三〇歳前後の女性、臨床心理士の資格があり、臨床経験も数年ある、個人の精神科クリニックの常勤である。一日数ケース、週にして二、三〇ケースを引き受けている。それで給料が手取りで月二〇万に遠いのである。

当初は勉強の意味もあるのでこの程度で仕方ないと思っていたが、そこそこお役に立てるケースも増えてきているし、何よりも研修その他にお金もかかるし、少し給料を上げてくれないかと医師に申し出たところ、大事な話だから相談しましょう、ということでそれっきりというのである。スクールカウンセラーなど非常勤で一週間をつないでいた頃のほうがずっと収入が多かった、ということである。

こういう現状を若い心理士の方たちはどう思っておられるのだろうか。数か質かの論議で数の方はどうやらメドがついた。これからは質の向上を目ざすべきではないか。本書に述べられていることはすべて、そのような現状をいかに打破するかの思いを込めて書かれた。若い心理臨床家の奮起を促す気持ちの切なるものをお汲みいただければと思う。

というような趣旨に賛意を示し、出版をお引き受けいただいた金剛出版社の各位に心から感謝の意を表したい。

平成一八年六月三〇日

氏原　寛

ま行

や行

ら・わ行

た行

な行

は行

索　引

あ行

か行

さ行

●初出一覧●

第一章　「スクールカウンセラーを目ざす人のために――臨床心理行為とカウンセリングマインド」　心理臨床相談センター紀要（一）五～一四　帝塚山学院大学心理教育相談センター　二〇〇四

第二章　「カウンセリング」　カウンセリングと精神療法　氏原寛・成田善弘編　培風館　二～一九　一九九九

第三章　「カウンセリング断章」　心理臨床相談センター紀要（二）五～一三　帝塚山学院大学心理教育相談センター　二〇〇五

第四章　「見立てから体感へ――スーパーヴィジョンの事例研究」　臨床心理学　一（一）二一～二七　金剛出版　二〇〇一

第五章　「カウンセリングの基礎に関する実践論的問題提起」　臨床心理学　二（一）三九～四二　金剛出版　二〇〇二

第六章　「偶然だからか必然なのか」　私はなぜカウンセラーになったのか　一丸藤太郎編　創元社　六三～八二　二〇〇二

第七章　「臨床心理行為とは何か」　心理臨床家でないとできないこと　氏原寛・田嶌誠一編　創元社　八～二四　二〇〇三

第八章　「臨床心理学的地域援助」　コミュニティ心理学とコンサルテーション・リエゾン――地域臨床・教育・研修　氏原寛・成田善弘編　培風館　二～一七　二〇〇〇

第九章　「心理臨床の立場から」　診断と見立て　氏原寛・成田善弘編　培風館　二～二〇　二〇〇〇

第一〇章　「共感的理解と診断的理解」　ロジァーズ再考――カウンセリングの原点を探る　氏原寛・村山正治共編　培風館　一～一六　二〇〇〇

第一一章　「告白、解明、教育、変容――共感と解釈をめぐって」　共感と解釈　成田善弘・氏原寛編　人文書院　二四一～二六五　一九九九

第一二章　「転移／逆転移に関する覚え書」　転移／逆転移　氏原寛・成田善弘編　人文書院　一三～一七　一九九七

第一三章　「ナラティブ・セラピー　事始め――外在化と内在化のプロセスについて」　書き下し

●著者略歴●

氏原　寛（うじはら　ひろし）臨床心理士・学術博士

1953 年　京都大学文学部（史学科）卒業
同年　大阪市立南高校教諭
1963 年　大阪市教育研究所
1973 年　大阪外語大学助教授
1977 年　同教授
1984 年　大阪市立大学教授
1992 年　四天王寺国際仏教大学教授
1995 年　椙山女子学園大学教授
2002 年　帝塚山学院大学教授

主な著書：『臨床心理学入門』（創元社），『カウンセリングの実践』（誠信書房），『ユングを読む』（ミネルヴァ書房），『ライフサイクルと臨床心理学』（金剛出版），『カウンセラーは何をするのか』（創元社），『現代社会と臨床心理学』（金剛出版，編著）など多数。

カウンセリング・マインド再考

スーパーヴィジョンの経験から

2006 年 11 月 20 日　印刷
2006 年 11 月 30 日　発行

著　者　氏原《うじはら》　寛《ひろし》
発行者　田中春夫

印刷・平河工業社　製本・河上製本

発行所　株式会社　**金剛出版**

〒 112-0005　東京都文京区水道 1-5-16
電話 03-3815-6661　振替 00120-6-34848

ISBN4-7724-0941-6　　Printed in Japan ©2006